内蒙古自治区社会经济发展研究报告丛书·第一辑

总主编：张亚民　侯淑霞

内蒙古财经大学科研资助

NEIMENGGU ZIZHIQU QUYU JINGJI ZONGHE
JINGZHENGLI FAZHAN BAOGAO(2008~2011)

内蒙古自治区区域经济综合竞争力发展报告(2008~2011)

主　编：杜金柱　冯利英

副主编：韩　猛　郭亚帆

经济管理出版社

ECONOMY & MANAGEMENT PUBLISHING HOUSE

总　序

　　习近平总书记在深入内蒙古自治区兴安盟、锡林郭勒盟、呼和浩特市视察指导工作,沿途做了一系列重要指示,并做了重要讲话。习近平总书记的重要讲话,充分肯定了党的十八大以来自治区提出的"8337"发展思路和取得的成绩,深刻阐述了内蒙古自治区在全国发展大局中的战略地位;明确指出了当前和今后一段时期内蒙古自治区的前进方向和工作重点,是内蒙古自治区改革开放和现代化建设的根本指针。为了充分展示内蒙古自治区社会经济发展的成果,进一步探索制约内蒙古自治区社会经济发展的瓶颈,为"8337"发展思路的进一步贯彻提供科学决策依据,由内蒙古财经大学专家学者编写的《内蒙古自治区社会经济发展研究报告》丛书,先期推出工业、对外贸易、金融、文化产业和区域竞争力等系列发展研究报告。该丛书的出版,对于贯彻落实好自治区党委、自治区人民政府关于加快自治区经济发展的一系列政策措施,推动内蒙古自治区社会经济科学发展、和谐发展、跨越发展,必将起到积极的作用。

　　内蒙古自治区地处祖国北疆,作为新中国最早成立的省级少数民族自治地方,不仅幅员辽阔、自然资源富集,而且独具古老而丰富的草原文化。在中国共产党的领导下,内蒙古自治区各族人民走过社会主义革命、建设、改革与发展的光辉历程,将一个只有"茶布水盐糖,骆驼牛马羊"的内蒙古,发展成为地区经济快速发展、综合实力显著增强、人民生活不断改善的内蒙古。改革开放特别是实施西部大开发和振兴东北地区等老工业基地战略以来,内蒙古自治区抢抓机遇,开拓进取,经济社会发展取得巨大成就。据《内蒙古自治区 2013 年国民经济和社会发展统计公报》显示:2013 年内蒙古自治区农牧业双丰收,粮食总产量达 2773 万吨,增长 9.7%;牲畜存栏头数达 11820 万头(只),增长 4.9%。以工业为主导的第二产业保持较快增长,全年实现工业增加值 7944.4 亿元,增长 11.3%。第三产业稳步发展,全年第三产业增加值 262204 亿元,增长 8.3%;城乡人民生活水平进一步改善,全年城镇居民人均可支配收入 25497 元,增长 10.1%。农牧民人均生活消费支出 7268 元,增长

1

13.9％；各项社会事业取得较大进步。内蒙古自治区不仅成为巩固国防、繁荣边疆的先进，而且已经成为我国经济社会发展最具活力的地区之一。

今天的内蒙古自治区已经站在了新的历史起点上。但内蒙古自治区在发展中仍存在基础设施建设滞后、生态环境脆弱、产业结构单一、区域发展不平衡、公共服务能力不强等突出困难和问题。第一产业大而不强，绿色高效农牧产业尚未成为产业主要力量；第二产业发展水平仍有待提高，在产品附加值和对自然环境的影响方面都亟待提升；第三产业方面，服务业发展水平和层次较低，在市场竞争中处于弱势地位。以上种种产业发展现状，对内蒙古自治区的社会经济发展都提出了更高的要求。《内蒙古自治区社会经济发展研究报告》丛书，以内蒙古自治区工业、对外贸易、金融、文化产业和区域竞争力的发展现状分析为背景，基于大量实地调研数据，对内蒙古自治区工业及战略性新兴工业发展、内蒙古自治区金融发展中的农村金融及民间金融和产权市场发展、内蒙古自治区区域综合竞争力的评价指标体系、内蒙古自治区盟市对外经贸与对外经济合作机制、内蒙古自治区各盟市文化产业发展现状等进行了实证分析，在内蒙古自治区产业转型升级目标及战略重点、内蒙古自治区金融发展中的新领域与难点、提升内蒙古自治区区域经济综合竞争力、内蒙古自治区对外贸易发展的未来、推动内蒙古自治区文化产业发展的战略举措等方面提出了内容具体、切实可行和科学有效的对策建议。

《内蒙古自治区社会经济发展研究报告》丛书与其他一些相关专著相比，具有简明扼要、系统性和针对性强、形式新颖等特点，是内蒙古财经大学学术研究特色与成果的一次集中展示。本丛书秉承学术精神，观点上各抒己见，内容上兼容并蓄。坚持学术视角、专家立场，讲求实事求是、客观公正，体现科学性、应用性与丰富性。

本丛书的研究成果或结论均属个人或课题组观点，不代表单位或官方结论。由于研究者自身的视野和水平有限，特别是面对纷繁复杂的世界经济和社会形势的诸多不确定因素，对未来预测的难度大大增加，因此研究结论难免不当、不足、不确，恳请读者批评斧正。

编委会
2013.12

前　言

　　近二十余年来，以知识和创新为特征的"新经济"，深刻地改变着人类社会和经济形态，并在全球范围内广泛传播和迅速发展，随着资本、技术和人才等要素的加速流动，各国、各地区均面临国际化竞争的严峻考验。同时，资源占有的区域性特征愈发明显，区域多元化和独特性突出，区域化成为与全球化并行的一大特征。在我国，不同地区因自然环境、资源分布及地域文化等方面的差异，长期以来形成了不同的发展特征和相对独立的经济利益。全球化和区域化为地区带来新的机遇和挑战，各地区均面临吸引有利资源、加快经济发展和争取竞争优势的任务。基于此，区域经济竞争力成为近年来中国区域经济研究的一大热点。

　　国内区域竞争力研究主要是借鉴和吸收了国外关于国家竞争力和竞争优势的相关研究理论成果。1985 年，世界经济论坛（WEF）和瑞士洛桑国际管理学院（IMD）合作，共同研究国际竞争力评价问题，并每年出版《世界竞争力年鉴》（WCY）。1996 年，因见解不同，WEF 与 IMD 分离，之后单独出版《全球竞争力报告》（GCR），分歧点在于两家评介机构对"国际竞争力"概念的理解。IMD 一直沿用"分析国家或地区营造与维护企业创造更多价值的环境，并增进人民福祉能力的事实与政策"。而 WEF 则将生产率作为国家或地区的竞争力。WEF 认为国际竞争力是"考察决定一国生产率水平，进而决定国家经济繁荣和人们生活、收入水平的要素、政策和制度的集合。竞争力同时也决定了经济体的投资回报率。由于投资回报率是经济增长的基本驱动力，因此，一个具有较高竞争力的经济体在中长期具有较高的增长率"。

　　1990 年，美国著名管理学家迈克尔·波特（Michael. Porter）的著作《国家竞争优势》出版，在《国家竞争优势》一书中，波特通过不同国家和地区之间的产业集群竞争特点对国家竞争优势做了具体的比较分析，提出了国家竞争优势的"钻石体系"。波特的国家竞争力理论对我国国内区域竞争力研究产生了极其深远的影响。

　　1995 年，中国正式加入了国际竞争力的世界评价体系，从而使中国国际竞争力研究有了世界的标准。中国在 2010 年、2011 年和 2012 年的 IMD 排名中分别为第 18 位、第 19 位和第 23 位,在 GCR 排名中分别为第 27 位、第 26 位和第 29 位。从 1996 年开始,中国人民大学与国家体改委经济体制改革研究院的专家们合作从总体上和若干个侧面对我国国际竞争力进行排序,并于 1997 年 3 月联合出版了《中国国际竞争力发展报告(1996)》,此后不定期出版。1998 年,深圳综合开发研究院华南及深港经济研究中心推出了自己的区域经济竞争力评价指标体系,共包括 8 项一级指标和 35 项二级指标,但其中并未考虑对区域经济竞争力有重大影响的基础设施、人口教育等因素。福建行政学院的王秉安等于 2000 年出版了《区域竞争力理论与实证》一书,该书不仅系统梳理了相关的理论,还以福建省为例,设计了一套省域经济竞争力评价指标体系。该指标体系共分为三个层次:一级指标包括经济综合实力竞争力、产业竞争力、企业竞争力、涉外竞争力、科技竞争力、基础设施竞争力及国民素质竞争力七个要素模块;二级指标是将七个竞争力要素进一步细分为 24 个支撑点;在此基础上划分出 69 个三级指标。2004 年,由天津财经大学肖红叶教授等编著的《中国区域竞争力发展报告(1985~2004)》出版。该报告按照与国际接轨的基本原则,以 WEF 和 IMD 的竞争力理论为基础结合我国国情,建立起评价我国省级区域竞争力的基本理论与方法框架,并且利用各种统计数据和图形处理方法,完成了全国各省域竞争力比较分析与模拟时序分析图的制作。2006 年福建师范大学全国经济综合竞争力研究中心李建平与李闽榕等合作推出了《中国省域经济综合竞争力研究报告》,该报告针对王秉安等评价指标体系与模型中存在的问题,做了进一步的调整和补充。

内蒙古自治区地处中国北部边疆,由东北向西南斜伸,呈狭长形,东西直线距离 2400 公里,南北跨度 1700 公里,横跨东北、华北、西北三大区,由东至西依次与黑龙江、吉林、辽宁、河北、山西、陕西、宁夏、甘肃等 8 省、自治区毗邻。内蒙古自治区辽阔的地域决定了自治区内的经济发展水平、自然资源和人口素质等存在很大的差异,各区域在经济发展中形成了自身的特点和利益目标。因此,研究内蒙古自治区区域经济综合竞争力无论是对内蒙古自治区自身的发展还是对中国的整体发展都有很重要的意义。

内蒙古自治区区域经济综合竞争力评价研究工作始于 2004 年,以内蒙古财经大学统计学系教师为研究团队,成立了内蒙古自治区区域经济综合竞争力评价课题组,首期研究成果《内蒙古自治区区域国际竞争力发展的统计研究》已于 2008 年

12月由内蒙古教育出版社出版。本书是在已有研究成果的基础上,对内蒙古自治区 2008～2011 年区域经济综合竞争力的评价研究。鉴于本书完成时,2012 年各项基础数据尚无法取得,因此该年度竞争力评价内容将在下年度报告中予以体现。

具体而言,本书在以下几个方面进行了拓展性研究:

(1)在已有内蒙古国际竞争力研究的基础上,梳理了国际竞争力及经济竞争力研究的理论和方法,形成了内蒙古自治区区域经济综合竞争力研究的基本思路,建立起评价内蒙古自治区区域经济综合竞争力的基本理论和方法,提出了内蒙古自治区区域经济综合竞争力的评价指标体系。

(2)提出动态数据处理方法,解决指标口径变动、数据缺失等问题;充分利用各种统计方法和图形处理方法完成了内蒙古自治区区域经济综合竞争力的评价分析和时序分析图的制作;初步完成了内蒙古自治区区域各要素竞争力和内蒙古各盟市的区域经济综合竞争力时序评价,形成基本结论。

(3)建立起 2008～2011 年内蒙古自治区区域经济综合竞争力的评价指标数据库,为进一步开展相关研究奠定了基础。

(4)增加了对全区经济综合竞争力区域分布的深度分析。各盟市经济综合竞争力排位,反映出的只是排序位差,不能反映各个位差之间的实际差距,自然也不能反映不同地区之间的实际差距。所以,本书特别增加了对各盟市经济综合竞争力的实际差距及其均衡性的深入研究和分析的内容。

(5)提出的对策、建议更具有针对性和可操作性。本书针对各盟市各级指标的优劣势情况,提出了提升各盟市经济综合竞争力的对策建议,更加贴近各盟市经济发展的实际。

本书包括五章内容。第一章,导论,包括内蒙古自治区区域经济综合竞争力发展的研究背景和意义以及区域经济综合竞争力的相关概念和理论;第二章,内蒙古自治区区域经济综合竞争力评价的理论基础、模型构建及指标体系;第三章,内蒙古自治区区域经济综合竞争力分析;第四章,内蒙古自治区各盟市经济综合竞争力发展分析;第五章,提升内蒙古自治区区域经济综合竞争力的对策建议。

本书的写作从 2012 年开始,整个工作历时两年。在此期间,内蒙古财经大学统计与数学学院投入了大量的人力和财力,对本项研究给予了大力支持。本项研究工作由内蒙古财经大学校长杜金柱教授主持,由统计与数学学院冯利英教授、韩猛博士以及郭亚帆副教授具体负责项目的实施。杜金柱、冯利英、韩猛设计了项目的研究框架,韩猛、郭亚帆负责数据的收集和整理工作以及研究报告的撰写工作。统计与数学学院乔节增教授、田永祺教授、毛志勇副教授和李海霞老师等参加了研究报告的撰写,最后由杜金柱、冯利英、韩猛、郭亚帆完成统稿。此外,统计与数学学院部分研究生先后参加了数据的收集和录入工作,在此表示衷心的感谢。

本书在写作过程中得到了内蒙古财经大学科研处的大力支持,在此一并表示感谢。

由于时间紧,工作量大,所收集、处理的信息资料不能确保完全准确,研究肯定存在偏误,恳请区内外同行、专家和学者批评指正。

编委会

2013 年 12 月 1 日

目　录

第一章

导　论

　　本章包括两节,第一节给出本书关于内蒙古自治区区域经济综合竞争力的研究背景、研究意义、研究现状以及研究目标和研究内容;第二节首先引入区域经济综合竞争力的相关概念和竞争力的本质,其次对区域经济综合竞争力进行理论铺垫。

第一节
研究背景及意义

市场经济是竞争的经济,而竞争就是市场经济的核心内容。竞争力即某一区域在市场经济体制下所形成的比较优势。对于任意一个区域而言,企业、行业、资源、人民生活等各个方面无不面临着一个竞争的环境,既有国际竞争,也有国内竞争,还有区域内部的竞争,所有的这些方面都是区域竞争力的重要组成部分。

一、内蒙古自治区区域经济综合竞争力的研究背景

随着科学技术的日新月异,世界经济一体化的迅猛发展,人类不仅开始了一个信息和知识的新时代、经济科技全球化的新时代,也开始了一个竞争全球化的新时代。全球化的竞争不仅意味着竞争范围的国际化、竞争领域的全面化和竞争程度的激烈化,同时也意味着竞争主体的多层次化以及竞争方式的复杂化。在全球化的竞争新时代,企业和国家不可能是仅有的竞争主体,地区、城市、个人及各种正式或非正式的组织,正以这样或那样的复杂方式进行着全球资源、市场、生存空间和发展机会的争夺和实力的较量,而这些竞争主体的优势大小、力量强弱备受各层级相关利益主体的关注。

(一)国际背景

近二十年来,以知识和创新为特征的"新经济"的成长,深刻地改变着人类社会和经济形态,并在全球范围内广泛传播和迅速发展。世界各国和各地区的经济发展比以往任何时候更依赖于知识进步和技术创新,二者在区域发展中的地位和作用日益明显。"新经济"具备以下几点特征:第一,从技术角度看,呈现出以信息经济和知识经济为标志的全新的社会经济形态。第二,从制度层面看,制度深化和制度创新的结果是建立了一种鼓励技术创新和组织创新的充分界定的产权制度,同时建立起有效率的市场。第三,从产业演化的趋势看,出现了新的产业革命,即经

济服务化趋势,这种本质性的变化也对世界竞争格局产生了深远的影响,国与国之间的竞争将是以创新技术为核心的综合实力的竞争:一方面,对于发展中国家和欠发达地区而言,它们可以利用先进的科学技术赶超发达国家和地区,争取达到后来居上的目标;但是,另一方面,由于发展中国家和欠发达地区相对于发达国家和地区在物质基础和技术力量上相对薄弱,加上发达国家利用其技术优势和垄断地位,进一步掠夺发展中国家的财富,从而导致发达国家与发展中国家之间的差距进一步扩大。在这一大背景下,各国的学者、企业和政府机构相继开展了广泛而深入的国际竞争力研究,希望通过研究国际竞争力,提高本国企业、产业和国家的竞争力。

与此同时,新经济的发展也进一步推动了全球化与国际化的进程。全球化已成为当今世界发展不可逆转的主导趋势。经济全球化把各国相对独立的生产体系逐渐卷入全球生产体系中,把原来分割的国内市场纳入到国际市场,使全球贸易、投资、金融和消费市场一体化。通过世界贸易组织等国际多边贸易体制和区域经济一体化的发展,把各国的经济活动统一在一个制度框架内。它加速了生产要素在全球范围内的自由流动和优化配置,引起世界各国、各地区之间的社会经济联系日益紧密,国际分工和区域一体化的程度越来越高。

随着新经济的迅速发展和全球化进程步伐的加快,国际竞争日趋激烈,国际竞争领域日益趋向于综合实力的对比,即国家与国家之间的竞争不仅取决于政治经济实力和技术水平,更决定于制度优劣和可持续发展能力;不仅取决于一国的产业、企业和产品的竞争能力,更决定于国家创新系统及其创新能力;不仅取决于一国的比较优势,更决定于培养竞争优势的能力。此外,国际竞争逐渐从资源禀赋优势转变为知识和技术优势的竞争。

在这样的国际竞争大背景下,各国都在为不断提升本国的综合竞争力而进行着努力的探索和尝试,而一个国家整体竞争力的增强,要依赖于该国所辖各个区域竞争力的共同提高,这也就使得对区域经济综合竞争力的研究显得尤为迫切和重要。

(二)国内背景

随着我国改革的不断推进,开放程度不断扩大,市场经济体制逐步建立,各地区的经济发展也呈现出万马奔腾、在竞争中持续快速发展的良好态势。但是,深入研究各省、市、自治区经济发展的现状我们不难发现,各区域间经济发展的不平衡性、发展速度的不一致性问题异常突出,从而导致原有的经济发展格局发生了很大的变化。

竞争是市场经济的自然属性和基本要义。20世纪90年代以后,随着中国地方政府管理和调控区域经济的权利力能力的不断提高,区域经济发展成为各级政府共同追求的目标,而区域竞争则是各级地方政府必须共同面对的一项挑战。区域发展的本质就是区域在竞争中具备一定的比较优势,并不断构造出新的竞争优势。因而,区域竞争和区域发展实际上就是一个区域不断提升其区域竞争力、构造新的竞争优势的过程。在市场经济条件下,任何一个经济区域要想在激烈的市场竞争中求得生存和发展,就必须具有能够占据优势的经济综合竞争力。

区域经济综合竞争力是推动中国区域经济和现代市场经济发展的重要动力,发展区域经济必须抓住提升区域经济综合竞争力这个基础和核心问题。市场经济和区域经济越是发达,对区域经济综合竞争力进行研究的必要性和重要性也就愈加凸显。

(三)区内背景

事实上,我国的区域经济发展差异不仅表现为地带间和省际间的差异,区域内部和省域内部的差异也非常明显,这在内蒙古自治区表现得尤为突出。作为我国西部边疆少数民族省份之一,在近十年以来,内蒙古自治区成为中国经济增长最快、最具活力的省区之一,其国民经济各项主要指标年均增长速度均快于全国同期平均水平。2011 年,占全国 1/8 面积和 1.84% 人口的内蒙古自治区地区生产总值达 14359.88 亿元(占全国 GDP 的 3.0%),增速为 14.3%。但是,随着经济的快速增长,内蒙古自治区内部同样存在着经济发展的较大差距,区内东西梯度差异日趋扩大,鄂尔多斯市和阿拉善盟人均 GDP 最高,分别为 163014 元和 168078 元,而人均 GDP 最少的兴安盟仅为 19458 元,前两者分别为后者的 8.38 倍和 8.64 倍。[1]内蒙古自治区经济发展差距的不断扩大,已成为制约全区经济社会进一步发展的瓶颈,不利于全区经济社会的健康、稳定、协调发展,严重影响加快全面建设小康社会的进程。因此,各地区(盟市)需在明确本地区经济发展现状及在全区乃至全国的定位之基础上,制定适合本地区经济社会发展的规划和战略,不断提升本地区的区域经济综合竞争力。

可以说,在当今的中国,区域经济的发展日益受到人们的重视,一个区域(地区)能否取得竞争优势,提高竞争力,从而抓住机遇,赢得区域的发展,不仅是一个重大的理论课题,也是一个关乎国计民生的实践问题。

另外,我们也应该注意到当前地区间的竞争日益激烈。市场经济的核心在于

---

[1] 内蒙古统计局:《内蒙古统计年鉴 2012》,中国统计出版社,2013 年 9 月。

竞争,市场经济的发展就是通过发挥市场规律的作用实现市场主体的优胜劣汰,达到资源配置的优化。因此,只有拥有竞争优势的市场主体才能在市场竞争中处于不败之地。而市场主体的竞争优势就来源于竞争力,无论是在国际竞争中还是在国内竞争中,区域作为一个重要的竞争主体,其地位日益凸显,任何一个区域的经济发展都面临着吸引资源争夺市场来加速本区域经济发展的问题。区域发展的快慢差距都是市场经济中各个区域之间竞争的结果。哪个区域吸引资源争夺市场的能力强,哪个区域的经济就可能比其他区域经济发展得快、发展得好。因此区域经济综合竞争力的强弱直接关系到其在市场经济中的地位,关系到其经济当前和未来发展的趋势和能力。中国改革开放以来,中央逐步向地方放权,特别是1992年以来,市场经济逐步取代计划经济成为配置资源的主要方式,计划的成分越来越少,市场所占的比重越来越大。经济体制从集权模式向分权模式转变,各地方相对独立的行为主体地位得以逐步建立,地方谋求自身经济社会发展的责任意识逐步增强,这为区域间的横向竞争提供了基础和压力。

鉴于以上背景和形势,我们认为,区域综合经济竞争力是区域经济发展的实质性推动力,区域竞争力的强弱已逐步成为衡量和决定一个区域是否具备经济发展潜力和创新能力的重要指标。区域经济发展快,说明该地区的经济竞争力强;区域经济发展放慢,则说明该区域的经济竞争力弱。竞争力可以表现在许多方面,既有传统的经济基础竞争力、产业竞争力、企业竞争力等,也有人力资源竞争力、基础设施竞争力和科技竞争力,等等,这些竞争力的共同作用,就形成了一种复合的竞争力,我们称其为区域经济综合竞争力。通过经济综合竞争力的分析判断,能够明确本区域与其他区域在比较中的优劣势,找准本地区经济发展的努力目标,制定适合本地区发展的战略思路与对策,更好地为本区域经济社会发展服务。正因为如此,20世纪90年代以来,尤其是90年代后期以来,区域经济竞争力成为理论界、学术界以及政策制定者等各方面关注的热点。

二、内蒙古自治区区域经济综合竞争力的研究意义

当前,内蒙古自治区经济发展势头强劲,加强内蒙古自治区区域经济综合竞争力的研究,对各区域战略决策者在未来经济发展中把握区域经济竞争的主动权,具有重要的现实指导意义。

一方面区域经济综合竞争力是当代区域经济研究的新课题,它从提升区域经济综合竞争力的宗旨入手,将研究对象(区域)置于一个更大的范畴,运用管理学、

区域经济学、比较经济学等原理进行比较分析,判断其相对优势和劣势,为地方政府规划的制定提供依据,进而制定区域经济发展战略,推动本地区经济发展。

另一方面有助于客观地分析、比较和评价一个区域各项竞争力的综合能力。通过建立区域经济综合竞争力的指标体系可以对一个地区的整体实力进行综合评价,并进行横向和纵向比较,从而客观地评价一个地区经济发展的历程和态势。

三、区域经济综合竞争力的研究现状

20 世纪 70 年代,由于受石油危机的影响,美国整体经济增长相对迟缓,一些能够代表美国经济实力的产业,如钢铁业、电视机工业、汽车制造业以及处于世界领先地位的资本密集型产业,在与日本竞争中丧失了国际优势地位。亚洲新兴国家包括中国在内劳动力的相对低廉使得美国的劳动密集型产业也丧失了竞争力。面对日本、亚洲"四小龙"等国家和地区的崛起,欧洲一些国家的传统产业也面临着同样的命运。在这样的背景下,欧美学术界和政府开始对国际竞争力格外重视,并着力研究如何提高各自国际竞争力。

1980 年,美国哈佛大学商学院管理学著名教授迈克尔·波特基于其为跨国公司咨询的实践,出版了《竞争战略》一书。在书中,他创造性地提出了企业获得竞争优势的三种策略,即成本领先策略、标新立异策略(差别化策略)和目标集聚策略。随后,波特先后于 1985 年和 1990 年出版了《竞争优势》和《国家竞争优势》两本著作,从而基本上形成了基于竞争优势理论指导下的竞争力分析框架,为经济全球化、国际经济活动水平提出了全新的思维角度和解释,为各国之间国际竞争力研究开创了一条新的思路,并为区域竞争力的分析和研究提供了理论支撑。按照波特提出的观点,国际竞争力集中体现在一个国家的产业竞争力上,即其产业在大市场中的竞争表现。而某一产业是否具有国际竞争力取决于以下六个因素:要素条件、需求状况、相关产业和辅助产业、企业战略结构与竞争者、机遇以及政府作用。以上六个因素组成了相互联系的菱形图,被称为"钻石模型"。

从 1989 年开始,世界经济论坛(World Economic Forum,WEF)与瑞士洛桑国际管理学院(International Institute for Management Development,IMD)合作共同研究国际竞争力问题,同年推出了《世界竞争力报告》。此报告从此成为国际竞争力水平测度和评价的基本标准。

自 1996 年起,由于在国际竞争力的理解及研究方法方面产生了不同的意见,WEF 和 IMD 终结了合作,之后分别使用各自设定的评价指标体系发布国际竞争

力报告。WEF 每年发表一份《全球国际竞争力报告》，该报告强调竞争力是一个国家提高经济增长率，并持续提高人民生活水平的能力。因此在指标的设定方面比较注重未来动态的经济成长潜力。IMD 每年出版一份《世界国际竞争力年鉴》，更强调竞争力是一国在先天资源与后天生产活动配合下，所能创造国家财富的能力。因此比较侧重于静态因子的评比。

　　WEF 和 IMD 的评价指标涵盖面大，因而成为其他竞争力研究的主要参考框架，具有一定的权威性。但其也有一定的缺陷，如许多软指标的获得较为困难，因此数据的准确性也值得考证；两份报告都是根据各相关因素的排位来得出总体竞争力排名，而没有设定一项能反映一国综合竞争力水平和潜在经济增长能力的多层测算模型。

　　除了以上提到的研究成果外，国际上相关的分析还有：

　　(1)美国经济学家克莱因(Klein)于 20 世纪 50 年代末提出的"国力方程"：即综合国力＝(基本实体＋经济能力＋军事能力)×(战略意图＋国家意志)。基本实体主要是由人口和领土构成；经济能力是由国内生产总值、能源、矿产、工业、农业和外贸等因素构成；军事能力是由战略力量和常规军事力量构成。

　　(2)世界银行《世界发展报告》用 1977 年的人均国民生产总值对 133 个国家进行排序，中国列居第 91 位。

　　(3)1990 年，联合国开发计划署创立了人文发展指数(HDI)，即以"预期寿命、教育水准和生活质量"三项基础变量按照一定的计算方法组成的综合指标。之后每年都发布世界各国的人文发展指数(HDI)，在世界许多国家或地区颇有影响。在 2011 年的排名中，挪威、澳大利亚、荷兰分别位列前 3 位。而非洲国家刚果(金)、尼日尔和布隆迪排在有统计数字的 178 个国家中的倒数后 3 位；中国在该指数排名中位列第 101 位，属于中等人文发展水平国家。

　　(4)韩国产业研究院在 1994 年从四个方面对国际竞争力进行了比较研究，即竞争力创造因素比较、出口结构比较、企业竞争力比较和政府竞争力比较。

　　(5)世界银行于 1995 年公布了衡量国家财富净值的方法，从人力资源、自然资源和生产资本三个方面计算各国实际财富，并对 192 个国家进行排序，中国位列第 26 位。

　　除此之外，还有韩国大学研究所、美国商业国际评价研究所、美国商业环境风险评比公司等机构对国际竞争力进行分析和研究，均具有较高的影响力。

　　在国际竞争力概念的提出并运用于实践的几十年里，从评价体系到统计方法都取得了很大进展，其研究结果已经成为世界各国和地区共同关注的焦点，并为相关经济研究和国家政策的制定提供了量化的依据。

从 1996 年开始,由中国人民大学和国家体改委经济体制改革研究院合作,从总体上和若干个侧面对我国国际竞争力作出评价,并于 1997 年 3 月联合出版了《中国国际竞争力研究报告(1996)》,此后逐年出版各年度报告。1998 年,深圳综合开发研究院华南及深港经济研究中心推出了区域经济竞争力评价指标体系,该指标体系共包括 8 项一级指标和 35 项二级指标,但其中并未考虑对区域经济竞争力有重大影响的基础设施、人口和教育等因素。之后,福建行政学院的王秉安等于 2000 年出版了《区域竞争力理论与实证》一书。该书不仅系统地梳理了相关的理论,还以福建省为例,设计了一套省域经济竞争力评价指标体系。该指标体系共分为三个层次:一级指标包括经济综合实力竞争力、产业竞争力、企业竞争力、涉外竞争力、科技竞争力、基础设施竞争力和国民素质竞争力七个要素模块;二级指标是将七个竞争力要素进一步细分为 24 个支撑点,在二级指标基础上划分出 69 个三级指标。该指标体系的局限性没有考虑权重差异,所有的指标权重都为 1,因此具有一定的主观性。2004 年,天津财经大学肖红叶等编著出版了《中国区域竞争力发展报告》。该书按照与国际接轨的基本原则,以 WEF 和 IMD 的竞争力理论为基础并结合我国国情,构建了评价我国省级区域竞争力的基本理论与方法框架,并利用各种统计数据和图形处理方法,完成了全国各省域竞争力比较分析与模拟时序分析图的制作。2006 年,福建师范大学全国经济综合竞争力研究中心李建平与李闽榕等合作出版了《中国省域经济综合竞争力研究报告》,该报告针对王秉安等人评价指标体系与模型中存在的问题,做了进一步的调整和补充。

四、内蒙古自治区区域经济综合竞争力的研究目标及内容

内蒙古自治区地处中国北部边疆,由东北向西南斜伸,呈狭长形,东西直线距离 2400 公里,南北跨度 1700 公里,横跨东北、华北、西北三大区。土地总面积 118.3 万平方公里,占全国总面积的 12.3%,在全国各省、市、自治区中名列第 3 位。东南西依次与黑龙江、吉林、辽宁、河北、山西、陕西、宁夏、甘肃 8 省、自治区毗邻,北与蒙古国、俄罗斯接壤,国境线长达 4221 公里。内蒙古自治区辽阔的地域决定了自治区经济发展水平、自然资源和人口素质等方面存在很大的差异,各区域在经济发展中形成了不同的特点和自身的利益目标。因此研究内蒙古自治区区域经济综合竞争力,对于内蒙古各区域明确自己的定位,找准自己的优势和不足,制定适合本地区经济社会全面发展的战略策略,进而促进内蒙古自治区整体又好又快发展,无疑有着重

要而紧迫的历史意义。

区域经济综合竞争力的分析是通过构建区域经济综合竞争力评价体系,应用统计学的手段和方法将研究对象区域与其他区域进行比较分析来做出判断。因此方法的本身要求建立起一个能够囊括影响区域经济综合竞争力的大部分主要因素的评价比较体系。要求掌握本区域和其他区域这些因素的相关数据,比较是按照预先设计好的框架和程序来展开的,这就保证了研究具有较好的系统性和全面性。评价的相对位次比较侧重于绝对数本身的比较,通过比较使得研究对象区域在大区域中的战略地位能够更清楚地得到反映。

根据以上分析框架,内蒙古自治区区域经济综合竞争力发展的研究目标设定为:

第一,梳理国际竞争力及经济竞争力研究的理论和方法,形成内蒙古自治区区域经济综合竞争力研究的基本思路,建立评价内蒙古自治区区域经济综合竞争力的基本理论分析框架。

第二,提出内蒙古自治区区域经济综合竞争力评价的指标体系。

第三,提出动态数据处理方法,解决指标口径变动、数据缺失等问题。

第四,充分利用各种统计方法和图形处理方法完成内蒙古自治区区域经济综合竞争力评价分析和时序分析图的制作与分析。

第五,初步完成内蒙古自治区区域各要素竞争力和内蒙古各盟市的区域经济综合竞争力时序评价,并形成基本结论。

第六,建立起 2008~2011 年内蒙古自治区区域经济综合竞争力的评价指标数据库,为进一步开展研究奠定理论基础。

基于以上研究目标的定位,本书的主要内容包括:

第一章:导论。第一节给出内蒙古自治区区域经济综合竞争力的研究背景、研究意义、研究现状以及研究目标和内容。第二节对区域综合竞争力的相关概念以及竞争力理论进行梳理,为后面的研究奠定基础。

第二章:内蒙古自治区区域经济综合竞争力评价的理论基础、模型构建及指标体系。系统介绍了 IMD 以及 WEF 等国际上有关竞争力评价的权威机构及成果,在此基础上提出本项研究的指标体系。

第三章:内蒙古自治区区域经济综合竞争力分析。本章分别就各要素竞争力在全区十二个盟市间进行对比评价。

第四章:内蒙古自治区各盟市经济综合竞争力发展分析。本章研究每一个盟市各要素的竞争力强弱程度,总结得出各盟市有关经济综合竞争力的典型特点,并针对性地给出对策建议。

第五章:提升内蒙古自治区区域经济综合竞争力的对策建议。本章从总体上对内蒙古自治区区域经济综合竞争力情况给出总结,并提出区域经济综合竞争力提升的政策建议。

第●节
区域经济综合竞争力相关概念及理论

区域竞争力的概念具有多角度、多层次的含义。区域竞争力的内涵实质上是随着社会经济的发展及其要求不断发展、修正以及完善的一个过程。我们所强调的提高区域经济综合竞争力有着深刻的现实意义和社会背景。因此我们在研究内蒙古自治区区域经济综合竞争力时,要不断汲取国内外关于竞争力的理论研究成果,并切实从具体国情、具体问题出发,有针对性地提高区域经济综合竞争力的研究水平。

一、"区域"概念的界定

从经济学的研究视角看,区域指经济区域,可以分为三个层次:国内的经济区域;超越国家界限由几个国家构成的世界经济区域,如经济发展与合作组织(OECD)等;几个国家或部分地区共同构成的跨国经济区域。第一层次的国内区域是区域经济学的研究对象,是指按照市场机制运作的经济区域,是市场经济发展体现在空间上的基本形态,即介于国家和城市之间,由一个或多个核心城市、若干个相关城镇及其周边辐射地区(包括乡村和城乡结合部)组成的,在空间上密切联系,在功能上有机分工、相互依存,并且具有一体化发展趋势的空间经济复合体。这就是说,经济区域是不同于省、市、县等行政区划的经济学概念,具有组织区内经济活动和区外经济联系、相对独立的发展能力。

另外一种区域的界定是指行政区域,即通常的省、市、县等行政区域。与行政区域相对应即所谓的地方经济,也称为行政区域经济。行政区域经济是我国客观存在的一种经济形式,行政区域越小,行政权限越小,行政区域经济的特征越不明显;反之,行政区域越大,行政权限越大,行政区域经济的特征就越突出。在我国,乡镇一级行政区域一般显现不出行政区域经济的特征;县一级行政区域的行政区域经济特征就比较明显,也就是人们通常所说的县域经济;市、省一级行政区域的行政权限比县一级行政区域更大,其行政区域经济特征比县一级行政区域更为明显。

显然,行政区域不同于经济区域,但是在实际应用中基于组织、计划、调控的需要,常以行政区划为界划分区域;另外,行政区域经济通常和区域经济也相互交织,既有鲜明的行政区域划特征,也有明显的市场经济特征;同时,基于实证分析中所需数据的可得性,本书研究的"区域"指的是行政区域,区域经济即为行政区域经济,或地方经济。

二、"竞争力"的内涵

目前学术界已普遍认同以"能力"而非"实力"来界定"竞争力"。"能力"是动态的增量概念,而"实力"是静态或比较静态的存量概念,但学术界就"能力"的具体形式仍存在较大争议。主要有以下四种观点:

(一)财富创造能力

这种观点主要源于 WEF 和 IMD 最初合作发表的《全球竞争力报告》,该观点将一个国家的国际竞争力定义为"在世界市场上均衡地生产出比其竞争对手更多财富的能力"。国内持这类观点的学者有阳国新、樊纲等,分别从区域经济的均衡产出、生产能力和市场地位等角度来描述竞争力。阳国新(1995)认为,"区域竞争力是指各经济区域所提供的商品在某一特定区域市场中占领的市场份额";樊纲(2002)认为,狭义的竞争力就是"商品在国际市场上所处的地位",具体而言,"竞争力来源于同样质量的产品具有较便宜的价格,或者说同样质量的产品具有较低成本";单玉丽、张旭华等(2005)认为区域竞争力是"提供产品和服务的能力";谢立新(2003)认为"区域竞争力的实质是比较生产力"。

(二)经济持续发展能力

这种观点认为提高竞争力的最终目的是促进国民经济持续增长,体现了古典经济学的核心思想。例如,张为付、吴进红(2002)认为,区域竞争力是"一个区域与整个市场加强分工与协作,实现区域经济和社会可持续发展的能力"。丁力、杨茹

(2003)指出,"竞争力是经济增长的增长能力,它不同于经济实力和经济增长能力,体现为经济增长的加速度"。

(三)资源吸引和有效配置能力

资源吸引和有效配置能力的观点体现了新古典经济学的本质,即对稀缺资源的优化配置。这种观点基于提高区域竞争力基本途径,是目前国内较主流的一种观点。王秉安、陈振华等(2000)认为"区域竞争力是一个区域为其自身发展在其从属的大区域中进行资源优化配置的能力,也就是一个区域为其自身的经济发展对大区域资源的吸引力和市场的争夺力";蒋满元、唐玉斌(2005)将区域竞争力定义为"区域内各经济主体在市场竞争过程中所形成并表现出来的一种争夺资源或市场的综合能力";王连月(2004)认为,"区域竞争力是一个区域在竞争和发展过程中与其他区域相比较所具有的吸引、争夺、拥有、控制和转化资源,争夺、占领和控制市场的能力,为其自身发展所具备的资源优化配置能力,也可以说,是一个区域为其自身发展对资源的吸引力和市场的争夺力"。

(四)多种形式的综合能力

此外,还有学者认为区域竞争力是多种形式能力的综合。比较典型的观点有:郭秀云(2004)定义区域竞争力为"一个区域在与其他区域竞争中所具有的相对优势,包括经济增长潜力、资源优化配置能力和市场占有能力等,是社会、经济、文化、制度、政策等多因素综合作用的结果";徐宏、李明(2005)认为区域竞争力是"某一区域在所从属的大区域中对有限资源的吸引力,配置区内资源形成自身比较优势和实现经济成效的行动力,及实现未来良性发展的趋向力,是竞争力资源与竞争力过程的统一"。

实际上,以上几种对竞争力内涵理解的不同观点,并没有本质的区别,只是源于不同的理论思想和研究视角,不存在对错优劣之分,并且几种观点也不构成根本矛盾,完全可以共存。即财富创造是竞争力的直接表现,经济持续增长是提高竞争力的根本意图,资源吸引和有效配置是提高竞争力的基本途径。

三、区域经济综合竞争力

本书所研究的区域竞争力是区域经济综合竞争力,即以经济指标为主要构成要素,辅以支持其发展的相关因素共同构成的综合竞争力。在区域经济综合竞争力的理解上,本书倾向于前面所述的第三种观点,认为区域经济综合竞争力是指一个区域在现有的经济发展水平条件下,参与市场的竞争和资源的优化配置,从而获得有利于本区域未来发展所需资源的吸引力和市场的争夺力,是该区域在大区域竞争中表现出来的经济综合实力的强弱程度。它具有如下内涵:

第一,区域经济综合竞争力是一种综合性的概念。区域经济综合竞争力包含了区域内所有的经济要素,层次多、覆盖面广,是全面反映地区经济竞争力的各要素的有机组合。

第二,区域经济综合竞争力是体现区域可持续发展的能力,具有动态性。研究区域经济综合竞争力,不仅要研究其现在,还要研究其将来;不仅反映区域目前的经济、社会等方面发展水平,也预示着该区域未来的发展能力。

第三,区域经济综合竞争力的本质在于对资源有效配置和优化的能力,因此它既包括内部资源的有效配置和合理运用,还包括对区外资源的有效吸纳,从而达到内外资源的协调配合。

四、区域经济综合竞争力理论

区域经济综合竞争力的研究仅有数据的支持是不够的,必须建立在必要而雄厚的理论基础之上。本章以下部分将对现有的区域竞争力研究理论进行梳理,挖掘决定和影响竞争力强弱的诸因素,进而揭示竞争力的形成与强化机制,探索提升竞争力的有效途径。目前,国内外学者对区域竞争力理论的探讨,主要包括:比较优势理论、竞争优势理论、新经济增长理论、技术创新理论、区域经济学和新制度经济学相关理论等。

(一)比较优势理论

比较优势可以说是经济学中最古老的概念之一,源于对国际贸易和贸易利益主导理论的解释,经历了由古典贸易模型到新古典贸易模型,由斯密的绝对比较优势到李嘉图的相对比较优势(基于技术效率的外生的相对比较优势)、赫克歇尔—俄林的要素禀赋优势、迪克西特—斯蒂格利茨的规模经济优势,再到杨小楷的内外生生产和交易效率的综合比较优势。比较优势理论经历了由外生到内生、再到内外生并重,由单因素向多因素的发展过程。由过去的单一比较优势理论发展为综合比较优势理论,被视为分工发展的基本驱动力和国际贸易赖以存在的前提。因此说,比较优势已经逐渐发展成一个较宽泛的概念,指本国或本地区在经济发展中所独具的优势资源与有利条件,不仅包括丰富的自然资源、劳动力、资本等基础要素,还包括先进技术、智力资源、独特的历史文化背景,以及由区位条件、市场化、法制化和政府效能等决定的较高的交易效率。

根据比较优势理论,不同国家和地区应利用各自的比较优势发展经济以形成竞争力,而上述比较优势条件均可成为形成区域竞争力的要素。

(二)竞争优势理论

竞争优势是指一国在世界市场竞争中实际显示的优势,是生产力水平的标志,是由波特在反思比较优势理论的基础上创立的。该理论对国内区域竞争力的研究具有较深的影响,被很多学者如王秉安(2000)等视为区域竞争力的理论基础。根据波特的理论,产业及企业的国际竞争力是一个国家生产率的直接体现,是国家竞争优势的基础。生产要素、需求条件、资源与相关产业、企业战略、结构与竞争状态及机会、政府六个要素相互影响,共同决定了产业及企业在国际竞争中的强弱,这就是波特著名的"国家竞争力钻石体系"。在竞争优势理论中,波特强调各个要素的作用是一个动态系统性机制的变化。国内市场竞争压力和地理集中使得整个"钻石"构架组成一个完整系统。国内竞争的压力可以提高国内其他竞争者的创新能力,而地理集中将使基本因素整合为一个整体,从而更容易相互作用和协调提高。在"国家竞争力钻石体系"中,波特认为:科学、技术等后天先进生产要素的作用要比资源禀赋等基础要素的作用更重要,自然资源的缺乏往往能够转换成产业升级的动力与压力;国内需求远比可观的市场规模重要,顾客的需求迫使企业不断创新,而自身价值观的全球化又可以引领国际市场需求趋势;相关产业中的企业通过互动,可以对产品进行创新与升级来降低成本,具有相互受益和自我强化的效果;企业战略和管理制度不存在绝对的好坏,关键是能否汇集一国具有优势的管理实务和组织模式,而激烈的国内竞争给企业的创新和发展带来压力,有利于竞争优势持续升级;机会是国家竞争优势中的可变因素,关键在于能否及时、合理地把握和利用;此外,对于政府而言,不应该着眼于短期的成本利益,完全的自由放任原则是不可取的,适当的角色应该是"鼓励改变、促进国内市场竞争与刺激创新,并尽可能给各区域创造公平的竞争环境"。

竞争优势理论与比较优势理论存在着本质的区别。比较优势理论倾向于宏观分析,而竞争优势理论则从企业参与国际竞争的微观角度解释产业竞争力和国家竞争优势的形成,从钻石体系六要素入手探索比较和提升区域竞争力的途径和对策,特别强调在资源禀赋和国内市场规模处于劣势的条件下,仍可通过技术创新、企业竞合、有效政府管理等其他因素的改善获得竞争优势地位。

目前,国内区域竞争力研究的理论更多地倾向于竞争优势理论,认为竞争优势理论是对比较优势理论的重大突破。比较优势最重要的贡献在于差异性的生成,例如资源成本的差异、产品差异等,进而企业能在竞争中获得差别利益。而竞争优势理论强调的是一个国家和地区的内生能力,如创新力,其在核心竞争力中的地位相对于比较优势更重要。现有的研究中,有的文献否认比较优势理论对区域竞争力研究的理论支撑,认为比较优势不足以形成优势和竞争力,对竞争潜力的重视程度不够。但也有部分学者坚持比较优势理论在区域经济发展中的基础地位,认为只有发挥比较优势,才能够形成持久的竞争优势。例如,林毅夫指出"国家或地区只有在经济发展的每一个阶段选择符合自己要素禀赋结构的产业结构和生产技术,经济中的多数企业才会具有自生能力,从而能够促进经济体的资本积累、要素禀赋结构的提升,实现经济的快速发展",这也就是区域经济持续发展和竞争力的形成必须遵循比较优势原则。

(三)新经济增长理论

20 世纪 80 年代以来,随着罗默(Paul. Romer)和卢卡斯(Robert. Lucas)为代表的"新增长理论"的出现,经济增长理论再次焕发生机。新经济增长理论的重要创新之一是把新古典增长模型中的"劳动力"的定义扩大为人力资本投资,即人力不仅包括绝对的劳动力数量和平均技术水平,而且还进一步包括劳动力的教育水平、生产技能的训练和相互协作能力的培养等,这些因素统称为"人力资本"。美国经济学家保罗·罗默 1990 年在理论上第一次提出了技术进步内生的增长模型,从而把经济增长建立在内生技术进步上。技术进步内生增长模型的基础包括三个方面:技术进步是经济增长的核心;大部分技术进步是出于市场激励而导致的有意识行为的结果;知识商品可反复使用,无须追加成本,成本只是生产开发本身的成本。基于对决定内生增长的各因素的理解和强调的不同,新经济增长理论也出现了多种模式。例如,罗默的知识积累增长模式、卢卡斯的专业化人力资本增长模式、斯科特的资本投资增长模式以及巴罗的政府支出增长模式等。

新经济增长理论的发展对区域竞争力研究有着重要的启迪意义,它表明从长期发展来看,必须重视发展教育和培养人才,重视知识积累和技术进步,且持续的较大规模研发投入和政府对重大科研项目的资金、政策支持也同样是必不可少的。

(四)创新理论

创新理论是美籍奥地利经济学家熊彼特(J. A. Schumpeter)提出的。他在1912年的著作《经济发展理论》中,最早将创新定义为一个经济学概念,将"创新"、"发明"与"发现"区别开来,认为创新是在生产体系中引入一种新的生产要素的组合。这种组合具体包括了以下一些内容:第一,引入一种新的产品或提供一种产品的新质量;第二,采用一种新的生产方式;第三,开辟一个新的市场;第四,获得一种原料或半成品的新的供给来源;第五,实行一种新的企业组织形式。熊彼特进一步指出,创新是经济发展的动力,并引发了资本主义经济的长期发展和市场结构变化。此后,创新理论逐渐成为西方经济学中重要的分支,内容涉及创新活动的内外联系与过程、创新的动力机制(技术推动与需求推动)、创新的类型(激进式与渐进式)、技术创新的扩散效应、制度创新及国家和区域创新系统等各个方面。

国内学者樊新生等将创新理论纳入区域竞争力研究的理论背景之中,并指出创新理论可以使我们从更深层次了解竞争力的意义。

(五)区域经济学相关理论

国内学者王秉安、陈德宁等将区域经济学中的区位论、空间结构理论、集聚经济理论、地域生产综合体理论和区域经济发展梯度理论纳入区域竞争力的研究理论背景中。区位论主要从原料、运输费用、劳动力、集聚力、成本因素、市场因素等各个方面探讨区域经济主体的发展条件,寻求经济活动在空间分布上的最优化。空间结构理论是在古典区位理论的基础之上进一步发展起来的,从各种经济活动主体在空间中的集聚程度及相互关系中寻求其最优组合与相对位置,考察它们在相互作用中的动态变化规律。集聚经济理论主要涉及区域内不同规模、不同性质企业的组合及其在地理上集中与分散的经济合理性问题。地域生产综合体理论从对区域内丰富资源的开发和有效利用角度出发,主张有选择、有计划地安置与主导产业相联系的各企业;与地域生产综合体相近的一个概念是产业集群,指相关产业中相互依赖、相互合作、相互竞争的企业以获取集聚经济效益为意图的在地理上的集中,是适应市场经济和自由竞争环境而产生和形成的。区域经济发展梯度理论是指由于处在不同生命周期阶段的产业具有不同的空间布局规律,因此产生了区域经济技术水平的空间差异和区域经济发展梯度;创新活动大部分发源于高梯度地区,之后随着时间的推移及产业生命周期阶段的变化,通过多层次的城市系统向低梯度地区进行转移;此外,反梯度推移理论又进一步指出,落后的低梯度地区也可以根据实际情况,通过引进国外领先技术,发展高新技术产业,从而借助后发优势实现超越高梯度地区,然后向较高梯度地区进行反梯度推移。

区域经济学基本理论系统剖析了区域经济发展的基本条件,能够揭示区域产业布局与组织的一般规律,进而为区域竞争力研究建立了最一般的思维框架。但同时,区域经济学基本理论更侧重于从经济地理和生产布局的角度探讨区域经济发展问题,在解释区域竞争力研究中的资源优化配置能力的方面较弱。

(六)制度经济学理论

新制度经济学主要从产权关系、交易费用、市场信息、契约安排等方面讨论制度因素对经济增长的作用。认为合理的制度安排能够给人们提供稳定的预期收益,并激励经济主体改善经营和创新,且即使在没有明显技术进步的国家和地区,经济增长也可以通过制度创新过程来加以解释。美国经济学家舒尔茨(T. W. Schultz)指出,制度的功能在于能够提供具有经济价值的服务,降低交易成本,并影响生产要素所有者之间的风险与收益配置,确定职能组织与个人收入之间的联系,确立公共物品和服务的分配框架。诺斯(D. North)认为,制度为一个社会或一种经济秩序提供了合作与竞争的关系,其功能在于创造秩序、降低市场交易的不稳定性;他还强调了制度对提高国家竞争力的重要性,认为有效率的组织是西方经济兴起的真正原因,是经济增长的关键;而要保持组织的有效率,就需要做出合理的制度安排,使个人通过努力获得的收益率接近社会收益率,并且认为这种合理的制度安排通常可以克服自然资源和社会资源的不足。

实践表明,制度因素对经济发展的作用是不容置疑的。制度经济学理论对区域竞争力研究的贡献在于,启发人们从特定区域的市场化程度、法制环境、企业治理结构、地方行政管理体系等方面考察竞争力的形成与强化机制,探索通过制度改革和创新谋求竞争力提升的基本途径。

此外,区域竞争力研究还可以从不同角度批判地吸收综合国力论、政府政策论、管理文化论、劳工组织论等一些非主流的学术观点和思想,借鉴比较制度经济学的研究方法,旨在形成系统、完备的理论基础体系和分析研究框架。

第 二 章

内蒙古自治区区域经济综合竞争力评价的理论基础、模型构建及指标体系

本章内容包括两节：第一节对 IMD、WEE、波特以及国内一些竞争力评价方法及理论进行梳理；第二节在内蒙古经济综合竞争力模型构建原则的指导下，系统阐述了内蒙古自治区区域经济综合竞争力评价指标体系的构成要素、系统构架以及内蒙古经济综合竞争力的评价分析方法。

第一节
区域竞争力评价方法综述

区域竞争力是通过选择一定的指标体系进行研究的,由于对竞争力理解不同以及选择的角度不同,不同的研究选择的指标体系可能存在差异。我们在评价其他一些评价体系的基础上,提出了本书的评价体系。

一、IMD《世界竞争力年鉴》评价方法解读

瑞士洛桑国际管理学院(International Institute for Management Development,IMD)自 1989 年起每年发布《世界竞争力年鉴》(the World Competitiveness Yearbook,WCY),[①]对各国和各地区国际竞争力进行评价,其评价结果在各国受到普遍认可。IMD 的国际竞争力评价指标体系和方法已成为国家和区域竞争力研究参考的一种范式。

(一)IMD 评价要素构成及指标体系

IMD 认为,国家之间的竞争是其企业在特定环境下的竞争,而在企业要面对的竞争环境中,经济环境只是其一,更重要的还有政治、文化、教育等多维环境。国家之间竞争是给定企业在最有效率的结构、制度和政策环境之间的竞争,因此,IMD 的国际竞争力概念基于国际市场的视角,考察一个国家或地区为企业和产业竞争力的提升,所提供的良好的经济与制度环境的能力。其国际竞争力指标体系和评价方法都是基于这个认识而设计的。

IMD 评价体系经历了三次较大的调整:第一次,1989~1990 年的十大要素评价体系:经济推动力、工业效率、市场导向、金融推动力、劳动力资源、政府影响、自然资源的利用、国际化以及社会及政治稳定性;评价指标包括 381 项,其中 249 项为统计指标(硬指标),其余 132 项为调查指标(软指标)。第二次,1991~2000 年

---

① The World Competitiveness Yearbook 2012, Lausanne, Switzerland, 2014.

的八大要素评价体系:国内经济实力、国际化、政府管理、金融体系、基础设施、企业管理、科学技术和国民素质。第三次,2001 年至今整合为四大要素评价体系,即经济运行、政府效率、商务效率和基础设施,每个竞争要素又分解为 5 个子要素,共计20 个子要素。通过 4 个竞争要素和 20 个子要素考察一个国家或地区为提升企业竞争力所提供的经济、社会、制度环境的能力。

WCY 2012 年国际竞争力评价指标体系要素结构见表 2-1。其中:①经济运行要素。旨在反映国民经济的宏观表现,考察国家宏观经济运行状态为保持与提升企业竞争力提供了什么样的支撑条件。②政府效率要素。旨在反映政府政策对竞争力的影响。对政府为企业活动提供公平有序的市场经济制度的能力评价。③商务效率要素。从企业创新、盈利、社会责任等方面对其竞争力进行描述与评价。④基础设施要素。包括一个国家或地区在公共设施、技术、科研、健康、教育以及生态环境等方面满足企业生产和运营需要的程度。

表 2-1　WCY 国际竞争力评价指标体系要素构成表(2012 年)

要素	子要素	指标数量	评价内容
经济运行	①国内经济　②国际贸易　③国际投资　④就业　⑤物价	78	国民经济运行的宏观表现
政府效率	①公共财政　②财政政策　③体制结构　④商业立法　⑤社会结构	70	政府政策对竞争力的影响程度
商务效率	①生产率　②劳动市场　③金融服务　④管理水平　⑤价值观	67	国家能够提供给企业促进其创新、盈利、承担社会责任等方面环境的程度
基础设施	①基本设施　②技术　③科研　④健康与环境　⑤教育	114	硬件设施、科学技术、人力资源等满足企业需要的程度
合计		329	

资料来源:IMD World Competitiveness Yearbook 2012, Lausanne, Switzerland, 2013.

IMD 每年根据新理论、新政策和实际经济的变化对评价指标进行更新,所以每年所使用的指标不同。WCY 2012 年根据各子要素的内容设计了不同类别的评价指标,并分别进行定量和定性评定。其中,有些指标数据是来自国际和地区组织、民间机构以及国家研究所。这些指标被称为硬指标,其中 131 个指标参加总体排名,83 个指标不参加排名,只作为有价值的背景信息参考。其余 115 个指标无法被量化描述,结果来自 IMD 的年度问卷调查,这些被称为软指标或调查数据指标。表 2-1 是 IMD 2012 年度的国际竞争力评价构成要素表。

(二)IMD 竞争力评价方法简介

在 IMD 评价方法中,各项指标在取舍权重后,采取标准差方法进行得分计算,然后推出各大项以及国家整体竞争力的排序结果。

1.数据的收集和处理

WCY 中硬指标包括统计指标和背景参考指标数据,由联合国、世界银行、经济合作与发展组织、联合国教科文组织、国际货币基金组织等国际组织以及各参评经济体合作机构提供。软指标数据来自 IMD 的年度问卷调查结果,调查对象是参评国家和地区基础行业、制造业、服务业中具有丰富国际经验的中高级管理人员。各经济体的问卷数量根据其 GDP 所占的份额确定,2012 年收回 59 个经济体成员共计 4210 份反馈问卷,问卷 1 月发放,3 月回收。问卷的题目通常无法被量化地描述,比如管理实践、劳工关系、贪污腐败、环境问题以及生活质量等。软指标所反映的问题均为被调查者对现在或将来问题的认识和期望,由于没有时滞,因此更为贴近现实,对"影射历史"的硬指标形成有效的补充。问卷中每个软指标有 6 个选项,分别用数字 1、2、3、4、5、6 表示 6 个不同的等级和程度。数字越大,表示被调查者对所评经济体的指标表现持肯定态度的感觉越强烈;数字越小,表明被调查者对所评经济体的指标表现持否定态度的感觉越强烈。IMD 根据调查问卷结果,计算每个经济体各项调查指标得分的平均值,并利用公式(2.1)将其转化为 0~10 的得分,以此作为参与计算排名情况的软指标数据。

$$x^s_{i,j} = 2\overline{x^s_{i,j}} - 2, i=1,\cdots,115 \tag{2.1}$$

其中,$x^s_{i,j}$ 表示第 i 个经济体第 j 项调查指标转化为 0~10 的得分,$\overline{x^s_{i,j}}$ 表示第 i 个经济体第 j 项调查指标基于所有问卷得分的平均值。[①]

2.数据的标准化处理

在 IMD 国际竞争力指标体系中,参评指标的量纲和尺度大多不同,不可直接进行加总和排名。因此,需要将不可直接加总的指标数据进行标准化,消除量纲因素,便于进行加总和排序。

对于不服从正态分布的硬指标数据,还需进行取对数处理。之后对以上经过处理的 246 个指标(131 个硬指标,115 个软指标)进行标准化,具体方法如下:

---

① 资料来源同上。某个问题若所有被调查者均给 6 分,则平均分为 6 分,得出转化后的分值为最高分 10 分;若所有被调查者给最低分 1 分,则平均分为 1 分,则转化后的分值为最低分为 0 分。

首先,根据式(2.2)计算各项指标的平均数:

$$\overline{x}_j = \frac{\sum_{i=1}^{N} x_{x,j}}{N}, \text{其中}, i=1,\cdots,N; j=1,\cdots,246 \qquad (2.2)$$

其次,根据式(2.3)计算各项指标的标准差:

$$S_j = \sqrt{\frac{\sum_{i=1}^{N} (x_{x,j} - \overline{x}_j)^2}{N}}, \text{其中}, i=1,\cdots,N; j=1\cdots,246 \qquad (2.3)$$

最后,计算 59 个经济体 246 个指标的标准化值(*standardized values* 或 *STD values*),计算方法如式(2.4):

$$(STD values)_{i,j} = \frac{x_{x,j} - \overline{x}_j}{s_j} \qquad (2.4)$$

其中,$x_{x,j}$ 为第 i 个经济体第 j 项指标值(经转化或对数化)。

3. 参评指标排名

依据指标标准化分值的大小对参评经济体进行排名。在参评指标中,大部分属于正指标,即标准化分值越高,意味着该指标表现越好,竞争力越强。需要将分值最高的经济体排在首位,分值最低的排在最后,如 GDP 等总量指标。而另一些指标属于逆指标,即标准化分值越低,意味着竞争主体竞争力越强,如失业率、消费品价格上涨率等,需要反序排列,将分值最高的经济体排在最后,分值最低的排在首位。

4. 确定要素、子要素及参评指标权数

要素、子要素排名比单指标排名要复杂。要素(或者子要素)由多项指标组成,其竞争力的排名结果不仅取决于各项指标自身的标准化分值大小,还取决于它们在决定子要素、要素竞争力中的地位,即权重。IMD 权数分配主要基于以下三个方面的考虑:一是认为一个国家或地区为了提升企业竞争力所提供的经济、社会、制度环境能力的四大竞争要素的作用等同;二是每个竞争要素下 5 个子要素的作用也等同;三是软指标数据提供的信息质量与硬指标数据存在一定程度的差别,后者比前者更为可靠。基于以上考虑,IMD 的权数设定内容概括如下:

(1)各要素等权。经济运行、政府效率、商务效率和基础设施四大竞争要素等权,即每个竞争要素权数均为 25%。

(2)各子要素等权。每个竞争要素下 5 个子要素等权,即每个子要素的权数均为 5%(0.05×20=1)。例如,经济运行竞争要素中国内经济、国际贸易、国际投资、就业和物价5个子要素的权数均为5％。需要注意的是,子要素等权并不意味着其所含指标数目相同,如子要素教育包含的指标要多于子要素物价包含的指标数。因此,子要素权数的确定不依赖于它包含的指标数目。

（3）硬指标在指标总数中占2/3,软指标占1/3。之所以有这个差别,是因为考虑到调查指标数据的质量没有统计数据可靠。在具体评价中,IMD将131项硬指标各赋权重1,而将115项软指标分别赋权重0.55,以保证硬指标占2/3,软指标占1/3。

5. 子要素、要素排名

将每个经济体的各个指标标准化分值与其权数的乘积在子要素层面上加总,得到经济体子要素分值,进而根据子要素分值,得到每个子要素的经济体排名顺序。将子要素分值根据其权重（5％）在要素层面上加总,得到要素分值,进而根据要素分值得到每个竞争要素的经济体排名顺序。

6. 计算竞争力总得分并排名

将四个竞争要素的分值根据其权重（25％）加总,并将其转化为百分制得分,得到国际竞争力总得分,并据此得到国际竞争力总排名。

IMD除了对参评经济体竞争力综合排名、各经济体4大要素排名以及20个子要素进行排名之外,还包括以下评价内容:由参评国家可控制的20个最好指标和20个最差指标组成的资产负债表;可根据资产负债表进行模拟,让20个可控制的最差指标值达到参评国家的平均值,然后重新计算国家的竞争力排名,给决策者提供改进的地方及改进后的结果模拟;布局吸引力排名,说明各个国家在制造业、服务业及管理业、研发三个方面的吸引力比较结果;得出国家竞争力排名榜,进一步突出每个国家的排名位次;国家竞争力结构与排名第一的国家的竞争力结构比较。

IMD还提出提高经济体国际竞争力的十条黄金法则:创造一个稳定、可预见的法律环境;塑造一个灵活、有弹性的经济结构;投资于传统的和技术的基础设施;促进个人储蓄和国内投资;发展向外市场的渗透力和国内对外资的吸引力;追求政府行为的质量、速度和透明度;改善工资水平、生产率和税收之间的关系;通过缩小工资差别、加强中间阶层来保持社会结构;大量投资于教育,特别是中学教育和终身培训;在保持居民期望的价值观同时,通过协调自身经济和全球经济来确保财富的持续增长。

IMD对国家竞争力的评价是基于大量的统计数据和调查数据基础之上的,是用综合要素评价国际竞争力比较成熟的一种方法,也是目前世界最著名的国际竞争力评价方法之一。其主要贡献是:一是提供了大量的统计数据和调查数据,形成了比较全面的评价体系。其收集的指标数据对于我们进行国家之间的分析比较,比其综合评价所得出的结果更加有分析意义。二是通过排名突出了国家之间的竞争力差距,能够比较清楚地了解到自己与竞争对手相比的强势和不足。三是通过对最差 20 个指标的单独列示和模拟排名,向决策者提出了亟待改进的主要方面,并指出了改进之后排名的变化。

IMD 评价法的一些不足之处:一是 IMD 将国家竞争力定义为支持企业竞争力的环境,该定义过于宽泛,使"国家竞争力"的评价变成了几乎包括所有经济因素的综合评价。二是评价指标设置和处理也不太合理,如评价指标的重复性较大,有些指标实际上是另外一些指标的同义词;在指标处理方面不进行关键指标和相关指标的分析和筛选,致使指标多的评价要素在排名中所起的作用大于指标少的评价要素;对不同层次、重要性不同的指标用统一的权重来计算,也使计算结果有失正确性。三是评价指标标准的确定也显得比较武断,特别是用一些有争议的结论作为评价标准的原则。例如,在汇率对国际竞争力的影响、政府支出赤字对一国竞争力的影响等方面均存在着争议。四是将国家、企业等不同竞争主体和制度、产品等竞争对象的竞争力决定因素放在一起,加权计算,使加权值几乎失去了意义。

二、WEF《全球竞争力报告》评价方法解读

WEF 于 1979 年开始讨论国际竞争力问题,经过三十多年的努力,形成了一个相对完善的国际竞争力评价体系。1985 年,WEF 与 IMD 合作,共同研究国际竞争力评价问题,并每年出版《世界竞争力年鉴》(WCY)。1996 年,因见解不同,WEF 与 IMD 分离,之后单独出版《全球竞争力报告》(The Global Competitiveness Report,GCR)。分歧点在于两家对"国际竞争力"概念的理解。IMD 一直沿用"分析国家或地区营造与维护企业创造更多价值的环境,并增进人民福祉的能力的事实与政策"。[①] 而 WEF 则将生产率作为国家或地区的竞争力。WEF 认为国际竞争力是"考察决定一国生产率水平,进而决定国家经济繁荣和人们生活、收入水平的要素、政策、制度的集合。竞争力同时也决定了经济体的投资回报率。由于投资回报率是经济增长的基本驱动力,因此,一个具有较高竞争力的经济体在中长期具有较高的增长率"。[②] 国际竞争力的这一理解包含了静态和动态组成部分,尽管一国

---

① The World Competitiveness Yearbook 2012, Lausanne, Switzerland, 2014.

② WEF. The global competitiveness report 2008－2009[M]. New York: Oxford University Press. 2009:3.

的生产率毫无疑问地决定了维持其高收入水平能力,同时也是用来解释潜在经济增长的关键要素之————投资回报率的一个核心决定要素。

(一)WEF 评价体系的变化

1996 年之前,WEF 的评价体系与上文提到的 IMD 评价体系相同,即 1985～1990 年,由 10 大类要素构成,即经济活力、工业效率、市场趋向、金融活力、人力资源、国家干预、资源利用、国际化倾向、未来趋势和社会政治稳定性。1991～1995 年,由八大类要素,即国内经济实力、国际化程度、政府作用、金融环境、基础设施、企业管理、科研开发和国民素质。WEF 关于国际竞争力的理解的变化引起其选择指标的变化,指标数目也在随后的几年里逐渐由多变少。

1996 年,WEF 在 GCR 中将竞争力定义为一国或一个地区保持人均国内生产总值较高增长的能力。基于这一定义设计了三个国际竞争力指数:一是国际竞争力综合指数,它是综合反映当前经济发展水平和增长势头,并对未来中长期前景进行展望的指数;二是经济增长指数,它是结合初始收入和竞争力水平来进行的计算和排名;三是市场增长指数,是一国增长指数与其 GDP 占全球份额的乘积,与全球经济增长之比构成的,它把各国经济增长和其经济规模结合起来,反映其在全球经济增长中的份额。

1998 年,将市场增长指数的计算公式调整为一国增长指数和其 GDP 绝对规模的乘积。同年,根据波特对竞争力的看法,增加了微观经济竞争力指数,即由影响企业生产率的投入要素、需求因素、相关产业、竞争环境方面的问卷调查指标组成。至 1998 年,WEE 以竞争力综合指数、经济增长指数、市场增长指数和微观经济竞争力指数四指数进行国际竞争力评价。

2000 年,根据对国家竞争力的理解重新设计了指标,提出了增长竞争力指数和当前竞争力指数两个主要指标。前者类似经济增长指数,侧重测定对未来经济增长做出贡献的因素,后者用来确定支持当前高生产率和经济业绩的因素,取代了 1998 年、1999 年的微观经济竞争力指数。另外还增加了两个新排名指数:一个是经济创造力指数,测定创新、技术转让和技术传播等技术方面的竞争力;另一个是环境管制体制指数,主要反映各国在环境法律、制度上的差异与经济业绩的关系。2000 年后的竞争力评价是以增长竞争力指数、当前竞争力指数、经济创造力指数和环境管制制度指数四个指数为基础。

从 2005 年开始,WEF 基于全球竞争力指数(the Global Competitiveness Index,GCI)进行竞争力分析,该指数是对国家竞争力的宏观和微观基础进行全面测度的一种工具。

(二)GCR 2012～2013年评价体系及指标构成

驱动生产率和竞争力的因素有很多,理解这些因素几百年来一直都在充斥着经济学家们的思维。从亚当·斯密的"劳动分工和专门化"到新古典经济学派关注的重点"实物资本和基础设施投资",再到近年来有关教育、培训、技术进步、宏观经济稳定、高效管理、公司成熟度以及市场效率等,所有这些因素都以这样或那样的组合对经济增长和竞争力产生重要影响。

GCR 2012～2013年的GCI中,包含12项赋予不同权重的支柱要素(Pillar),结构见表2-2。

表 2-2　GCI(2012～2013年)支柱要素结构

总指数	子指数	支柱要素及指标数量及权重	驱动类型
全球竞争力指数	基本需求子指数	支柱1:机构(22)^a(1)^b(1)^c(25%)	要素驱动
		支柱2:基础设施(9)^a(3)^b(2)^c(25%)	
		支柱3:宏观经济环境(5)^a(5)^b(0)^c(25%)	
		支柱4:健康和初等教育(10)^a(6)^b(0)^c(25%)	
	效率提升子指数	支柱5:高等教育和培训(8)^a(2)^b(0)^c(17%)	效率驱动
		支柱6:商品市场效率(16)^a(5)^b(1)^c(17%)	
		支柱7:劳动市场效率(9)^a(2)^b(2)^c(17%)	
		支柱8:金融市场发展(8)^a(1)^b(0)^c(17%)	
		支柱9:技术准备(9)^a(5)^b(2)^c(17%)	
		支柱10:市场容量(4)^a(4)^b(0)^c(17%)	
	创新与成熟因素子指数	支柱11:市场成熟度(10)^a(0)^b(1)^c(50%)	创新驱动
		支柱12:创新(8)^a(0)^b(1)^c(50%)	

注:"a"表示包含的指标总数;"b"表示包含的硬指标数量;"c"表示重复指标数量,即在其他支柱下面也出现的指标。

资料来源:《The Global Competitiveness Report:2012-2013》,http://www.weforum.org.

可见,WEF用于竞争力评价的数据也包括两个部分,一部分是来自有关机构的统计数据,即硬指标;另一部分是通过向参评国家和地区发放问卷获得的调查数据,即软指标。由于侧重于经济的动态分析,WEE更强调企业家的意见。2012～

2013 年度 GCI 中，指标总数为 118 项，其中有 5 项指标各出现两次，WEF 对这样的指标赋权 0.5，以避免重复计算；硬指标数量 36 项，约占指标总数的 30%，其余均为软指标，约占指标总数的 70%。

(三)GCR 2012～2013 年要素及指标赋权以及转换

在要素及指标赋权以及转换过程中，GCR 与 IMD 方法既有相同之处，也有不同之处，具体如下。

1. 子指数权重

各支柱要素权重为等权，见表 2-2。但对于子指数的权重，WEF 根据各经济体用美元表示的人均 GDP 的阈值将各自经济发展分为三个阶段，在各个阶段以及两个阶段之间均赋不同的权重，各子指数权数分配准则见表 2-3。

表 2-3　GCI(2012～2013 年)子指数权重分配

	要素驱动第 1 阶段	第 1～2 阶段	效率驱动第 2 阶段	第 2～3 阶段	创新驱动第 3 阶段
人均 GDP(美元)*	<2000	2000～2999	3000～8999	9000～17000	>17000
基本需求子指数权数(%)	60	40～60	40	20～40	20
效率提升子指数权数(%)	35	35～50	50	50	50
创新和成熟度因素子指数权数(%)	5	5～10	10	10～30	30

注："＊"表明，对于能源依赖型经济体，人均 GDP 不是唯一划分经济发展阶段的标准。

资料来源：《The Global Competitiveness Report：2012－2013》，http://www.weforum.org.

《GCR(2012－2013)》中，有 38 个经济体处于要素驱动的第 1 阶段，包括喀麦隆、赞比亚、海地、印度、肯尼亚等非洲国家和地区；17 个经济体处于第 1 阶段向第 2 阶段的过渡阶段，包括阿尔及利亚、玻利维亚、科威特、利比亚、委内瑞拉等经济体；33 个经济体处于效率驱动的第 2 阶段，包括中国、阿尔巴尼亚、南非、泰国、乌克兰等经济体；21 个经济体处于由第 2 阶段向第 3 阶段过渡的阶段，如阿根廷、巴西、拉脱维亚、墨西哥、波兰、土耳其、乌克兰等；35 个经济体处于创新驱动的第 3 阶段，包括澳大利亚、奥地利、加拿大、塞浦路斯、德国、芬兰、法国、丹麦、中国香港、冰岛、意大利、日本、新西兰、挪威、新加坡、瑞典、中国台湾、美国、英国等发达国家和地区。

根据不同国家所处的不同发展阶段对相同要素赋不同的权重是 WEF 与 IMD 的不同之处,我们认为这样赋权有助于提高结果的准确度。

2.硬指标的转换

GCR 更注重于软指标的使用,通过问卷调查获取数据,问卷中每个软指标有 7 个选项,分别用数字 1、2、3、4、5、6、7 表示 7 个不同的等级和程度。数字越大,表示被调查者对所评经济体的指标表现持肯定态度的感觉越强烈;数字越小,表明被调查者对所评经济体的指标表现持否定态度的感觉越强烈。

在软硬指标加总方面,IMD 是将用 1～6 的数表示的软指标转化为 1～10 的数,然后与硬指标一起参与评价;而 WEF 的做法正好相反,是将所有硬指标(正指标)的数据根据极大极小值法即式(2.5)转化为 1～7 的数,负指标根据式(2.6)进行转化。然后再将所有的指标根据权重进行加总。

$$x'_{i,j} = 6\left(\frac{x_{i,j} - x_{\min,j}}{x_{\max,j} - x_{\min,j}}\right) + 1 \tag{2.5}$$

$$x'_{i,j} = -6\left(\frac{x_{i,j} - x_{\min,j}}{x_{\max,j} - x_{\min,j}}\right) + 7 \tag{2.6}$$

其中,$x_{i,j}$ 表示第 i 个经济体第 j 项硬指标,$x'_{i,j}$ 表示第 i 个经济体第 j 项硬指标转化为 1～7 的数据;$x_{\min,j}$ 表示所考察经济体中第 j 项硬指标中的最小值,$x_{\max,j}$ 表示所考察经济体中第 j 项硬指标中的最大值。经过以上换算,所有硬指标(包括正指标和负指标)均转化为 1～7 的数,1 表示最坏的结果,7 表示最好的结果。

WEF 对国家竞争力的比较分为贸易中心经济、英美经济、欧盟经济、亚洲工业国、转轨经济、拉美经济和其他国家 7 组进行比较。WEF 的《全球竞争力报告》所公布的指标和内容每年有较大变化,2000 年前,公布的各个国家全球竞争力的综合排名、经济增长指数、微观经济竞争力指数和调查问卷指数排名。2000 年后公布的是增长竞争力指数、当前竞争力指数、经济创造力指数和环境管制制度指数。WEF 同样公布由 1/4 最差指标和 1/4 最好指标组成的资产负债表。《全球竞争力报告》包括许多预测数据,如基于过去 8 年的数据对未来 8 年经济增长进行的预测,问卷调查中对各项目的预测等,也包括一系列专题研究报告。

WEF 的《全球竞争力报告》比较重视实际运营方面的问题和机制方面的问题;所进行的评价采用最新的理论作为指导,并且评价结果主要取决于评价者或调查对象的看法。由于该机构大量使用定性指标,使调查结果的准确性严重依赖所收回的调查问卷的准确性和代表性;同时,问卷所涉及问题的多样性和竞争力指标的多变性,使评价结果的正确性也受到影响。

我国于 1995 年正式加入 WEF 和 IMD 的竞争力参评体系。由以上对两大国际评价机构的解读可以看到,两家机构对竞争力概念界定的不同,直接体现于其相应的竞争力模型与评价指标体系设计及采用不同的评价综合信息处理方法,最终导致评价结果出现差异。但尽管如此,IMD 和 WEF 仍为当今世界最权威的评价机构,其评价结果也成为各成员经济体评价本国或地区国际竞争力的重要依据。

三、波特的竞争力分析方法及述评

1980 年,波特提出企业获得长期竞争优势的关键,首先是分析所处产业的结构特征,并在此基础上选择相应的竞争策略。一个企业竞争状态取决于五种力量:厂商之间的竞争、潜在进入者的进入威胁、现有产品被替代的威胁、买方的议价能力和卖方的议价能力,这被称为波特五力模型。波特认为,决定企业竞争成功的通用竞争战略有三种:一是成本领先战略,二是标新立异战略(差异化战略),三是目标集中战略,最终影响企业的盈利能力。

波特在比较国家之间企业竞争优势时提出了价值链分析法,通过价值链分析企业盈利能力,从盈利能力角度来解释企业、产业的竞争力。他认为,大部分企业都可以看作是一个由设计、生产、销售、交货等一系列创造价值的活动所组成的集合体,企业的各项活动,均可以从是否创造价值的角度来判断和评价,企业盈利能力分解为各个环节的价值创造。企业的盈利能力和竞争优势,也主要来源于企业与竞争对手相比在价值链上的差异。从理论上来说,价值链分析是一种简单且有效的分析和评价企业及产业竞争力的方法。但是,波特并未将价值链分析法应用于产业竞争力的分析,而是应用于其他许多学者采用的进出口指标分析产业竞争力,因为价值链分析给人以纸上谈兵的感觉。

波特认为国家的竞争优势也应当归结为国家创造收益的能力上,国家竞争优势的最好细分单位是产业,国家创造收益的能力分解为产业创造收益的能力,所以,波特通过产业的竞争优势来说明国家的竞争优势。波特通过对许多国家的产业国际竞争力研究,确定一个产业国际竞争力的研究范式。他认为一国的特定产业是否具有国际竞争力取决于六个因素:第一,生产要素,包括人力资源、自然资源、知识资源、资本资源、基础设施等,其中,特别强调的是要素创造,而不是要素禀赋;第二,需求条件,包括市场需求的量和质(需求结构、消费者的行为特点等);第三,相关与辅助产业的状况;第四,企业策略、结构与竞争对手;第五,政府行为;第六,机遇。这六个因素构成著名的产业国际竞争力国家菱形(钻石)模型。

波特的竞争优势理论,从比较和发展的角度对国家、产业和企业的竞争优势做出解释。波特对国际竞争力研究做出了非常有价值的贡献。当然,波特的范式也不是完美无缺的,其主要缺点是:波特将竞争力定义为生产率,但在进行产业的竞争力评价时却使用了出口份额;波特在进行产业竞争力的分析时设计了产业链分析方法,但在进行产业竞争力的解释时却使用了菱形模型;在菱形模型中,波特将生产要素区分为基本要素和高级要素,并认为基本要素丰富不但不能提高甚至会降低国际竞争力,要求大力开发高级要素,这个结论对创新能力较强的发达国家可能是正确的,但对大多数发展中国家是不适用的;在菱形模型中,关于高级市场需求提高产业竞争力的论点及政府不直接经营产业、通过激励和刺激竞争来推动产业竞争力的论点,这对大多数发展中国家也是不适用的;一个国家从创新阶段过渡到衰退阶段的结论值得怀疑。

四、国内主要区域竞争力评价方法简介

中国学者关于区域竞争力也进行了深入的研究,但是就整体框架而言,基本上是在 IMD、WEF 以及波特的评价方法框架下进行的,这些研究为我国竞争力评价的发展起到了重要的作用。下面对一些有影响力的评价体系进行介绍。

(一)深圳综合开发研究院区域经济竞争力评价指标体系

1998 年,深圳综合开发研究院华南及深港经济研究中心推出了一个区域经济竞争力评价指标体系,并尝试用其对京九沿线各地区综合竞争力进行实际测算。该评价体系将影响区域竞争力的指标体系分解为 8 个一级指标和 35 个二级指标,详见表 2-4,具体设计如下:

表 2-4　深圳综合开发研究院区域经济竞争力评价指标体系

一级指标	二级指标	合计
资源	土地面积	5
	耕地面积	
	人均耕地面积	
	总人口	
	非农业人口	

一级指标	二级指标	合计
经济实力	国内生产总值(GDP)	8
	人均 GDP	
	农业生产总值	
	人均农业生产总值	
	工业生产总值	
	人均工业生产总值	
	乡以及乡以上工业总产值	
	人均社会消费品零售总额	
经济开放性	外贸出口总额	4
	人均外贸出口总额	
	实际利用外资	
	人均实际利用外资	
经济效率	工业资金利税率	4
	工业增加值率	
	农业劳动生产率	
	全员劳动生产率	
经济发展潜力	全社会固定资产投资总额	5
	人均全社会固定资产投资总额	
	固定资产投资率	
	人均银行各项存款年末余额	
	人均银行各项贷款年末余额	
政府调控能力	财政收入占 GDP 比重	3
	地方财政收入	
	财政支出占 GDP 比重	
生活质量	城市居民人均存款	3
	居民消费价格指数	
	全部职工平均工资收入	

续表

一级指标	二级指标	合计
社会发展	第三产业比重	3
	邮电业务总量	
	人均邮电业务总量	

1. 资源

资源选择土地面积、耕地面积、人均耕地面积、总人口、非农业人口5个二级指标进行评估。

2. 经济实力

经济实力选择国内生产总值(GDP)、人均GDP、农业生产总值(1990年不变价)、人均农业生产总值(1990年不变价)、工业生产总值(现价)、人均工业生产总值(现价)、乡以及乡以上工业总值(现价)、人均社会消费品零售总额8个二级指标进行评估。

3. 经济开放性

经济开放性选择外贸出口总额、人均外贸出口总额、实际利用外资、人均实际利用外资4个二级指标进行评估。

4. 经济效率

经济效率选用工业资金利税率、工业增加值率、农业劳动生产率、全员劳动生产率4个二级指标进行综合评估。

5. 经济发展潜力

经济发展潜力选择全社会固定资产投资总额、人均全社会固定资产投资总额、固定资产投资率、人均银行各项存款年末余额、人均银行各项贷款年末余额5个二级指标进行综合评价。

6. 政府调控能力

政府调控能力选用财政收入占GDP比重、地方财政收入、财政支出占GDP比重3个二级指标进行综合评估。

7. 生活质量

生活质量选用城市居民人均存款、居民消费价格指数、全部职工平均工资收入3个二级指标进行综合评估。

8. 社会发展

社会发展选用第三产业比重、邮电业务总量和人均邮电业务总量3个二级指标进行综合评估。

综合来看,对区域经济竞争力有重大影响的基础设施、人口与教育等指标尚未纳入指标体系,因此在指标体系的构造和分级指标的筛选方面还有许多需要完善的地方。

(二)福建省区域经济竞争力评价指标体系

2000年,由福建行政学院王秉安等构造的福建省区域经济竞争力评价指标体系出台。该评价体系的指标共分为三个层次:第一层次为一级指标,即七大竞争力因素,分别是经济综合实力竞争力、产业竞争力、企业竞争力、涉外竞争力、科技竞争力、基础设施竞争力、国民素质竞争力;第二层次为二级指标,即将七大竞争力因素分别细划为24个二级指标;第三个层次为三级指标,即将第二层次的二级指标作进一步细化,共计形成69个指标,详见表2-5。

表 2-5　福建省区域经济竞争力评价指标体系

一级指标	二级指标	三级指标	个数	合计
经济综合实力竞争力	总量竞争力	GDP	3	9
		社会固定资产投资		
		财政收入		
	速度竞争力	GDP增长率	2	
		财政收入增长率		
	人均竞争力	人均GDP	4	
		人均固定资产投资		
		城镇人均可支配收入		
		农民人均纯收入		
产业竞争力	产业结构高级化程度	第二产业、第三产业产值比重	2	7
		第三产业产值比重		
	产业结构专门度	产业相似系数	2	
		产业相似系数变化值		
	产业结构转换能力	产业结构转换能力	2	
		产业结构转换能力		
	产业结构效益效应	产业结构效益差异影响	1	

续表

一级指标	二级指标	三级指标	个数	合计
企业竞争力	企业规模竞争力	企业数量	3	15
		大中型企业数量		
		全国 512 家重点企业数量		
	企业经营竞争力	经济效益综合指数	6	
		产品销售率		
		资金利税率		
		成本费用利税率		
		劳动生产率		
		流动资金周转次数		
		增加值率		
	企业创新竞争力	拥有技术人员数	6	
		厂均拥有技术人员数		
		新产品开展项目数		
		厂均新产品开发项目数		
		技术开展经费支出		
		厂均技术开展经费支出		
涉外竞争力	国际商品市场竞争力	进出口商品总额	2	10
		进出口增长率		
	国际资本市场竞争力	实际 FDI	3	
		协议 FDI		
		FDI 增长率		
	国际旅游市场竞争力	旅游创汇总额	2	
		国际旅客数		
	经济外向度	外贸依存度	3	
		出口区位商		
		外商企业进出口总额		

续表

一级指标	二级指标	三级指标	个数	合计
科技竞争力	科技队伍	科技活动单位科技人员总数	2	10
		万人科技人员数		
	科技投入	科技活动单位科研经费总额	2	
		万人科研经费数		
	科技成果	专利受理量	2	
		专利授权量		
	科技项目	国家指导性计划项目数	2	
		国家指导性计划项目金额数		
	科技转化	技术市场成交合同数	2	
		技术市场成交合同金额		
基础设施竞争力	交通竞争力	运输线路密度	3	9
		高等级公路比重		
		货物周转量		
	电信竞争力	邮电业务总量	3	
		人均邮电业务总量		
		电话普及率		
	能源竞争力	发电装机容量	3	
		发电总量		
		人均发电量		
国民素质竞争力	健康素质竞争力	出生率	4	8
		死亡率		
		千人医生数		
		万人医院床位数		
	文化素质竞争力	文盲、半文盲占 15 岁及以上比例	4	
		大专以上教育程度人口比例		
		普通高校在校学生数		
		高等学校数		
合计	24	69		

1．经济综合实力竞争力

经济综合实力竞争力是衡量过去区域竞争力的成果积淀、区域竞争力现状和未来区域竞争力发展潜力的重要内容。福建省区域经济竞争力评价指标体系从总量竞争力、速度竞争力、人均竞争力三个方面对经济综合实力竞争力进行比较分析。其中，总量竞争力由 GDP、社会固定资产投资、财政收入 3 项指标构成；速度竞争力由 CDP 增长率、财政收入增长率 2 项指标构成；人均竞争力由人均 GDP、人均固定资产投资、城镇人均可支配收入、农村居民人均纯收入 4 项指标构成，共有 9 项指标。

总量竞争力用来反映经济发展的总体规模水平，速度竞争力反映了经济综合实力的发展势头及活跃程度，人均竞争力反映的是各区域经济综合实力的人均水平。

2．产业竞争力

经济体由产业构成，产业竞争力是区域竞争力的核心组成部分。福建省区域经济竞争力评价指标体系从产业结构高级化程度、产业结构专门度、产业结构转换能力及产业结构效益效应 4 个方面对产业竞争力进行比较分析。其中，产业结构高级化度，由第二产业、第三产业产值比重和第三产业产值比重 2 项指标构成；产业结构专门化，由产业相似系数和产业相似系数变化值 2 项指标构成；产业结构转换能力主要由产业结构转换能力和产业结构转换能力 2 项指标构成；产业结构效益效应主要由产业结构效益差异影响 1 个指标构成，共有 7 项指标。

3．企业竞争力

企业是经济的基本组织单元。福建省区域经济竞争力评价指标体系从企业规模竞争力、企业经营竞争力、企业创新竞争力 3 个方面对企业竞争力进行比较分析。其中，企业规模竞争力由营业性产业活动单位数量、大中型企业数量和全国 512 家重点企业数量 3 项指标构成；企业经营竞争力由经济效益综合指数、产品销售率、资金利税率、成本费用利税率、劳动生产率、流动资金周转次数和增加值率等 7 项指标构成；企业创新竞争力由拥有技术人员数、新产品开展项目数、技术开展经费开支、厂均拥有技术人员数、厂均新产品开发项目数和人均技术开发经费开支 6 项指标构成，共有 16 项指标。

4．涉外竞争力

涉外竞争力是一个区域的经济在全球大区域中的市场竞争力。福建省区域经济竞争力评价指标体系从国际商品市场竞争力、国际资本市场竞争力、国际旅游市场竞争力及经济外向度四个方面对涉外竞争力进行比较分析。其中，国际商品市场竞争力由进出口商品总额和进出口增长率 2 项指标构成;国际资本市场竞争力由外商直接投资实际额、外商直接投资协议额和外商直接投资增长率 3 项指标构成;国际旅游市场竞争力,由旅游创汇总额和国际旅客数 2 项指标构成;经济外向度由外贸依存度、出口区位商和外商企业进出口总额 3 项指标构成,总计 10 项指标。

5.科技竞争力

面对知识经济时代,科学技术在区域竞争中的地位越来越重要,科技竞争力已成为区域竞争中取胜的一个重要组成部分。福建省区域经济竞争力评价指标体系从科技队伍、科技投入、科技成果、科技项目和科技转化五个方面对科技竞争力进行比较分析。其中,科技队伍,由科技活动单位科技人员总数和万人科技人员数 2 项指标构成;科技投入由科技活动单位科研经费总额和万人科研经费数 2 项指标构成;科技成果由专利受理量和专利授权量两项指标构成;科技项目,由国家指导性计划项目数和国家指导性计划项目金额数 2 项指标构成;科技转化,由技术市场成交合同数和技术市场成交合同金额 2 项指标构成,共有 10 项指标。

6.基础设施竞争力

基础设施竞争力是区域取得经济发展速度和提高经济效益的关键基础因素,是区域经济社会发展水平的重要标志之一。福建省区域经济竞争力评价指标体系从交通竞争力、电信竞争力、能源竞争力 3 个方面对基础设施竞争力进行比较分析。其中,交通竞争力由运输线路密度、高级公路比重、货物周转量 3 项指标构成;电信竞争力,由邮电业务总量、人均邮电业务量、电话普及率 3 项指标构成;能源竞争力,由发电装机容量、发电总量和人均发电量 3 项指标构成,共 9 项指标。

7.国民素质竞争力

国民组成社会总体,国民作为知识的载体和经济建设的主体,其素质竞争力成为区域竞争的重要因素。福建省区域经济竞争力评价指标体系从健康素质竞争力和文化素质竞争力两个方面对国民素质竞争力进行比较分析。其中,健康素质竞争力,由出生率、死亡率、千人医生数、万人医院床位数 4 项指标构成;文化素质竞争力,由文盲、半文盲占 15 岁及以上比例、大专以上教育程度人口比例、普通高校在校学生数、高等学校数 4 项指标构成,共有 8 项指标。

在对上述指标进行定量测算时,王秉安等人对指标体系不设权重差异,也就是说 69 项评价指标的权重均为 1,二级指标和一级指标的权重则取决于各级指标所涵盖的次级指标的数量。这种指标权重的处理带有较强的主观判断,也决定了对区域竞争力排序评分计算时只能采取简单算术平均法,这种数据处理方法应该进一步加以完善。

(三)中国省域经济综合竞争力评价指标体系

2006 年,福建师范大学全国经济综合竞争力研究中心陆续发布了中国省域经济综合竞争力研究报告。针对王秉安等人评价指标体系与模型中存在的问题,李闽榕、李建平等人对评价指标体系做了进一步的调整和补充,共调整四级指标 41 个,补充新指标 41 个。调整之后,有效地解决了原指标体系中存在的问题,同时还体现主要指标的存量、增量、人均的三维体现和评价,使评价指标体系的全面性、整体性、客观性、准确性、科学性明显增强。

在指标体系的选定上,中国省域经济综合竞争力评价指标体系的总指标 1 个,即经济综合竞争力。这是衡量一个省域经济综合竞争力的综合性指标,也是用以衡量评价一个省域经济综合竞争力优劣的最终标准。

1.二级指标

在二级指标的选定上,中国省域经济综合竞争力评价指标体系共设立 8 个二级指标,构成省域经济综合竞争力的主体框架,分别为:

(1)宏观经济竞争力。宏观经济竞争力是经济综合竞争力在社会宏观层面上的展现,也是经济内在素质和运行状况的集中体现。

(2)产业竞争力。产业是国民经济的支柱,没有产业就没有宏观经济,产业丧失竞争力国民经济也必然丧失竞争力。

(3)可持续发展竞争力。可持续发展竞争力直接关系到一个省域经济的发展后劲,因而也是省域经济综合竞争力中的一种不可缺少的基础性竞争力。

(4)财政金融活动竞争力。财政金融是现代经济的重要组成部分,也是一个国家和地区经济实力的重要体现,提高财政金融活动竞争力对省域经济和社会发展具有极为重要的意义。

(5)知识经济竞争力。随着人类社会技术的不断进步,知识经济竞争力在经济发展中的重要地位正在被越来越多的人所认识,这些都决定了知识经济竞争力是省域经济综合竞争力的一个重要组成部分。

(6)发展环境竞争力。经济竞争和发展总是在一定的客观环境中进行,外部环境对经济发展的影响极大,这就使得发展环境越来越成为经济综合竞争力的有机组成部分之一。

(7)政府作用竞争力。政府在发展经济、规范和调控经济、保障社会与经济协调发展、促进区域经济持续健康发展和市场经济进一步成熟等方面,仍然起着非常重要的作用,这也决定了政府作用竞争力是经济综合竞争力不可或缺的重要组成部分。

(8)发展水平竞争力。发展水平是指一个区域的经济和社会的发展程度,一个地区的发展水平越高,在区域经济发展中的竞争力就越强。

2. 三级指标

为了便于进行更深入、确切的评价和分析,中国省域经济综合竞争力指标体系在每个二级指标之下再设置数个三级指标,分别如下:

(1)宏观经济竞争力共包括 3 个三级指标,分别为"经济综合实力竞争力"、"经济结构竞争力"、"经济外向度竞争力"。

(2)产业竞争力共包括 4 个三级指标,分别为"农业竞争力"、"工业竞争力"、"服务业竞争力"和"企业竞争力"。

(3)可持续发展竞争力共包括 3 个三级指标,分别为"资源竞争力"、"环境竞争力"和"人力资源竞争力"。

(4)财政金融活动竞争力共包括 2 个三级指标,分别为"财政竞争力"和"金融活动竞争力"。

(5)知识经济竞争力共包括 2 个三级指标,分别为"科技竞争力"和"教育竞争力"。

(6)发展环境竞争力共包括 2 个三级指标,分别为"基础设施竞争力"和"软环境竞争力"。

(7)政府作用竞争力共包括 3 个三级指标,分别为"政府发展经济竞争力"、"政府规调经济竞争力"和"政府保障经济竞争力"。

(8)发展水平竞争力共包括 3 个三级指标,分别为"工业化竞争力"、"城市化竞争力"和"市场化竞争力"。

在 22 个三级指标的基础上,遵循代表性强和繁简得当的原则,中国省域经济综合竞争力指标体系选定 184 个有统计依据的指标数据作为四级指标,分属于不同的三级指标。

福建师范大学全国经济综合竞争力所建立的省域经济综合竞争力指标体系综合考虑了社会主义市场经济条件下经济综合竞争力的各种影响因素,建立起目前国内指标最多、体系比较完整的评价体系,涵盖宏观经济、产业经济、可持续发展、财政金融、知识经济、发展环境、政府作用、发展水平、科学和谐发展等经济领域,而不仅仅是把 GDP 作为主要的衡量指标,理论体系更加科学,评价结果更有代表性。

第一节

内蒙古自治区区域经济综合竞争力评价方法、模型及指标体系

经济综合竞争力的内涵十分丰富,涵盖了经济领域各个产业、行业和各个方面,涉及宏观经济、中观经济、微观经济的各个层次,包含了所有经济要素,建立一个能够对所有经济要素进行客观、准确评价和分析的指标体系及数学模型,是一项非常复杂的工作。

一、内蒙古自治区区域经济综合竞争力模型的构建原则

在对国内外竞争力方法和理论进行梳理的基础上,本书基于内蒙古自治区区域经济发展的现实需要,构建内蒙古自治区区域经济综合竞争力评价指标体系,以便对内蒙古自治区各区域的综合经济竞争力进行评价,为各区域乃至自治区制定本地区经济社会发展的政策提供参考依据。在综合借鉴国内外评价方法,并结合内蒙古自治区的实际,我们提出以下竞争力模型及指标体系的评价原则。

(一)客观性原则

所谓客观性原则,是指所建立的数学模型和选择的指标,能够客观、真实地反映竞争主体的经济发展和经济综合竞争力的实际,符合区域经济发展的规律。选取的指标既能表明目标区域经济综合竞争力各方面的现状和彼此之间的差异,又能确保所选取指标能够有统一测算和量化的办法。进入指标体系和数学模型的各种数据,要尽可能使用直接数据,少用经过间接量化、含有主观判断因素的间接数据,要具有较强的权威性与可靠性。

(二)系统性原则

区域经济综合竞争力的衡量不能局限于该区域的经济实力的比较,还要涉及资源、环境、经济、社会、文化、教育等一系列相互联系、相互影响、互相作用、不可或

缺的区域经济要素构成的有机整体,涉及区域内众多经济领域、产业、行业等部门,是一个复杂的社会系统工程。整个系统既具有多样性,层次分明,各个组成部分相对独立,又具有完整性,内在逻辑严密,彼此相互依存、缺一不可。因此,经济综合竞争力的指标体系和数学模型的建立,必须充分体现区域经济综合竞争力的系统性和完整性。

(三)层次性原则

本书关于内蒙古自治区区域经济综合竞争力评价体系分为四个层次。第一层次为一级指标,为区域经济综合竞争力;第二层次为二级指标,即九大竞争力要素,分别是:宏观经济竞争力、产业竞争力、企业竞争力、可持续发展竞争力、金融活动竞争力、科技与文化竞争力、政府管理竞争力、基础设施竞争力、发展水平竞争力;第三层次为三级指标,进一步将九大竞争力要素细分为24个子要素,包括:经济实力、经济结构、经济外向度、第一产业、第二产业、第三产业、企业规模、企业效益、能源消耗、资源利用、环境保护、人民生活、人力资源、金融发展、科技、文化、财政、政府调控、健康卫生、交通设施、现代通信、工业化、城市化、市场化;第四层次,为四级指标体系,进一步将三级指标体系细化为125个具体指标。

(四)针对性原则

本书主要是针对内蒙古自治区内部各区域(盟、市)之间进行区域竞争力研究,与国家竞争力、省域竞争力、城市竞争力等研究对象本质上相同,但又有区别。这就要求选取的评价指标体系既能科学、客观地对自治区内各区域竞争力的现状与差异进行评价,还应具有明显的针对性——反映内蒙古地区的西部特征和民族特征。

(五)可行性原则

从竞争力研究的实践来看,由于竞争力涉及的面非常广泛,很难用几个指标来体现,通常需要有一个庞大的指标体系来支撑。但指标过多会导致烦琐而难以操作,同时受现行统计体系的限制,往往又很难查找到所需要的统计数据,而用间接量化的数据或其他数据来代替,则又可能会形成较大误差,影响评价结论的准确性和科学性。可行性原则要求所建立的经济综合竞争力指标体系和数学模型,必须便于操作,切实可行,也就是说在保证指标体系和数学模型准确性的前提下,尽可能地减少指标数量,做到简明扼要,易于操作,切实可行。此外,考虑到国内各种统计数据的口径和可获得性,在确定评价指标体系中不得不舍弃某些理论上十分合理的指标。入选评价指标体系的各指标,其数据分别来自各年度公开发布的《内蒙古统计年鉴》以及《内蒙古经济社会调查年鉴》,从而保证了数据的准确性、科学性以及公正性,进而保证评价结果的客观公正。

(六)可比性原则

所谓可比性,是指所要建立的区域经济综合竞争力的指标体系和数学模型,必须能够对不同区域的综合经济竞争力状况进行客观评价和相互比较。因为一个区域的经济综合竞争力如果只同自己的过去相比、只从过去和现在来预测未来发展趋势,是不完全的,只有从与其他区域的比较当中,才能得到全面、正确的结论。由于指标体系和数学模型中需要有不同类型的统计数据来多方面体现区域综合经济竞争力的状态,因此就必须对不同类型的指标进行转化处理,如需要将总量指标与增速指标转化为分值、指数或排位等相同的指标,使之具有统一性和可比性。

二、内蒙古自治区区域经济综合竞争力评价体系的要素及指标结构

在内蒙古自治区区域经济综合竞争力评价研究中,是根据一个区域在现有的经济发展水平条件下,参与市场的竞争和资源的优化配置,从而获得有利于本区域未来发展所需资源的吸引力和市场的争夺力来进行排序的。

(一)内蒙古自治区区域经济综合竞争力指标体系的设计思路

本书是在本课题组已有的研究成果《内蒙古自治区区域国际竞争力发展报告》基础上,根据区域经济综合竞争力的构成和特点,按照客观性、系统性、层次性、针对性、可行性、可比性的设计原则,借鉴国际竞争力、城市竞争力以及省域经济竞争力的评价方法,构建的一个四层次的内蒙古自治区区域经济综合竞争力指标体系。在指标体系中,一级指标一个,即区域经济综合竞争力。这一指标用于衡量内蒙古自治区各盟市的经济综合竞争力最终排名情况。考虑到研究目标和内蒙古各盟市的具体情况,我们将总指标分解为九大要素,分别为:宏观经济竞争力、产业竞争力、企业竞争力、可持续发展竞争力、金融活动竞争力、科技与文化竞争力、政府管理竞争力、基础设施竞争力和发展水平竞争力。

(二)内蒙古自治区区域经济综合竞争力评价要素构成及功能

在本书的内蒙古经济综合竞争力评价体系中,共包括9个二级指标以及24个

支撑要素,具体如下。

1. 宏观经济竞争力

宏观经济竞争力是一个地区的经济发展状况与经济质量的集中体现,同时也是经济综合竞争力在宏观层面上的展示,衡量一个区域经济综合竞争力是强还是弱,宏观经济竞争力是最重要的标志。在本书中宏观经济竞争力包括经济实力、经济结构以及经济外向度三个支撑要素。

2. 产业竞争力

产业竞争力是一个地区经济的支柱,是区域经济综合竞争力的重要组成部分,它决定了一个区域产业结构的合理性,一个合理的产业结构,不仅能够保证产业的现实竞争力,同时还能保证产业未来的发展潜力。一个区域产业没有竞争力,国民经济也不会有竞争力。本书中,产业竞争力包括第一、第二、第三产业三个支撑要素。

3. 企业竞争力

企业是一个区域国民经济的最基本单元,因此也是区域经济综合竞争力最直接的体现。本书中,企业竞争力包括企业规模、企业效益两个支撑要素。

4. 可持续发展竞争力

现阶段,相对于高速增长的地区经济,各地区资源日渐短缺,环境保护与经济发展之间的矛盾日益突出,各地区对人才的争夺日益激烈,这些因素严重影响了地区经济的进一步发展与提升。因此可持续发展竞争力是区域经济综合竞争力的重要组成部分,关系到一个区域经济发展的后劲,是区域经济综合竞争力体系中的不可缺少的部分。本书中,可持续发展竞争力主要包括能源消耗、资源利用、环境保护、人民生活和人力资源五个支撑要素。

5. 金融发展竞争力

随着经济全球化深入发展,以及我国经济持续、快速发展和工业化、城镇化、市场化、国际化进程加快,金融发展日益广泛地影响着我国经济社会生活的各个方面,已经成为现代经济的核心,也是一个地区经济实力的重要体现,对于区域资金资源配置、调节经济、服务发展有着重要的意义。本书中,金融活动竞争力包括金融发展一个支撑要素。

6. 科技与文化竞争力

随着知识经济时代的到来,科技与文化作为经济发展的重要推动力与战略性资源,在区域经济发展中的地位越来越重要,因此也决定了科技与文化竞争力必然是区域经济综合竞争力中的重要组成部分。本书中,科技与文化竞争力包括科技和文化两个支撑要素。

7.政府管理能力竞争力

目前,我国正处于由计划经济向市场经济转轨的时期,市场经济体系还在不断完善,政府对宏观经济的管理和监控必不可少。而且根据凯恩斯理论,政府宏观调控不仅在我国这样由传统计划经济向市场经济过渡时期不可或缺,在西方市场经济国家也是必不可少的。可以认为区域经济,特别是行政区划经济只有在政府管理与市场经济二者的共同作用下才能健康发展。政府在区域经济发展中仍然起着非常重要的作用,这也决定了政府管理能力是区域经济综合竞争力不可或缺的组成部分。本书政府管理能力竞争力包括了财政和政府调控两个支撑要素。

8.基础设施竞争力

基础设施是一个地区经济发展的基石,一个地区经济发展在很大程度上依赖于基础设施的发展情况。一方面,发达的基础设施能够促进地方经济发展;另一方面,经济发展反过来又会推动基础设施的建设。因此,基础设施竞争力是区域经济综合竞争力体系中的关键因素。本书基础设施竞争力包括健康卫生、交通设施和现代通信三个支撑要素。

9.发展水平竞争力

发展水平是度量一个地区经济以及社会发展程度的重要指标。一个发展水平高的地区,经济发展的环境就好,经济发展的竞争力就强,因此发展水平也是区域经济综合竞争力的重要组成部分。这里发展水平包括工业化、城市化、市场化三个支撑要素。

三、内蒙古自治区区域经济综合竞争力评价指标体系

综上所述,内蒙古自治区区域经济综合竞争力评价指标体系由一个综合指标,9个二级指标(要素模块),24个三级要素支撑点、共计95项指标组成。其中宏观经济实力竞争力模块包括3个要素支撑点,共17项指标;产业竞争力模块包括3个要素支撑点,共17项指标;企业竞争力结构模块包括3个要素支撑点,共5个指标;可持续发展竞争力模块包括5个要素支撑点,共15项指标;金融活动竞争力包括1个要素支撑点,共8项指标;科技与文化竞争力包括2个要素支撑点,共8项指标;政府管理竞争力模块包括2个要素支撑点,共9项指标;基础设施模块包括3个要素支撑点,共6项指标;发展水平竞争力包括3个要素支撑点,共3个要素支撑点,共11项指标。内蒙古自治区区域经济综合竞争力评价指标体系见表2-6。

表 2-6 内蒙古自治区区域经济综合竞争力评价指标体系

序号	总序号	要素名称	要素支撑点名称	指标名称	计量单位
1.01	1	宏观经济实力竞争力	经济实力	地区生产总值	亿元
1.02	2			地区生产总值增长率	%
1.03	3			人均地区生产总值	元
1.04	4			固定资产投资额	万元
1.05	5			固定资产投资额增长率	%
1.06	6			人均固定资产投资额	元
1.07	7			全社会消费品零售总额	万元
1.08	8			全社会消费品零售总额增长率	%
1.09	9			人均全社会消费品零售总额	元
1.10	10		经济结构	第二、三产业增加值占 GDP 比重	%
1.11	11			第二、三产业从业人员比重	%
1.12	12			第三产业增加值占 GDP 比重	%
1.13	13			第三产业从业人数比重	%
1.14	14		经济外向度	进出口总额	万美元
1.15	15			进出口总额增长率	%
1.16	16			人均进出口总额	美元
1.17	17			进出口总额占 GDP 的比重	%
2.01	18	产业竞争力	第一产业	第一产业增加值	亿元
2.02	19			第一产业增加值增长率	%
2.03	20			人均第一产业增加值	元
2.04	21			第一产业劳动生产率	%
2.05	22			支农资金比重	%
2.06	23		第二产业	第二产业增加值	亿元
2.07	24			第二产业增加值增长率	%
2.08	25			人均第二产业增加值	元
2.09	26			第二产业从业人数	人
2.10	27			第二产业从业人数增长率	%
2.11	28			第二产业全员劳动生产率	%

序号	总序号	要素名称	要素支撑点名称	指标名称	计量单位
2.12	29	产业竞争力	第三产业	第三产业增加值	亿元
2.13	30			第三产业增加值增长率	%
2.14	31			第三产业从业人员人数	人
2.15	32			第三产业从业人数增长率	%
2.16	33			人均第三产业增加值	元
2.17	34			旅游外汇收入	万美元
3.01	35	企业竞争力	企业规模	规模以上工业企业数	个
3.02	36			规模以上企业平均资产	亿元
3.03	37		企业效益	流动资金周转次数	次
3.04	38			规模以上企业资产负债率	%
3.05	39			规模以上企业销售利税率	%
4.01	40	可持续发展竞争力	能源消耗	单位 GDP 能耗	吨标准煤/万元
4.02	41			单位工业增加值能耗	吨标准煤/万元
4.03	42			单位 GDP 电耗	千瓦时/万元
4.04	43		资源利用	土地资源产出率	万元/公顷
4.05	44			能源产出率	万元/吨标准煤
4.06	45		环境保护	环境保护支出	万元
4.07	46			环境保护支出占 GDP 比重	%
4.08	47		人民生活	城镇人均可支配收入	元
4.09	48			农村人均纯收入	元
4.10	49			恩格尔系数	%
4.11	50		人力资源	人口自然增长率	%
4.12	51			人均教育经费	元
4.13	52			万人高等学校在校学生数	人/万人
4.14	53			万人高等学校专任教师数	个/万人
4.15	54			职业学校年毕业学生数	人

续表

序号	总序号	要素名称	要素支撑点名称	指标名称	计量单位
5.01	55	金融活动竞争力	金融发展	存款余额	万元
5.02	56			人均存款余额	元
5.03	57			贷款余额	万元
5.04	58			人均贷款余额	元
5.05	59			保险费净收入	万元
5.06	60			保险密度(人均保费净收入)	元
5.07	61			保险深度(保费收入占地区 GDP 之比)	%
6.01	62	科技与文化竞争力	科技	万人科技活动人员	人/万人
6.02	63			科技经费支出占 GDP 比重	%
6.03	64			人均科技经费支出	元
6.04	65			研究机构个数	个/万人
6.05	66			科研经费支出	万元
6.06	67		文化	各盟市文化艺术单位数	个
6.07	68			城镇居民人均文化娱乐支出占消费性支出比重	%
6.08	69			农村居民人均文化娱乐支出占消费性支出比重	%
7.01	70	政府管理竞争力	政府财政	财政收入	万元
7.02	71			财政收入占 GDP 比重	%
7.03	72			财政收入年递增率	%
7.04	73			财政支出	万元
7.05	74			财政支出占 GDP 比重	%
7.06	75			财政支出年递减率	%
7.07	76			财政自给率	%
7.08	77		政府调控	城乡消费水平对比	
7.09	78			失业率	%

续表

序号	总序号	要素名称	要素支撑点名称	指标名称	计量单位
8.01	79	基础设施竞争力	健康卫生	万人卫生机构个数	个/万人
8.02	80			卫生机构人员数比重	%
8.03	81		交通设施	人均公路长度	公里/万人
8.04	82			全社会旅客周转量	万人公里
8.05	83			全社会货物周转量	万吨公里
8.06	84		现代通信	人均邮电业务总量	元
9.01	85	发展水平竞争力	工业化	工业生产总值占 GDP 比重	%
9.02	86			工业生产总值增长率	%
9.03	87			工业资产总额	亿元
9.04	88			工业资产总额增长率	%
9.05	89			工业资产总额贡献率	%
9.06	90			霍夫曼系数	%
9.07	91		城市化	城镇人口比重	%
9.08	92			人均居住面积	平方米/人
9.09	93		市场化	非国有单位从业人员占城镇从业人员比重	%
9.10	94			全社会消费品零售总额占 GDP 的比重	%
9.11	95			全社会消费品零售总额占工农产值比重	%

　　以上这些指标均为硬指标,其数据可从内蒙古自治区以及各盟市历年统计年鉴或其他统计资料取得。另外,根据 IMD 即 WEF 的指标选取,在竞争力评价体系中,还应该有一类软指标,其数据通常通过问卷调查取得。软指标虽然主观性较强,而且波动较大,但它把一些不易或者不能量化的现象数量化,弥补了硬指标的空缺;而且软指标又在当年取得,没有时滞,具有较强的时效性,更能反映竞争力的最新动态。但是基于研究条件的限制,本书在构建内蒙古自治区区域经济综合竞争力评价指标体系时并没有考虑软指标,而只是包括上述 95 项硬指标。这是本书目前的缺陷,在后续研究中,我们会逐步完善内蒙古自治区区域经济综合竞争力的评价指标体系,软

指标会逐步被纳入到指标体系中,分析结果的参考价值也会逐步增强。

四、内蒙古自治区区域经济综合竞争力评价方法

本书采用的综合评价工具是主成分分析,通过 SPSS 统计软件实现,并计算竞争力得分,之后将计算所得分值百分制化,并按各盟市指标值的大小进行排名,就得到各盟市经济综合竞争力的相对位置。

此外,在得出各盟市各要素竞争力得分基础上,主要通过以下一些方法和工具予以描述:

(一)竞争力总水平

一个区域的经济综合竞争力总水平由要素竞争力水平构成,而要素竞争力水平又由支撑点竞争力水平支撑,由此形成一个梯状结构,作为经济综合竞争力总水平决定因素分析的基础。

(二)竞争力水平分值表

竞争力水平分值表能够将各个地区在竞争力总水平、要素、要素支撑点和指标四个层面上的大量情况完整、集中地加以反映,但是也有缺点,就是大量信息堆积,使用者在读表时较为困难。

(三)竞争力资产负债表

竞争力资产负债表实际上是一种优势劣势一览表,可用于反映竞争力的三个层次,即要素资产负债表、支撑点资产负债表和指标资产负债表。采用会计核算中资产负债表的形式,将处于先进水平的要素、要素支撑点或指标列在表的左侧,即资产一方;将处于落后水平的要素、要素支撑点或指标列在表的右方,即负债一方。用这种方法,优势项多还是劣势项多,哪些项是优势、哪些项是劣势可以一目了然。

(四)特定区域竞争力水平雷达图

雷达图用于反映要素的优势和劣势,每个地区画一个圆,在圆上等角度画出 9 条半径线,分别表示反映竞争力的 9 个要素。半径与圆弧的接点处表示该地区此要素得分最高、优势最大,半径与圆心的接点处表示该地区此要素得分最低、劣势最大。如果一个地区的全部 9 个要素都是得分最高,即把 9 条半径与圆弧的接点

数据资料进行整理和分析,得出四年内蒙古自治区十二个盟市可持续发展竞争力及其下属五个指标的评价结果,见表3-18和表3-19。

表3-18　内蒙古自治区区域可持续发展竞争力评价(2008年和2011年)

年份 要素 盟市	2008						2011						综合排名升降
	能源消耗	资源利用	环境保护	人民生活	人力资源	综合排名	能源消耗	资源利用	环境保护	人民生活	人力资源	综合排名	
呼和浩特市	1	1	10	2	1	1	3	1	7	2	1	1	0
包头市	9	4	9	5	2	3	8	5	12	3	3	3	0
呼伦贝尔市	7	8	8	9	7	7	2	7	5	8	10	5	2
兴安盟	3	9	4	11	12	10	1	8	4	12	8	10	0
通辽市	4	5	6	6	11	5	6	3	11	5	6	4	1
赤峰市	5	7	3	8	10	6	4	6	1	9	9	7	1
锡林郭勒盟	8	10	2	10	5	11	7	9	3	11	7	8	3
乌兰察布市	10	11	1	12	9	12	10	10	2	10	12	12	0
鄂尔多斯市	2	2	5	1	3	2	5	2	8	1	2	2	0
巴彦淖尔市	6	6	7	3	8	4	11	11	6	4	11	9	-5
乌海市	12	3	12	4	4	8	9	4	10	6	5	11	-5
阿拉善盟	11	12	11	7	6	9	12	12	9	7	4	6	3

表3-19　内蒙古自治区区域可持续发展竞争力分值(2008～2011年)

年份	呼和浩特市	包头市	呼伦贝尔市	兴安盟	通辽市	赤峰市	锡林郭勒盟	乌兰察布市	鄂尔多斯市	巴彦淖尔市	乌海市	阿拉善盟
2008	100.0	58.4	27.6	14.9	41.2	24.4	12.4	0.0	75.3	43.3	34.8	18.6
2009	100.0	80.4	60.1	32.0	18.7	14.7	48.5	0.0	56.9	13.5	25.1	44.8
2010	100.0	60.9	47.7	27.5	44.4	55.8	36.8	28.9	90.3	24.0	0.0	16.7
2011	100.0	72.8	59.4	24.3	60.7	41.9	33.2	0.0	98.5	25.7	13.0	40.3

以下借助于柱形图、雷达图和资产负债表来描述各年度各区域可持续发展竞争力的一般水平、相对水平以及区位优势和劣势,以便更深入、直观地对内蒙古自治区区域可持续发展竞争力总水平的整体状况及其演变进行研究,见图3-33至图3-40及表3-20。

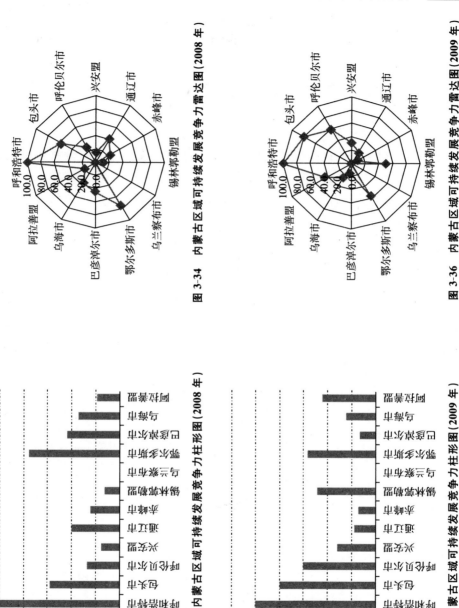

图 3-33 内蒙古区域可持续发展竞争力柱形图（2008 年）

图 3-34 内蒙古区域可持续发展竞争力雷达图（2008 年）

图 3-35 内蒙古区域可持续发展竞争力柱形图（2009 年）

图 3-36 内蒙古区域可持续发展竞争力雷达图（2009 年）

第一节
内蒙古自治区区域经济综合竞争力总水平分析

本节将对内蒙古自治区区域经济综合竞争力的总水平进行分析评价,具体内容包括经济综合竞争力总指数及排名、2008～2011 年各年度区域经济综合竞争力总水平基本状态及趋势以及各盟市的区域经济综合竞争力资产负债分析,最后对各盟市区域经济综合竞争力排名出现区段变化的原因做简单分析。

一、内蒙古自治区区域经济综合竞争力总水平

基于内蒙古自治区区域经济综合竞争力评价指标体系,收集和整理了内蒙古自治区十二个盟市 2008～2011 年相关数据,并利用主成分分析方法,得到各年度内蒙古自治区十二个盟市区域经济综合竞争力水平得分,以此作为各盟市经济综合竞争力排名的依据,得出内蒙古自治区区域经济综合竞争力总水平的各年排名和具体分值,见表 3-1、表 3-2 和表 3-3。

表 3-1 内蒙古自治区区域经济综合竞争力总指数排名(2008 年)

要素 \ 地区	宏观经济竞争力	产业竞争力	企业竞争力	可持续发展竞争力	金融活动竞争力	科技与文化竞争力	政府管理竞争力	基础设施竞争力	发展水平竞争力	综合经济竞争力总指数
呼和浩特市	3	5	9	1	1	1	2	4	11	1
包头市	1	2	6	3	3	8	3	1	4	2
呼伦贝尔市	4	3	5	7	6	5	5	5	9	6
兴安盟	12	11	10	10	12	10	9	11	12	12
通辽市	8	4	2	5	10	9	4	12	8	8
赤峰市	7	6	1	8	7	12	8	10	7	10
锡林郭勒盟	5	7	4	11	8	4	7	7	5	7
乌兰察布市	10	10	7	12	11	3	12	9	10	11

续表

要素 地区	宏观经济竞争力	产业竞争力	企业竞争力	可持续发展竞争力	金融活动竞争力	科技与文化竞争力	政府管理竞争力	基础设施竞争力	发展水平竞争力	综合经济竞争力总指数
鄂尔多斯市	2	1	3	2	2	6	1	6	2	3
巴彦淖尔市	11	9	8	4	9	11	11	8	6	9
乌海市	9	12	11	6	4	7	6	3	3	5
阿拉善盟	6	8	12	9	5	2	10	2	1	4

表 3-2　内蒙古自治区区域经济综合竞争力总指数排名（2011 年）

地区 要素	宏观经济竞争力	产业竞争力	企业竞争力	可持续发展竞争力	金融活动竞争力	科技与文化竞争力	政府管理竞争力	基础设施竞争力	发展水平竞争力	综合经济竞争力总指数	综合排名升降（和 2008 年相比）
呼和浩特市	2	5	5	1	2	1	2	5	6	2	-1
包头市	1	3	4	3	3	7	3	6	3	3	-1
呼伦贝尔市	6	2	6	5	6	5	8	3	7	5	1
兴安盟	12	12	12	10	12	10	12	8	12	12	0
通辽市	10	4	2	4	10	8	9	11	11	8	0
赤峰市	9	3	3	7	8	11	10	10	9	9	1
锡林郭勒盟	4	6	7	8	7	9	7	4	4	6	1
乌兰察布市	11	11	11	12	11	12	6	9	10	11	0
鄂尔多斯市	3	1	1	2	1	3	1	12	1	1	2
巴彦淖尔市	8	9	8	9	9	4	11	7	8	10	-1
乌海市	7	10	10	11	4	6	5	2	5	7	-2
阿拉善盟	5	7	9	6	5	2	4	1	2	4	0

表 3-3　内蒙古自治区区域经济综合竞争力总指数分值（2008～2011 年）

地区 年份	呼和浩特市	包头市	呼伦贝尔市	兴安盟	通辽市	赤峰市	锡林郭勒盟	乌兰察布市	鄂尔多斯市	巴彦淖尔市	乌海市	阿拉善盟
2008	100.0	86.1	40.1	0.0	26.0	16.1	31.9	9.2	82.8	27.6	41.4	55.6
2009	85.8	92.4	55.3	1.3	14.7	31.1	46.3	0.0	100.0	28.6	50.8	57.9

区有 5 个,分别是锡林郭勒盟(上升 3 位)、阿拉善盟(上升 3 位)、呼伦贝尔市(上升 2 位)、通辽市(上升 1 位)和赤峰市(上升 1 位)。排名没有变化的有 5 个,分别是呼和浩特市、包头市、兴安盟、乌兰察布市和鄂尔多斯市。排名下降的盟市有 2 个,分别是巴彦淖尔市(下降 5 位)和乌海市(下降 5 位)。

(三)内蒙古自治区区域可持续发展竞争力资产负债表变化分析

在评价期内,一些地区的可持续发展竞争力排序也出现了跨区段的变化。在 2011 年资产负债表上,通辽市进入资产项;阿拉善盟和锡林郭勒盟排名上升,离开负债项,进入中游区域,巴彦淖尔市和乌海市排名大幅下降,进入负债项。

从 2008~2011 年这四年的排序来看,分别有呼和浩特市、包头市、呼伦贝尔市、通辽市、赤峰市、巴彦淖尔市和鄂尔多斯市 7 个盟市进入过资产项;兴安盟、通辽市、赤峰市、锡林郭勒盟、乌兰察布市、巴彦淖尔市、乌海市和阿拉善盟 8 个盟市进入过负债项;其中一直进入过资产项的是呼和浩特市、包头市和鄂尔多斯市。

(四)内蒙古自治区区域可持续发展竞争力动图分析

表 3-18 同时给出了五个三级指标的变化情况。从表中可以看出,在能源消耗方面,2008 年排在前 4 位的盟市依次是呼和浩特市、鄂尔多斯市、兴安盟和通辽市;2011 年排在前 4 位的变化为兴安盟、呼伦贝尔市、呼和浩特市和赤峰市。在资源利用方面,2008 年排在前 4 位的依次是呼和浩特市、鄂尔多斯市、乌海市和包头市;2011 年排在前 4 位的盟市变化为呼和浩特市、鄂尔多斯市、通辽市和乌海市。在环境保护方面,2008 年排在前 4 位的盟市依次是乌兰察布市、锡林郭勒盟、赤峰市和兴安盟;2011 年排在前 4 位的盟市变化为赤峰市、乌兰察布市、锡林郭勒盟和兴安盟。在人民生活方面,2008 年排在前 4 位的盟市依次是鄂尔多斯市、呼和浩特市、巴彦淖尔市和乌海市;2011 年排在前 4 位的盟市变化为鄂尔多斯市、呼和浩特市、包头市和巴彦淖尔市。在人力资源方面,2008 年排在前 4 位的盟市依次是呼和浩特市、包头市、鄂尔多斯市和乌海市;2011 年排在前 4 位的盟市变化为呼和浩特市、鄂尔多斯市、包头市和阿拉善盟。

从资产负债表中几个可持续发展竞争力排序发生升降的盟市来看,通辽市排名上升 1 位,进入资产项,是由于在资源利用、人民生活和人力资源三个方面竞争力排名都显著上升推动的。阿拉善盟排名上升 3 位,离开负债项,是由于在环境保护和人力资源两个方面竞争力有所提升推动的。锡林郭勒盟的排名上升 3 位,离开负债项,是由于能源消耗、资源利用两个方面竞争力的提升推动的。巴彦淖尔市的排名大幅下滑,进入负债项,主要是由于能源消耗、资源利用和人力资源全方位竞争力下降所导致的。乌海市的排名大幅下降则主要是由于资源利用、人民生活和人力资源三个方面竞争力下降导致的。

第六节
内蒙古自治区区域金融活动竞争力分析评价

在 IMD 的竞争力研究中,金融体系竞争力被选择为衡量经济竞争力的八大指标之一。金融体系发育的完善程度和运行态势决定了一个区域经济的资本可供性、有效性和安全性,进而影响投资者的信心和经济活力,影响区域经济竞争力。因此,研究区域经济综合竞争力,深入研究金融活动竞争力的提升问题是必须的。

一、内蒙古自治区区域金融活动竞争力评价指标体系

考虑到金融发展对地区经济发展的重要性,本书将金融活动竞争力单独作为衡量区域经济综合竞争力的重要指标之一,下面只列金融发展一个三级指标。四级指标主要从银行业、保险业两个层面来选定,其中,评价与衡量银行存贷款和现金投放情况的指标有 4 个,评价与衡量保险业的指标有 3 个,这 7 个指标分别是存款余额、人均存款余额、贷款余额、人均贷款余额、保险费净收入、保险密度(人均保险费净收入)和保险深度[保费收入占该地国内生产总值(GDP)之比]。

综合以上分析,本书构建的内蒙古自治区区域金融活动竞争力评价指标体系如表 3-21 所示。

表 3-21　内蒙古自治区区域金融活动竞争力评价指标体系

要素名称	要素支撑点名称	指标名称	计量单位
金融活动竞争力	金融发展	存款余额	万元
		人均存款余额	元
		贷款余额	万元
		人均贷款余额	元
		保险费净收入	万元
		保险密度(人均保险费净收入)	元
		保险深度[保费收入占该地国内生产总值(GDP)之比]	%

本节将对内蒙古自治区区域金融活动竞争力进行分析评价,具体内容包括金融活动竞争力指数及排名、2008～2011 年各年度区域金融活动竞争力基本状态和

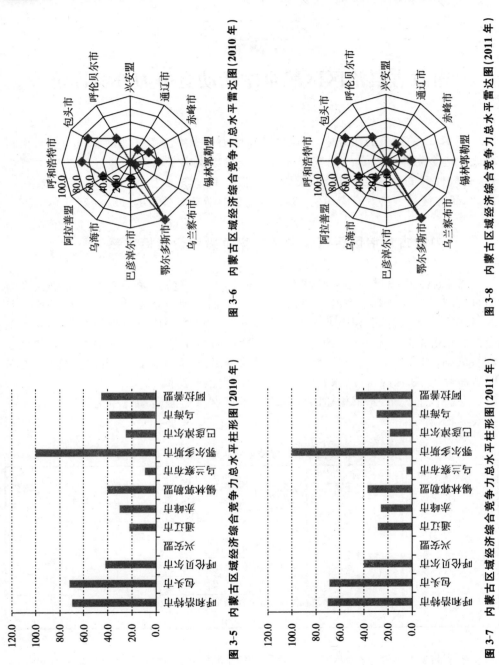

图 3-6 内蒙古区域经济综合竞争力总水平雷达图(2010 年)

图 3-8 内蒙古区域经济综合竞争力总水平雷达图(2011 年)

图 3-5 内蒙古区域经济综合竞争力总水平柱形图(2010 年)

图 3-7 内蒙古区域经济综合竞争力总水平柱形图(2011 年)

（一）内蒙古自治区区域经济综合竞争力排序分析

根据前面的排序分析，2008 年内蒙古自治区区域经济综合竞争力处于上游区位（排名前 4 位）的依次是呼和浩特市、包头市、鄂尔多斯市和阿拉善盟；排位处于中游区的（5～8 位）依次为乌海市、呼伦贝尔市、锡林郭勒盟和通辽市；排名位于下游区（后 4 位）的依次是通辽市、赤峰市、乌兰察布市和兴安盟。

根据 2011 年的排序，全区经济综合竞争力处于上游区位（排名前 4 位）的依次是鄂尔多斯市、呼和浩特市、包头市和阿拉善盟；排位处于中游区的（5～8 位）依次为呼伦贝尔市、锡林郭勒盟、乌海市和通辽市；排名位于下游区（后 4 位）的依次是赤峰市、巴彦淖尔市、乌兰察布市和兴安盟。

（二）内蒙古自治区区域经济综合竞争力排序变化比较

与 2008 年相比，2011 年经济综合竞争力排序上升的有 4 个，上升幅度最大的是鄂尔多斯市（2 位），其余依次为呼伦贝尔市（1 位）、赤峰市（1 位）、锡林郭勒盟（1 位）；排位没有变化的是兴安盟、通辽市、乌兰察布市、阿拉善盟；排位下降的有 4 个地区，下降幅度最大的是乌海市（2 位），其余依次是呼和浩特市（1 位）、包头市（1 位）和巴彦淖尔市（1 位）。

（三）内蒙古自治区区域经济综合竞争力资产负债表变化分析

资产负债表是竞争力优势水平的重要标志。在评价期内，一些地区的宏观经济竞争力排序出现了跨区段的变化。和 2008 年相比，在 2011 年资产负债表上，巴彦淖尔市滑入负债项，通辽市排名上升而离开负债项。

从 2008～2011 年这四年的排序来看，只有呼和浩特市、包头市、鄂尔多斯市和阿拉善盟 4 个盟市一直位于资产项，这表明以上四个盟市经济综合竞争力优势较为明显，排名稳定；赤峰市、通辽市、兴安盟、巴彦淖尔市和乌兰察布市 5 个盟市进入过负债项，其中一直位于负债项的是乌兰察布市和兴安盟，说明这两个盟市经济综合竞争力完全处于竞争的劣势；呼伦贝尔市、锡林郭勒盟和乌海市既没有进入过资产项也没有进入过负债项，经济综合竞争力具有中等竞争优势。

（四）内蒙古自治区区域经济综合竞争力动因分析

表 3-1 至表 3-3 分别列出了 9 个二级指标的排名和得分变化情况，从表中可以看出一些盟市区域经济综合竞争力排名出现区段变化的原因：通辽市排名进入中

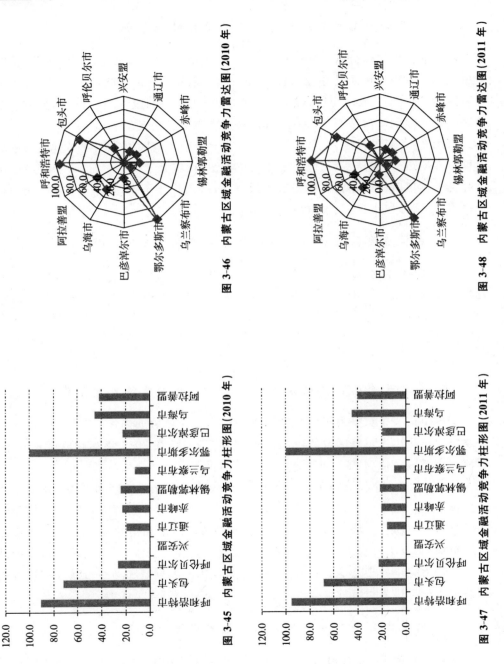

图 3-46 内蒙古区域金融活动竞争力雷达图(2010 年)

图 3-48 内蒙古区域金融活动竞争力雷达图(2011 年)

图 3-45 内蒙古区域金融活动竞争力柱形图(2010 年)

图 3-47 内蒙古区域金融活动竞争力柱形图(2011 年)

以下借助于柱形图、雷达图和资产负债表来描述各年度各区域金融活动竞争力的一般水平、相对水平以及区位优势和劣势,以便更深入、直观地对内蒙古自治区区域金融活动竞争力总水平的整体状况及其演变进行研究,见图 3-41 至图 3-48 及表 3-24。

表 3-24 内蒙古自治区区域金融活动竞争力资产负债表(2008~2011 年)

年份	资产		负债	
	排名	盟市名称	盟市名称	排名
2008	1	呼和浩特市	巴彦淖尔市	9
	2	鄂尔多斯市	通辽市	10
	3	包头市	乌兰察布市	11
	4	乌海市	兴安盟	12
2009	1	呼和浩特市	锡林郭勒盟	9
	2	鄂尔多斯市	通辽市	10
	3	包头市	乌兰察布市	11
	4	乌海市	兴安盟	12
2010	1	鄂尔多斯市	巴彦淖尔市	9
	2	呼和浩特市	通辽市	10
	3	包头市	乌兰察布市	11
	4	乌海市	兴安盟	12
2011	1	鄂尔多斯市	巴彦淖尔市	9
	2	呼和浩特市	通辽市	10
	3	包头市	乌兰察布市	11
	4	乌海市	兴安盟	12

(一)内蒙古自治区区域金融活动竞争力排序分析

根据前面的分析可以看出,2008 年内蒙古自治区区域金融活动竞争力处于上游区位的依次是呼和浩特市、包头市、鄂尔多斯市和乌海市;排名处于中游区位的依次是阿拉善盟、呼伦贝尔市、赤峰市和锡林郭勒盟;排名处于下游区位的依次是

表 3-5   内蒙古自治区区域宏观经济评价指标体系

要素名称	要素支撑点名称	指标名称	计量单位
宏观经济实力竞争力	经济实力	地区生产总值增长率	%
		地区生产总值	元
		人均地区生产总值	元
		固定资产投资额	万元
		固定资产投资额增长率	%
		人均固定资产投资额	元
		全社会消费品零售总额	万元
		全社会消费品零售总额增长率	%
		人均全社会消费品零售总额	元
	经济结构	第二、三产业增加值占 GDP 比重	%
		第二、三产业从业人员比重	%
		第三产业增加值占 GDP 比重	%
		第三产业从业人数比重	%
	经济外向度	进出口总额	万美元
		进出口总额增长率	%
		人均进出口总额	美元
		进出口总额占 GDP 的比重	%

本节将对内蒙古自治区区域宏观经济竞争力水平进行分析评价,具体内容包括宏观经济竞争力指数及排名、2008～2011 年各年度区域宏观经济竞争力基本状态及趋势以及各盟市的区域宏观经济竞争力资产负债分析,最后对各盟市区域宏观经济竞争力排名出现区段变化的原因做简单分析。

二、内蒙古自治区区域宏观经济竞争力分析

根据上述指标体系,对 2008～2011 年内蒙古自治区十二个盟市的相关数据资料进行整理和分析,并给出这四年内蒙古自治区十二个盟市宏观经济竞争力及其下属三个指标的评价结果,见表 3-6 和表 3-7。

表3-6 内蒙古自治区区域宏观经济实力竞争力排名评价(2008年和2011年)

年份 要素 地区	2008				2011				综合 排名 升降
	经济 实力	经济 结构	经济 外向度	综合 排名	经济 实力	经济 结构	经济 外向度	综合 排名	
呼和浩特市	3	2	6	3	3	3	6	2	1
包头市	2	1	2	1	1	2	4	1	0
呼伦贝尔市	8	8	1	4	7	7	2	6	-2
兴安盟	12	12	12	12	10	12	10	12	0
通辽市	7	9	11	8	4	11	12	10	-2
赤峰市	6	6	8	7	5	8	7	9	-2
锡林郭勒盟	5	7		5	12	6	1	4	1
乌兰察布市	11	10	4	10	8	9	9	11	-1
鄂尔多斯市	1	4	5	2	2	4	8	3	-1
巴彦淖尔市	9	11		11	11	10	5	8	3
乌海市	10	3	10	9	9	1	11	7	2
阿拉善盟	4	5	7	6	6	5	3	5	1

表3-7 内蒙古自治区区域宏观经济实力竞争力分值(2008～2011年)

年份	呼和 浩特市	包头市	呼伦 贝尔市	兴安盟	通辽市	赤峰市	锡林 郭勒盟	乌兰 察布市	鄂尔 多斯市	巴彦 淖尔市	乌海市	阿拉 善盟
2008	72.8	100.0	53.9	0.0	33.5	39.3	53.3	31.5	86.9	29.0	31.7	50.0
2009	75.3	100.0	60.7	0.0	5.2	19.9	41.5	6.3	76.0	21.1	60.5	30.5
2010	83.3	100.0	43.6	0.0	16.0	16.3	40.3	11.9	78.0	23.7	36.1	62.9
2011	83.3	100.0	50.3	0.0	9.6	23.8	56.5	7.8	70.4	30.2	38.2	54.9

　　以下将借助于柱形图、雷达图和资产负债表来描述各年度各区域宏观经济竞争力的一般水平、相对水平以及区位优势和劣势,以便更深入、直观地对内蒙古自治区区域宏观经济竞争力总水平的整体状况及其演变进行研究,见图3-9至图3-16及表3-8。

状态和趋势以及各盟市的区域科技与文化竞争力资产负债分析,最后对各盟市区域科技与文化竞争力排名出现区段变化的原因做简单分析。

二、内蒙古自治区区域科学技术与文化竞争力分析

根据已经确定的指标体系,下面对2008～2011年内蒙古自治区十二个盟市的相关数据资料进行整理和分析,得出四年间内蒙古自治区十二个盟市科学技术与文化竞争力的评价结果,见表3-26和表3-27。

表3-26　内蒙古自治区区域科学技术与文化竞争力评价(2008年和2011年)

年份／要素／盟市	2008			2011			综合排名升降
	科技	文化	综合排名	科技	文化	综合排名	
呼和浩特市	1	5	1	1	2	1	0
包头市	2	8	8	12	3	7	1
呼伦贝尔市	5	7	5	4	7	5	0
兴安盟	11	10	10	9	12	10	0
通辽市	10	12	9	6	10	6	3
赤峰市	12	3	12	11	9	11	1
锡林郭勒盟	8	11	4	7	5	9	-5
乌兰察布市	7	4	3	8	11	12	-9
鄂尔多斯市	6	1	6	3	8	3	3
巴彦淖尔市	4	9	11	5	4	4	7
乌海市	9	6	7	10	6	8	-1
阿拉善盟	3	2	2	2	1	2	0

表3-27　内蒙古自治区区域科学技术与文化竞争力分值(2008～2011年)

年份	呼和浩特市	包头市	呼伦贝尔市	兴安盟	通辽市	赤峰市	锡林郭勒盟	乌兰察布市	鄂尔多斯市	巴彦淖尔市	乌海市	阿拉善盟
2008	100.0	9.2	15.8	7.2	9.0	0.0	26.2	28.9	13.6	6.1	10.0	51.6
2009	54.8	25.2	22.3	7.8	7.9	0.0	31.5	16.6	61.2	13.4	34.3	100.0
2010	100.0	0.0	41.3	39.1	26.3	17.3	36.9	25.7	52.6	46.3	23.3	97.3
2011	100.0	6.6	9.7	1.6	7.2	1.4	3.4	0.0	13.4	10.2	4.2	46.7

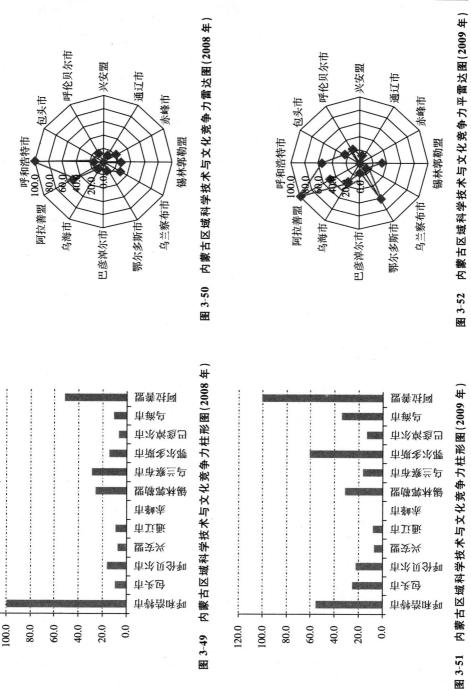

图 3-49 内蒙古区域科学技术与文化竞争力柱形图（2008 年）

图 3-50 内蒙古区域科学技术与文化竞争力雷达图（2008 年）

图 3-51 内蒙古区域科学技术与文化竞争力柱形图（2009 年）

图 3-52 内蒙古区域科学技术与文化竞争力平雷达图（2009 年）

表 3-8　内蒙古自治区区域宏观经济竞争力资产负债地区表(2008～2011 年)

年份	资产		负债	
	排名	地区名称	地区名称	排名
2008	1	包头市	乌海市	9
	2	鄂尔多斯市	乌兰察布市	10
	3	呼和浩特市	巴彦淖尔市	11
	4	呼伦贝尔市	兴安盟	12
2009	1	包头市	巴彦淖尔市	9
	2	鄂尔多斯市	乌兰察布市	10
	3	呼和浩特市	通辽市	11
	4	呼伦贝尔市	兴安盟	12
2010	1	包头市	巴彦淖尔市	9
	2	呼和浩特市	通辽市	10
	3	鄂尔多斯市	乌兰察布市	11
	4	阿拉善盟	兴安盟	12
2011	1	包头市	赤峰市	9
	2	呼和浩特市	通辽市	10
	3	鄂尔多斯市	乌兰察布市	11
	4	锡林郭勒	兴安盟	12

(一)内蒙古自治区区域宏观经济竞争力排序分析

根据前面的分析可以看出,2008 年内蒙古自治区区域宏观经济竞争力排名处于上游区位的依次是包头市、鄂尔多斯市、呼和浩特市和呼伦贝尔市;排名处于中游区位的依次为锡林郭勒盟、阿拉善盟、赤峰市和通辽市;排名处于下游区位的依次是乌海市、乌兰察布市、巴彦淖尔市和兴安盟。

2011 年的宏观经济竞争力排序情况如下:处于上游区位的依次是包头市、呼和浩特市、鄂尔多斯市和锡林郭勒盟;排位处于中游区位的(5～8 位)依次为阿拉善盟、呼伦贝尔市、乌海市和巴彦淖尔市;排名位于下游区位的依次是赤峰市、通辽市、乌兰察布市和兴安盟。

（二）内蒙古自治区区域宏观经济竞争力排序变化比较

2011 年与 2008 年相比，宏观经济竞争力排序上升的有 5 个盟市，上升幅度最大的是巴彦淖尔市（3 位），其余依次为乌海市（2 位）、呼和浩特市（1 位）、锡林郭勒盟（1 位）和阿拉善盟（1 位）；排位没有变化的有 2 个盟市，分别是包头市和兴安盟；排位下降的有 5 个盟市，下降幅度最大的是呼伦贝尔市（2 位）、通辽市（2 位）和赤峰市（2 位），其他的依次是乌兰察布市（1 位）和鄂尔多斯市（1 位）。

（三）内蒙古自治区区域宏观经济竞争力资产负债表变化分析

资产负债表是竞争力优势水平的重要标志，在评价期内，一些地区的宏观经济竞争力排序出现了跨区段的变化。在资产负债表上，锡林郭勒盟排名上升进入资产项；赤峰市和通辽市排名下滑，降入负债项，乌海市和巴彦淖尔市排名上升离开负债项。

从 2008~2011 年这四年的排序来看，分别有呼和浩特市、包头市、呼伦贝尔市、鄂尔多斯市、锡林郭勒盟和阿拉善盟 6 个盟市进入过资产项；通辽市、赤峰市、兴安盟、乌兰察布市、巴彦淖尔市和乌海市 6 个盟市进入过负债项。其中一直处于资产项的是呼和浩特市、包头市和鄂尔多斯市，一直处于负债项的是乌兰察布市和兴安盟，没有盟市既没有进入资产项也没有进入过负债项。

（四）内蒙古自治区区域宏观经济竞争力动图分析

二级指标宏观经济竞争力的变化是三级指标变化综合作用的结果。表 3-6 同时给出了三个三级指标的变化情况。从表 3-8 中可以看出，在经济实力竞争力方面，2008 年排名进入前 4 位的依次是：鄂尔多斯市、包头市、呼和浩特市和阿拉善盟；2011 年排在前 4 位的地区变化为：乌海市、包头市、呼和浩特市和鄂尔多斯市。在经济结构竞争力方面，2008 年排在前 4 位的地市依次是：呼和浩特市、包头市、乌海市和鄂尔多斯市；2011 年排在前 4 位的地区变化为：乌海市、包头市、呼和浩特市和鄂尔多斯市；在经济外向度竞争力方面，2008 年排在前 4 位的地市依次是：呼伦贝尔市、包头市、锡林郭勒盟和乌兰察布市；2011 年排在前 4 位的地区变化为：锡林郭勒盟、呼伦贝尔市、阿拉善盟和包头市。

从资产负债表中几个宏观经济竞争力排序发生升降的盟市来看，巴彦淖尔市位的依次是通辽市、兴安盟、巴彦淖尔市和赤峰市。

2011年内蒙古自治区区域科学技术与文化竞争力排名处于上游区位的依次是呼和浩特市、阿拉善盟、鄂尔多斯市和巴彦淖尔市;排名处于中游区位的依次是呼伦贝尔市、通辽市、包头市和乌海市;排名处于下游区位的依次是锡林郭勒盟、兴安盟、赤峰市和乌兰察布市。

(二)内蒙古自治区区域科学技术与文化竞争力排序变化比较

与2008年相比,2011年内蒙古自治区区域科学技术与文化竞争力排序上升的有5个,分别是巴彦淖尔市(上升7位)、通辽市(上升3位)、鄂尔多斯市(上升3位)、包头市(上升1位)和赤峰市(上升1位);排名没有变动的是呼和浩特市、呼伦贝尔市、兴安盟和阿拉善盟。排名下降的盟市有3个,分别是乌兰察布市(下降9位)、锡林郭勒盟(下降5位)和乌海市(下降1位)。

(三)内蒙古自治区区域科学技术与文化竞争力资产负债表变化分析

在评价期内,一些地区的科技与文化竞争力排序也出现了跨区段的变化。在2011年资产负债表上,鄂尔多斯市和巴彦淖尔市进入资产项;锡林郭勒盟和乌兰察布市从资产项滑入负债项,通辽市则离开负债项,升入中游区域。

从2008～2011年这四年的排序来看,呼和浩特市、锡林郭勒盟、乌兰察布市、鄂尔多斯市、巴彦淖尔市、乌海市和阿拉善盟7个盟市进入过资产项;包头市、兴安盟、通辽市、赤峰市、锡林郭勒盟、乌兰察布市、巴彦淖尔市和乌海市8个盟市进入过负债项。其中一直进入资产项的是呼和浩特市、阿拉善盟,一直位于负债项的是赤峰市。

(四)内蒙古自治区区域科学技术与文化竞争力动图分析

表3-26同时给出了两个三级指标的变化情况。从表中可以看出,在科技竞争力方面,2008年排名进入前4位的依次是呼和浩特市、包头市、阿拉善盟和巴彦淖尔市;2011年排在前4位的地区变化为呼和浩特市、阿拉善盟、鄂尔多斯市和呼伦贝尔市。在文化竞争力方面,2008年排在前4位的地市依次是鄂尔多斯市、阿拉善盟、赤峰市和乌兰察布市;2011年排在前4位的地区变化为阿拉善盟、呼和浩特市、包头市和巴彦淖尔市。

从资产负债表中几个排序发生升降的盟市来看,巴彦淖尔市排名上升7位,进入资产项,是由于文化竞争力大幅上升5位推动的;通辽市的排名上升3位,离开负债项,是由于科技竞争力和文化竞争力分别上升 4 位和 2 位推动的;锡林郭勒盟的科技竞争力和文化竞争力虽然分别上升 1 位和 6 位,但是综合排名却下降了 5 位,并进入负债项。乌兰察布市的科技竞争力排名下降 1 位,文化竞争力排名下降了 7 位,导致综合排名下滑 9 位,进入负债项。

第八节
内蒙古自治区区域政府管理竞争力分析评价

在市场经济发展中,政府所承担的责任主要体现在引导和促进发展、进行宏观调控和依法规范市场秩序、及时提供社会保障等方面的重要责任。本书选择政府财政竞争力、政府调控竞争力,作为评价政府管理能力竞争力的指标。

一、内蒙古自治区区域政府管理竞争力评价指标体系

财政是促进经济社会发展的重要杠杆,是对市场经济进行宏观调控的重要手段,政府应用包括财政政策等在内的一系列宏观经济政策影响市场力量,使资源得到更好配置。政府财政能力对区域经济运行有着显著的影响,在市场经济发展中要充分发挥财政对盟市经济发展的促进作用,就必须不断地增强各盟市在全区的财政竞争能力。本书在总量、增量、GDP 贡献和优化度四个层面上,选择了 7 个指标,组成区域政府管理竞争力指标组,包括地方财政收入、财政支出、地方财政收入占 GDP 比重、财政支出占 GDP 比重、地方财政收入年递增、财政支出年递增以及财政自给率。

低失业率和适当的城乡收入差距是政府稳定经济、促进经济发展的重要目标,也是政府对市场经济进行宏观调控的主要内容。有效提高政府调控能力,增强经济运行的稳定性和与发展环境的安全性,将有助于降低投资风险,提高人力资源配置有效性。根据这一要求,本书选择失业率和城乡差距两个指标来评价和衡量政府调控竞争力。

综合以上分析,本书构建的内蒙古自治区区域政府管理竞争力评价指标体系如表 3-29 所示。

表3-9 内蒙古自治区区域产业竞争力评价指标体系

要素名称	要素支撑点名称	指标名称	计量单位
产业竞争力	第一产业	第一产业增加值	亿元
		第一产业增加值增长率	%
		人均第一产业增加值	元
		第一产业劳动生产率	%
		支农资金比例	%
	第二产业	第二产业增加值	亿元
		第二产业增加值增长率	%
		人均第二产业增加值	元
		第二产业从业人数	人
		第二产业从业人数增长率	%
		第二产业全员劳动生产率	%
	第三产业	第三产业增加值	亿元
		第三产业增加值增长率	%
		第三产业从业人员人数	人
		第三产业从业人数增长率	%
		人均第三产业增加值	元
		旅游外汇收入	万美元

本节将对内蒙古自治区区域产业竞争力进行分析评价,具体内容包括产业竞争力指数及排名、2008~2011年各年度区域产业竞争力基本状态和趋势以及各盟市的区域产业竞争力资产负债分析,最后对各盟市区域产业竞争力排名出现区段变化的原因做简单分析。

二、内蒙古自治区区域产业竞争力分析

根据已经选定的指标体系,对2008~2011年内蒙古自治区十二个盟市的相关数据资料进行了整理和分析,得出了内蒙古自治区在四年中十二个盟市产业竞争力及其下属三个指标的评价结果,见表3-10和表3-11。

表 3-10　内蒙古自治区区域产业竞争力评价结果(2008 年和 2011 年)

年份 要素 盟市	2008				2011				综合 排名 升降
	第一 产业	第二 产业	第三 产业	综合 排名	第一 产业	第二 产业	第三 产业	综合 排名	
呼和浩特市	6	5	2	5	7	8	1	5	0
包头市	8	2	4	2	9	4	2	3	-1
呼伦贝尔市	1	10	3	4	2	5	3	2	2
兴安盟	9	12	12	11	6	10	12	12	-1
通辽市	2	4	7	3	3	3	5	4	-1
赤峰市	3	7	6	6	1	6	6	8	-2
锡林郭勒盟	7	6	5	7	4	9	7	6	1
乌兰察布市	10	11	8	10	5	11	9	11	-1
鄂尔多斯市	5	1	1	1	8	1	4	1	0
巴彦淖尔市	4	9	9	9	10	12	8	9	0
乌海市	11	8	11	12	12	7	11	10	2
阿拉善盟	12	3	10	8	11	2	10	7	1

表 3-11　内蒙古自治区区域产业竞争力分值(2008～2011 年)

年份	呼和 浩特市	包头市	呼伦 贝尔市	兴安盟	通辽市	赤峰市	锡林 郭勒盟	乌兰 察布市	鄂尔 多斯市	巴彦 淖尔市	乌海市	阿拉 善盟
2008	54.8	74.7	64.6	8.1	65.2	47.9	44.4	16.5	100.0	40.0	0.0	41.7
2009	74.5	100.0	51.5	0.0	14.3	33.5	53.9	11.4	65.2	28.2	37.6	41.1
2010	74.9	86.8	69.0	0.0	12.2	23.1	60.6	9.4	100.0	22.4	24.1	43.1
2011	45.3	64.9	77.6	0.0	62.5	35.4	41.3	9.5	100.0	20.3	12.2	38.2

　　以下借助于柱形图、雷达图和资产负债表来描述各年度各区域产业竞争力的一般水平、相对水平以及区位优势和劣势,以便更深入、直观地对内蒙古自治区区域产业竞争力总水平的整体状况及其演变进行研究,见图 3-17 至图 3-24 及表 3-12。

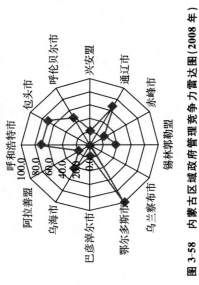

图 3-58　内蒙古区域政府管理竞争力雷达图(2008 年)

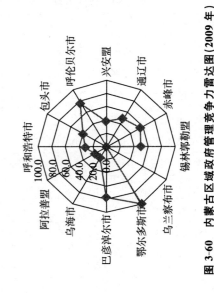

图 3-60　内蒙古区域政府管理竞争力雷达图(2009 年)

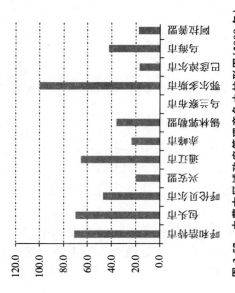

图 3-57　内蒙古区域政府管理竞争力柱形图(2008 年)

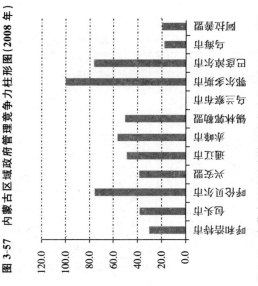

图 3-59　内蒙古区域政府管理竞争力柱形图(2009 年)

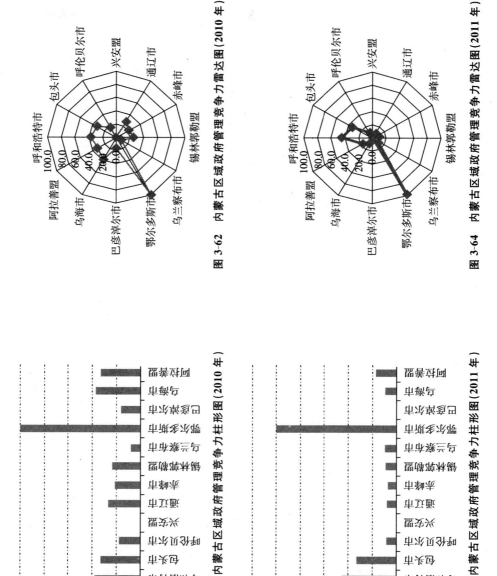

图 3-61　内蒙古区域政府管理竞争力柱形图（2010 年）

图 3-62　内蒙古区域政府管理竞争力雷达图（2010 年）

图 3-63　内蒙古区域政府管理竞争力柱形图（2011 年）

图 3-64　内蒙古区域政府管理竞争力雷达图（2011 年）

表 3-12　内蒙古自治区区域产业竞争力资产负债(2008～2011 年)

年份	资产		负债	
	排名	盟市名称	盟市名称	排名
2008	1	鄂尔多斯市	巴彦淖尔市	9
	2	包头市	乌兰察布市	10
	3	通辽市	兴安盟	11
	4	呼伦贝尔	乌海市	12
2009	1	包头市	巴彦淖尔市	9
	2	呼和浩特市	通辽市	10
	3	鄂尔多斯市	乌兰察布市	11
	4	锡林郭勒盟	兴安盟	12
2010	1	鄂尔多斯市	巴彦淖尔市	9
	2	包头市	通辽市	10
	3	呼和浩特市	乌兰察布市	11
	4	呼伦贝尔市	兴安盟	12
2011	1	鄂尔多斯市	巴彦淖尔市	9
	2	呼伦贝尔市	乌海市	10
	3	包头市	乌兰察布市	11
	4	通辽市	兴安盟	12

(一)内蒙古自治区区域产业竞争力排序分析

根据前面的分析可以看出,2008 年内蒙古自治区区域产业竞争力排名处于上游区位的依次是鄂尔多斯市、包头市、通辽市和呼伦贝尔市;处于中游区位的依次为呼和浩特市、赤峰市、锡林郭勒盟和阿拉善盟;处于下游区位的依次是巴彦淖尔市、乌兰察布市、兴安盟和乌海市。

2011 年,内蒙古自治区区域产业竞争力处于上游区位的是:鄂尔多斯市、呼伦贝尔市、包头市和通辽市;处于中游区位的依次为:呼和浩特市、锡林郭勒盟、阿拉善盟和赤峰市;处于下游区位的依次是:巴彦淖尔市、乌海市、乌兰察布市和兴安盟。

（二）内蒙古自治区区域产业竞争力排序变化比较

与 2008 年相比，2011 年内蒙古自治区区域产业竞争力排序上升的盟市有 4 个，依次为呼伦贝尔市（上升 2 位）、乌海市（上升 2 位）、锡林郭勒盟（上升 1 位）和阿拉善盟（上升 1 位）。排位没有变化的有 3 个盟市，分别是呼和浩特市、鄂尔多斯市和巴彦淖尔市。排位下降的有 5 个盟市，下降幅度最大的是赤峰市（下降 2 位），而包头市、兴安盟、通辽市以及乌兰察布市排名各下降 1 位。

（三）内蒙古自治区区域产业竞争力资产负债表变化分析

与 2008 年相比，在 2011 年资产负债表上，并没发生升降变化，仅是排名顺序有较小差异。

而从 2008～2011 年这四年的排序来看，分别有 6 个盟市进入过资产项，分别是呼和浩特市、包头市、鄂尔多斯市、呼伦贝尔市、通辽市和锡林郭勒盟。5 个盟市进入过负债项，分别是巴彦淖尔市、通辽市、锡林郭勒盟、乌兰察布市、乌海市和兴安盟。其中一直进入资产项的是鄂尔多斯市、包头市，一直进入负债项的是乌兰察布市、巴彦淖尔市和兴安盟，只有阿拉善盟既没有进入过资产项也没有进入过负债项。

（四）内蒙古自治区区域产业竞争力动图分析

表 3-11 给出了三个三级指标的变化情况。从表中可以看出，在第一产业竞争力方面，2008 年排名进入前 4 位的依次是：呼伦贝尔市、通辽市、赤峰市和巴彦淖尔市；2011 年排在前 4 位的变化为：赤峰市、呼伦贝尔市、通辽市、锡林郭勒盟。在第二产业竞争力方面，2008 年排在前 4 位的依次是：鄂尔多斯市、包头市、阿拉善盟和通辽市；2011 年排在前 4 位的变化为：鄂尔多斯市、阿拉善盟和通辽市、包头市；在第三产业竞争力方面，2008 年排在前 4 位的依次是鄂尔多斯市、呼和浩特市、呼伦贝尔市和包头市；2011 年排在前 4 位的地区变化为呼和浩特市、包头市、呼伦贝尔市和鄂尔多斯市。

从区域产业竞争力排序发生升降的盟市来看，呼伦贝尔市排名上升 2 位，原因是呼伦贝尔市的第二产业竞争力排名大幅上升 5 位所推动；乌海市排名上升 1 位，同样是由于第二产业竞争力排名上升推动；锡林郭勒盟排名上升 1 位，是第一产业竞争力上升 3 位所导致的；阿拉善盟排名上升 1 位，是第一产业和第二产业共同上升 1 位的结果；赤峰市、通辽市和兴安盟虽然第一产业和第二产业排名都有上升，但是综合排名仍分别下降 2 位、1 位、1 位；包头市综合排名下降 1 位是由于第一产业竞争力下降 1 位和第二产业竞争力下降 2 位导致的，乌兰察布市排名下滑主要是由于第三产业排名下降 1 位所导致。

合排名下降 5 位,从资产项滑入负债项。赤峰市虽然在财政竞争力和政府管理竞争力两项上排名都有小幅上升,但是综合排名下降了 2 位,从中游区位滑入负债项。

第九节
内蒙古自治区区域基础设施竞争力分析评价

基础设施是指为社会生产和生活正常运行提供公共服务和公共条件的设施。基础设施是一个区域经济运行和发展的基础性保障。基础设施的完善与发达程度直接影响区域经济的活跃度、开放度,是吸引外部稀缺资源和整合内部资源的基础性要素,这就决定了基础设施竞争力必然成为区域经济综合竞争力的重要组成部分。基础设施必须与国民经济协调发展,由于基础设施具有投资规模大、周期长的特点,因此从某种意义上说,基础设施建设应该具有超前性,才能推动和促进国民经济的发展。正是基础设施的这种基础性、先行性的特点,使之成为区域竞争力的重要因素之一。

一、内蒙古自治区区域基础设施竞争力评价指标体系

健康卫生、交通和现代通信构成区域经济发展的基础性环境,是区域经济发展必不可少的保障,本书分别从健康卫生竞争力、交通设施竞争力和现代通信竞争力三个方面构建区域基础设施竞争力指标体系。

本书分别选择 2 个健康卫生指标、3 个交通设施指标和 1 个现代通信指标构成内蒙古自治区区域基础设施竞争力指标体系,6 个指标分别是万人卫生机构个数、卫生从业人员数比重、人均公路长度、全社会旅客周转量、全社会货物周转量和人均邮电业务总量。

综合以上分析,本书构建的内蒙古自治区区域基础设施评价指标体系如表 3-33 所示。

表 3-33 内蒙古自治区区域基础设施评价指标体系

要素名称	要素支撑点名称	指标名称	计量单位
基础设施	健康卫生	万人卫生机构个数	个/万人
		万人卫生机构人员数	人/万人
	交通设施	人均公路长度	公里/人
		全社会旅客周转量	万吨公里
		全社会货物周转量	万元公里
	现代通信	人均邮电业务总量	元

本节将对内蒙古自治区区域基础设施竞争力进行分析评价,具体内容包括基础设施竞争力指数及排名、2008~2011 年各年度区域基础设施竞争力基本状态和趋势以及各盟市的区域基础设施竞争力资产负债分析,最后对各盟市区域基础设施竞争力排名出现区段变化的原因做简单分析。

二、内蒙古自治区区域基础设施竞争力分析

根据已经选定的指标体系,利用主成分分析法发对 2008~2011 年内蒙古自治区十二个盟市的相关数据资料进行分析,并得出四年中内蒙古自治区十二个盟市基础设施竞争力及其下属三个指标的评价结果,见表 3-34 和表 3-35。

表 3-34 内蒙古自治区区域基础设施竞争力评价表(2008 年和 2011 年)

年份 要素 盟市	2008				2011				综合排名升降
	健康卫生	交通	现代通信	综合排名	健康卫生	交通	现代通信	综合排名	
呼和浩特市	5	4	3	4	9	2	3	5	-1
包头市	3	1	4	1	6	4	5	6	-5
呼伦贝尔市	4	6	5	5	7	7	6	3	2
兴安盟	9	11	11	11	7	11	10	8	3

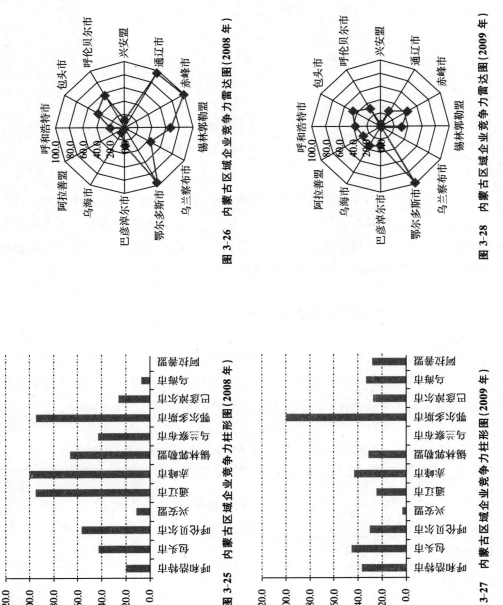

图 3-26 内蒙古区域企业竞争力雷达图(2008 年)

图 3-28 内蒙古区域企业竞争力雷达图(2009 年)

图 3-25 内蒙古区域企业竞争力柱形图(2008 年)

图 3-27 内蒙古区域企业竞争力柱形图(2009 年)

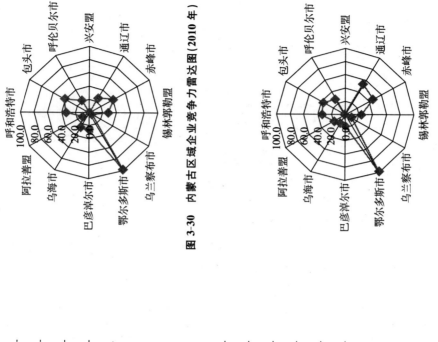

图 3-30　内蒙古区域企业竞争力雷达图(2010 年)

图 3-32　内蒙古区域企业竞争力雷达图(2011 年)

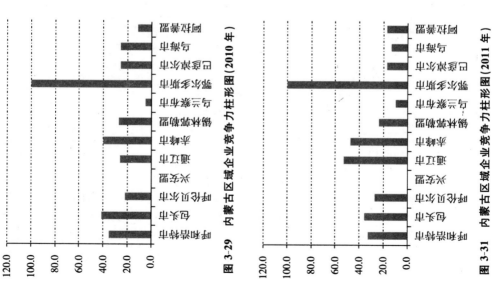

图 3-29　内蒙古区域企业竞争力柱形图(2010 年)

图 3-31　内蒙古区域企业竞争力柱形图(2011 年)

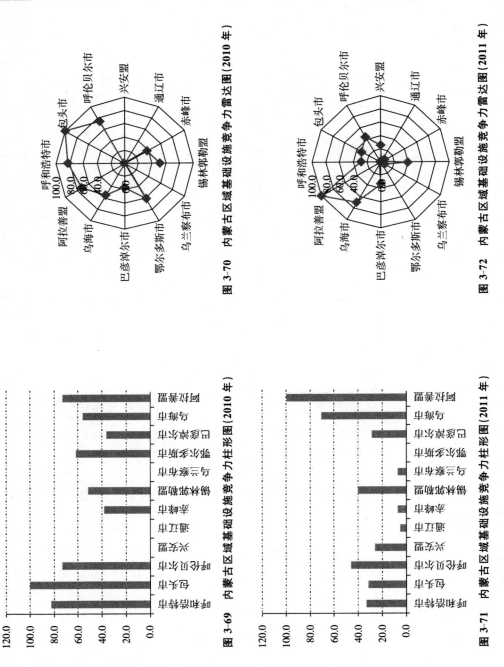

图 3-70 内蒙古区域基础设施竞争力雷达图(2010 年)

图 3-72 内蒙古区域基础设施竞争力雷达图(2011 年)

图 3-69 内蒙古区域基础设施竞争力柱形图(2010 年)

图 3-71 内蒙古区域基础设施竞争力柱形图(2011 年)

表 3-36　内蒙古自治区区域基础设施竞争力资产负债表(2008～2011 年)

年份	资产		负债	
	排名	盟市名称	盟市名称	排名
2008	1	包头市	乌兰察布市	9
	2	阿拉善盟	赤峰市	10
	3	乌海市	兴安盟	11
	4	呼和浩特市	通辽市	12
2009	1	包头市	兴安盟	9
	2	呼和浩特市	赤峰市	10
	3	阿拉善盟	乌兰察布市	11
	4	鄂尔多斯市	通辽市	12
2010	1	包头市	巴彦淖尔市	9
	2	呼和浩特市	兴安盟	10
	3	呼伦贝尔市	乌兰察布市	11
	4	阿拉善盟	通辽市	12
2011	1	阿拉善盟	乌兰察布市	9
	2	乌海市	赤峰市	10
	3	呼伦贝尔	通辽市	11
	4	锡林郭勒盟	鄂尔多斯市	12

(一)内蒙古自治区区域基础设施竞争力排序分析

根据前面的分析可以看出,2008 年内蒙古自治区区域基础设施竞争力处于上游区位的依次是包头市、阿拉善盟、乌海市和呼和浩特市;排名处于中游区位的依次是呼伦贝尔市、鄂尔多斯市、锡林郭勒盟和巴彦淖尔市;排名处于下游区位的依次是乌兰察布市、赤峰市、兴安盟和通辽市。

2011 年内蒙古自治区区域基础设施竞争力的排名情况是:排名处于上游区位的依次是阿拉善盟、乌海市、呼伦贝尔市和锡林郭勒盟;处于中游区位的依次是呼和浩特市、包头市、巴彦淖尔市和兴安盟;排名处于下游区位的依次是乌兰察布市、赤峰市、通辽市和鄂尔多斯市。

第五节

内蒙古自治区区域可持续发展竞争力分析评价

"可持续发展"概念于 1987 年由布伦特兰夫人担任主席的世界环发委员会首次被提出。其核心思想是经济发展,资源和生态环境保护协调一致。所追求的目标是既要使人类的各种需要得到满足,个人得到充分发展;又要保护资源和生态环境,不对后代人的生存和发展构成威胁;特别关注的是各种经济活动的生态合理性,强调对资源、环境有利的经济活动应给予鼓励,反之则应予以摒弃。

可持续发展理论主要关注的有经济可持续发展、社会可持续发展和生态可持续发展三个方面。《中国 21 世纪初可持续发展行动纲要》确定我国 21 世纪初可持续发展的总体目标是:可持续发展能力不断增强,经济结构调整取得显著成效,人口总量得到有效控制,生态环境明显改善,资源利用率显著提高,促进人与自然的和谐,推动整个社会走上生产发展、生活富裕、生态良好的文明发展道路。

一、内蒙古自治区区域可持续发展竞争力评价指标体系

由于经济的可持续发展可以体现在前面已有的其他经济竞争力要素中,因此,结合我国当前可持续发展的总体目标,这里的可持续发展竞争力评价中主要关注社会的可持续性发展和生态的可持续发展。这一目标决定了能源消耗、资源利用、环境保护、人民生活、人力资源是本书中可持续发展竞争力指标体系的重要组成部分。由此,选定能源消耗竞争力、资源利用竞争力、环境保护竞争力、人民生活竞争力、人力资源竞争力 5 个三级指标,作为可持续发展竞争力的主要评价衡量指标。

在四级指标选取上,能源消耗竞争力分别从能耗和电耗两个方面选定了单位 GDP 能耗、单位工业增加值能耗和单位 GDP 电耗 3 个四级指标;在资源利用方面、分别从能源利用和土地利用两个方面选取了土地产出率和能源产出率 2 个四级指标;在环境保护方面,基于数据的可得性,从环保支出的总量和结构方面,选取了环境保护支出和环境保护支出占 GDP 的比重 2 个四级指标;在人民生活方面,选取了城镇人均可支配收入、农村人均纯收入和恩格尔系数 3 个四级指标;在人力

资源方面,选择人口自然增长率、人均教育经费、万人高等学校在校学生数、万人高等学校专任教师数和万人职业学校年毕业学生数 5 个四级指标。

综合以上分析,本书构建的内蒙古自治区区域可持续发展竞争力评价指标体系如表 3-17 所示。

表 3-17　内蒙古自治区区域可持续发展竞争力评价指标体系

要素名称	要素支撑点名称	指标名称	计量单位
可持续发展竞争力	能源消耗	单位 GDP 能耗	吨标准煤/万元
		单位工业增加值能耗	吨标准煤/万元
		单位 GDP 电耗	千瓦时/万元
	资源利用	土地资源产出率	万元/公顷
		能源产出率	万元/吨标准煤
	环境保护	环境保护支出	万元
		环境保护支出占 GDP 比重	%
	人民生活	城镇人均可支配收入	元
		农村人均纯收入	元
		恩格尔系数	%
	人力资源	人口自然增长率	%
		人均教育经费	元
		万人高等学校在校学生数	人/万人
		万人高等学校专任教师数	个/万人
		职业学校年毕业学生数	人

本节将对内蒙古自治区区域可持续发展竞争力进行分析评价,具体内容包括可持续发展竞争力指数及排名、2008～2011 年各年度区域可持续发展竞争力基本状态和趋势以及各盟市的区域可持续发展竞争力资产负债分析,最后对各盟市区域可持续发展竞争力排名出现区段变化的原因做简单分析。

二、内蒙古自治区区域可持续发展竞争力分析

根据已经选定的指标体系,对 2008～2011 年内蒙古自治区十二个盟市的相关

数据资料进行整理和分析,得出四年内蒙古自治区十二个盟市可持续发展竞争力及其下属五个指标的评价结果,见表 3-18 和表 3-19。

表 3-18　内蒙古自治区区域可持续发展竞争力评价(2008 年和 2011 年)

年份 要素 盟市	2008						2011						综合 排名 升降
	能源消耗	资源利用	环境保护	人民生活	人力资源	综合排名	能源消耗	资源利用	环境保护	人民生活	人力资源	综合排名	
呼和浩特市	1	1	10	2	1	1	3	1	7	2	1	1	0
包头市	9	4	9	5	2	3	8	5	12	3	3	3	0
呼伦贝尔市	7	8	8	9	7	7	2	7	5	8	10	5	2
兴安盟	3	9	4	11	12	10	1	8	4	12	8	10	0
通辽市	4	5	6	6	11	5	3	3	11	5	6	4	1
赤峰市	5	7	3	8	10	8	4	6	1	9	9	7	1
锡林郭勒盟	8	10	2	10	5	11	7	9	3	11	7	8	3
乌兰察布市	10	11	1	12	9	12	10	10	2	10	12	12	0
鄂尔多斯市	2	2	5	1	3	2	5	2	8	1	2	2	0
巴彦淖尔市	6	6	7	3	8	4	11	11	6	4	11	9	-5
乌海市	12	3	12	4	4	6	9	4	10	6	5	11	-5
阿拉善盟	11	12	11	7	6	9	12	12	9	7	4	6	3

表 3-19　内蒙古自治区区域可持续发展竞争力分值(2008～2011 年)

年份	呼和浩特市	包头市	呼伦贝尔市	兴安盟	通辽市	赤峰市	锡林郭勒盟	乌兰察布市	鄂尔多斯市	巴彦淖尔市	乌海市	阿拉善盟
2008	100.0	58.4	27.6	14.9	41.2	24.4	12.4	0.0	75.3	43.3	34.8	18.6
2009	100.0	80.4	60.1	32.0	18.7	14.7	48.5	0.0	56.9	13.5	25.1	44.8
2010	100.0	60.9	47.7	27.5	44.4	55.8	36.8	28.9	90.3	24.0	0.0	16.7
2011	100.0	72.8	59.4	24.3	60.7	41.9	33.2	0.0	98.5	25.7	13.0	40.3

　　以下借助于柱形图、雷达图和资产负债表来描述各年度各区域可持续发展竞争力的一般水平、相对水平以及区位优势和劣势,以便更深入、直观地对内蒙古自治区区域可持续发展竞争力总水平的整体状况及其演变进行研究,见图 3-33 至图 3-40 及表 3-20。

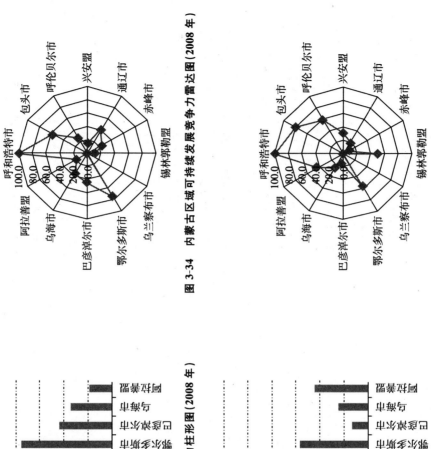

图 3-34　内蒙古区域可持续发展竞争力雷达图 (2008 年)

图 3-36　内蒙古区域可持续发展竞争力雷达图 (2009 年)

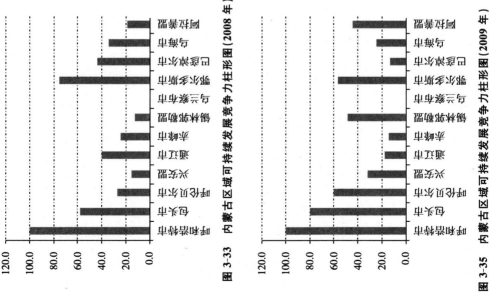

图 3-33　内蒙古区域可持续发展竞争力柱形图 (2008 年)

图 3-35　内蒙古区域可持续发展竞争力柱形图 (2009 年)

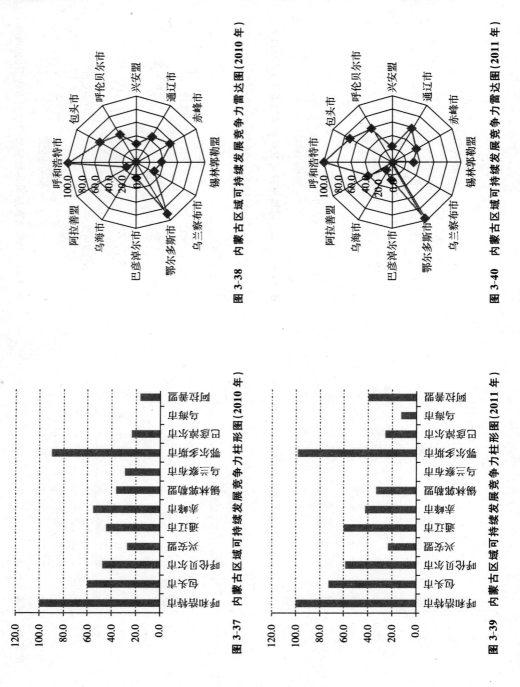

图 3-37　内蒙古区域可持续发展竞争力柱形图(2010 年)

图 3-38　内蒙古区域可持续发展竞争力雷达图(2010 年)

图 3-39　内蒙古区域可持续发展竞争力柱形图(2011 年)

图 3-40　内蒙古区域可持续发展竞争力雷达图(2011 年)

表 3-20 内蒙古自治区区域可持续发展竞争力资产负债表(2008～2011 年)

年份	资产		负债	
	排名	盟市名称	盟市名称	排名
2008	1	呼和浩特市	阿拉善盟	9
	2	鄂尔多斯市	兴安盟	10
	3	包头市	锡林郭勒盟	11
	4	巴彦淖尔市	乌兰察布市	12
2009	1	呼和浩特市	通辽市	9
	2	包头市	赤峰市	10
	3	呼伦贝尔市	巴彦淖尔市	11
	4	鄂尔多斯市	乌兰察布市	12
2010	1	呼和浩特市	兴安盟	9
	2	鄂尔多斯市	巴彦淖尔市	10
	3	包头市	阿拉善	11
	4	赤峰市	乌海市	12
2011	1	呼和浩特市	巴彦淖尔市	9
	2	鄂尔多斯市	兴安盟	10
	3	包头市	乌海市	11
	4	通辽市	乌兰察布市	12

(一)内蒙古自治区区域可持续发展竞争力排序分析

根据前面的分析可以看出,2008 年内蒙古自治区区域可持续发展竞争力排名处于上游区位的依次是呼和浩特市、鄂尔多斯市、包头市和巴彦淖尔市;排位处于中游区位的依次是通辽市、乌海市、呼伦贝尔市和赤峰市;处于下游区位的依次是阿拉善盟、兴安盟、锡林郭勒盟和乌兰察布市。

2011 年内蒙古自治区区域可持续发展竞争力排名处于上游区位依次是呼和浩特市、鄂尔多斯市、包头市和通辽市;处于中游区位的依次是呼伦贝尔市、阿拉善盟、赤峰市和锡林郭勒盟;处于下游区位的依次是巴彦淖尔市、兴安盟、乌海市和乌兰察布市。

(二)内蒙古自治区区域可持续发展竞争力排序变化比较

与 2008 年相比,2011 年内蒙古自治区区域可持续发展竞争力排序上升的地区有 5 个,分别是锡林郭勒盟(上升 3 位)、阿拉善盟(上升 3 位)、呼伦贝尔市(上升 2 位)、通辽市(上升 1 位)和赤峰市(上升 1 位)。排名没有变化的有 5 个,分别是呼和浩特市、包头市、兴安盟、乌兰察布市和鄂尔多斯市。排名下降的盟市有 2 个,分别是巴彦淖尔市(下降 5 位)和乌海市(下降 5 位)。

(三)内蒙古自治区区域可持续发展竞争力资产负债表变化分析

在评价期内,一些地区的可持续发展竞争力排序也出现了跨区段的变化。在 2011 年资产负债表上,通辽市进入资产项;阿拉善盟和锡林郭勒盟排名上升,离开负债项,进入中游区域,巴彦淖尔市和乌海市排名大幅下降,进入负债项。

从 2008～2011 年这四年的排序来看,分别有呼和浩特市、包头市、呼伦贝尔市、通辽市、赤峰市、巴彦淖尔市和鄂尔多斯市 7 个盟市进入过资产项;兴安盟、通辽市、赤峰市、锡林郭勒盟、乌兰察布市、巴彦淖尔市、乌海市和阿拉善盟 8 个盟市进入过负债项;其中一直进入过资产项的是呼和浩特市、包头市和鄂尔多斯市。

(四)内蒙古自治区区域可持续发展竞争力动因分析

表 3-18 同时给出了五个三级指标的变化情况。从表中可以看出,在能源消耗方面,2008 年排在前 4 位的盟市依次是呼和浩特市、鄂尔多斯市、兴安盟和通辽市;2011 年排在前 4 位的变化为兴安盟、呼伦贝尔市、呼和浩特市和赤峰市。在资源利用方面,2008 年排在前 4 位的依次是呼和浩特市、鄂尔多斯市、乌海市和包头市;2011 年排在前 4 位的盟市变化为呼和浩特市、鄂尔多斯市、通辽市和乌海市。在环境保护方面,2008 年排在前 4 位的盟市依次是乌兰察布市、锡林郭勒盟、赤峰市和兴安盟;2011 年排在前 4 位的盟市变化为赤峰市、乌兰察布市、锡林郭勒盟和兴安盟。在人民生活方面,2008 年排在前 4 位的盟市依次是鄂尔多斯市、呼和浩特市、巴彦淖尔市和乌海市;2011 年排在前 4 位的盟市变化为鄂尔多斯市、呼和浩特市、包头市和巴彦淖尔市。在人力资源方面,2008 年排在前 4 位的盟市依次是呼和浩特市、包头市、鄂尔多斯市和乌海市;2011 年排在前 4 位的盟市变化为呼和浩特市、鄂尔多斯市、包头市和阿拉善盟。

从资产负债表中几个可持续发展竞争力排序发生升降的盟市来看,通辽市排名上升 1 位,进入资产项,是由于在资源利用、人民生活和人力资源三个方面竞争力排名都显著上升推动的。阿拉善盟排名上升 3 位,离开负债项,是由于在环境保护和人力资源两个方面竞争力有所提升推动的。锡林郭勒盟的排名上升 3 位,离开负债项,是由于能源消耗、资源利用两个方面竞争力的提升推动的。巴彦淖尔市的排名大幅下滑,进入负债项,主要是由于能源消耗、资源利用和人力资源全方位竞争力下降所导致的。乌海市的排名大幅下降则主要是由于资源利用、人民生活和人力资源三个方面竞争力下降导致的。

第六节

内蒙古自治区区域金融活动竞争力分析评价

在 IMD 的竞争力研究中,金融体系竞争力被选择为衡量经济竞争力的八大指标之一。金融体系发育的完善程度和运行态势决定了一个区域经济的资本可供性、有效性和安全性,进而影响投资者的信心和经济活力,影响区域经济竞争力。因此,研究区域经济综合竞争力,深入研究金融活动竞争力的提升问题是必须的。

一、内蒙古自治区区域金融活动竞争力评价指标体系

考虑到金融发展对地区经济发展的重要性,本书将金融活动竞争力单独作为衡量区域经济综合竞争力的重要指标之一,下面只列金融发展一个三级指标。四级指标主要从银行业、保险业两个层面来选定,其中,评价与衡量银行存贷款和现金投放情况的指标有 4 个,评价与衡量保险业的指标有 3 个,这 7 个指标分别是存款余额、人均存款余额、贷款余额、人均贷款余额、保险费净收入、保险密度(人均保险费净收入)和保险深度[保费收入占该地国内生产总值(GDP)之比]。

综合以上分析,本书构建的内蒙古自治区区域金融活动竞争力评价指标体系如表 3-21 所示。

表 3-21 内蒙古自治区区域金融活动竞争力评价指标体系

要素名称	要素支撑点名称	指标名称	计量单位
金融活动竞争力	金融发展	存款余额	万元
		人均存款余额	元
		贷款余额	万元
		人均贷款余额	元
		保险费净收入	万元
		保险密度(人均保险费净收入)	元
		保险深度[保费收入占该地国内生产总值(GDP)之比]	%

本节将对内蒙古自治区区域金融活动竞争力进行分析评价,具体内容包括金融活动竞争力指数及排名、2008～2011 年各年度区域金融活动竞争力基本状态和

趋势以及各盟市的区域金融活动竞争力资产负债分析,最后对各盟市区域金融活动竞争力排名出现区段变化的原因做简单分析。

二、内蒙古自治区区域金融活动竞争力分析

根据已经选定的指标体系,对2008～2011年内蒙古自治区十二个盟市的相关数据资料进行整理和分析,得出四年间内蒙古自治区十二个盟市金融活动竞争力的评价结果,见表3-22和表3-23。

表3-22　内蒙古自治区区域金融活动竞争力评价(2008年和2011年)

年份　要素　盟市	2008 金融发展	2011 金融发展	综合排名升降
呼和浩特市	1	2	-1
包头市	3	3	0
呼伦贝尔市	6	6	0
兴安盟	12	12	0
通辽市	10	10	0
赤峰市	7	8	-1
锡林郭勒盟	8	7	1
乌兰察布市	11	11	0
鄂尔多斯市	2	1	1
巴彦淖尔市	9	9	0
乌海市	4	4	0
阿拉善盟	5	5	0

表3-23　内蒙古自治区区域金融活动竞争力分值(2008～2011年)

年份	呼和浩特市	包头市	呼伦贝尔市	兴安盟	通辽市	赤峰市	锡林郭勒盟	乌兰察布市	鄂尔多斯市	巴彦淖尔市	乌海市	阿拉善盟
2008	100.0	82.1	25.7	0.0	19.4	24.0	24.0	12.5	87.5	23.2	47.0	46.6
2009	100.0	63.9	22.3	0.0	14.4	19.3	17.1	9.9	88.4	18.6	41.5	37.8
2010	90.4	71.3	25.7	0.0	18.5	22.5	23.5	11.8	100.0	21.9	45.2	41.7
2011	95.7	69.0	23.7	0.0	16.7	21.3	22.4	10.5	100.0	20.6	45.8	41.2

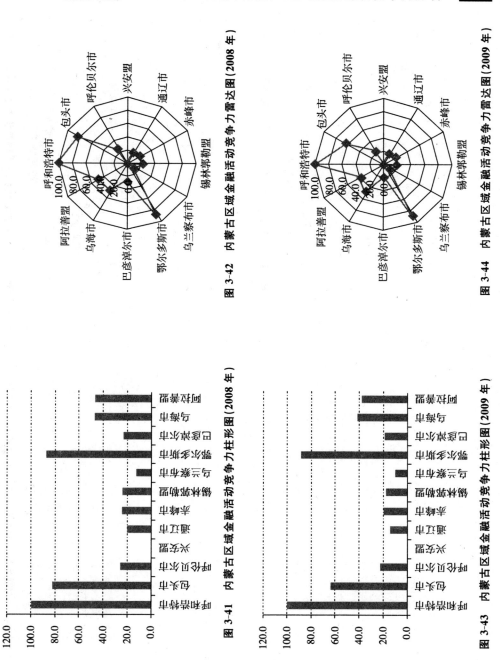

图 3-41　内蒙古区域金融活动竞争力柱形图（2008 年）

图 3-42　内蒙古区域金融活动竞争力雷达图（2008 年）

图 3-43　内蒙古区域金融活动竞争力柱形图（2009 年）

图 3-44　内蒙古区域金融竞争力雷达图（2009 年）

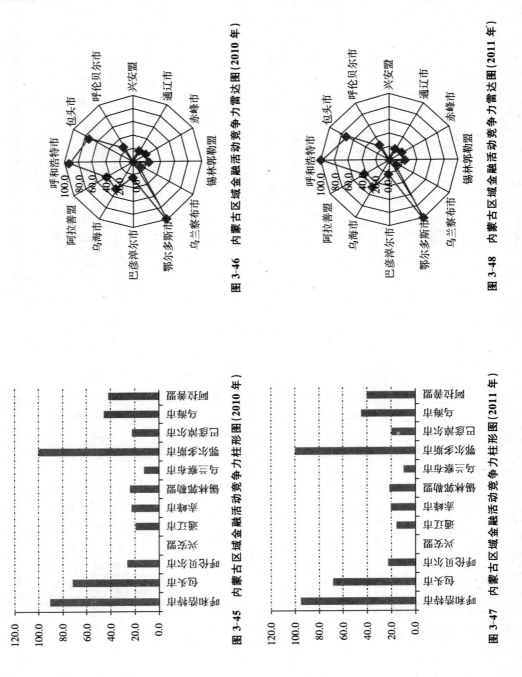

图 3-46　内蒙古区域金融活动竞争力雷达图 (2010 年)

图 3-48　内蒙古区域金融活动竞争力雷达图 (2011 年)

图 3-45　内蒙古区域金融活动竞争力柱形图 (2010 年)

图 3-47　内蒙古区域金融活动竞争力柱形图 (2011 年)

以下借助于柱形图、雷达图和资产负债表来描述各年度各区域金融活动竞争力的一般水平、相对水平以及区位优势和劣势，以便更深入、直观地对内蒙古自治区区域金融活动竞争力总水平的整体状况及其演变进行研究，见图3-41至图3-48及表3-24。

表3-24　内蒙古自治区区域金融活动竞争力资产负债表（2008～2011年）

年份	资产		负债	
	排名	盟市名称	盟市名称	排名
2008	1	呼和浩特市	巴彦淖尔市	9
	2	鄂尔多斯市	通辽市	10
	3	包头市	乌兰察布市	11
	4	乌海市	兴安盟	12
2009	1	呼和浩特市	锡林郭勒盟	9
	2	鄂尔多斯市	通辽市	10
	3	包头市	乌兰察布市	11
	4	乌海市	兴安盟	12
2010	1	鄂尔多斯市	巴彦淖尔市	9
	2	呼和浩特市	通辽市	10
	3	包头市	乌兰察布市	11
	4	乌海市	兴安盟	12
2011	1	鄂尔多斯市	巴彦淖尔市	9
	2	呼和浩特市	通辽市	10
	3	包头市	乌兰察布市	11
	4	乌海市	兴安盟	12

（一）内蒙古自治区区域金融活动竞争力排序分析

根据前面的分析可以看出，2008年内蒙古自治区区域金融活动竞争力处于上游区位的依次是呼和浩特市、包头市、鄂尔多斯市和乌海市；排名处于中游区位的依次是阿拉善盟、呼伦贝尔市、赤峰市和锡林郭勒盟；排名处于下游区位的依次是巴彦淖尔市、通辽市、乌兰察布市和兴安盟。

根据 2011 年的排序,内蒙古自治区区域金融活动竞争力处于上游区位的依次是鄂尔多斯市、呼和浩特市、包头市和乌海市;排名处于中游区位的依次是阿拉善盟、呼伦贝尔市、锡林郭勒盟和赤峰市;排名处于下游区位的依次是巴彦淖尔市、通辽市、乌兰察布市和兴安盟。

(二)内蒙古自治区区域金融活动竞争力排序变化比较

与 2008 年相比,2011 年金融活动竞争力排序上升的有 2 个,分别是锡林郭勒盟和鄂尔多斯市,各上升 1 位。排名没有变化的有 8 个盟市,分别是包头市、呼伦贝尔市、兴安盟、通辽市、乌兰察布市、巴彦淖尔市、乌海市和阿拉善盟。十二个盟市中,只有呼和浩特市和赤峰市的排名有所下降,分别下降 1 位。

(三)内蒙古自治区区域金融活动竞争力资产负债表变化分析

在评价期内所有地区的金融活动竞争力排序都没有发生跨区段的变化。

从 2008～2011 年这四年的排序来看,只有呼和浩特市、包头市、鄂尔多斯市和乌海市 4 个市一直进入过资产项;分别有兴安盟、通辽市、锡林郭勒盟、乌兰察布市和巴彦淖尔市 5 个盟市进入过负债项。其中一直进入负债项的是通辽市、乌兰察布市和兴安盟,呼伦贝尔市、赤峰市和阿拉善盟既没有进入过资产项也没有进入过负债项。

(四)内蒙古自治区区域金融活动竞争力动图分析

在金融活动竞争力体系中,只有一个二级指标和一个三级指标,二者是一致的。

第七节

内蒙古自治区区域科学技术与文化竞争力分析评价

科学技术与文化产业构成了知识经济的主体,二者的发展水平决定了知识经济的发展水平,二者的竞争能力自然也决定了知识经济竞争力的优劣。有鉴于此,本书选定科技竞争力和文化竞争力作为评价科学技术与文化竞争力的两个指标。

一、内蒙古自治区区域科学技术与文化竞争力评价指标体系

科学技术是第一生产力,一个区域的科技水平高低,直接影响该区域利用资源和获取资源的能力。具有科技优势的区域,其资源转化效率高,将无效资源转换成有效资源的可能性大,对区域外的科技资源、资金资源、人力资源的吸引力也强。本书主要从科技条件、科技投入两个层面选择内蒙古自治区区域科学技术竞争力的四级指标。所选的 5 个指标分别是:万人科技活动人员、万人研究机构数、科研经费支出、科研经费支出占 GDP 比重和人均科技经费支出。

文化产业是当前国民经济的重要组成部分,文化产业的发展凸显着社会巨大而深刻的发展,现代社会财富的大量增加使多数人进入了"过剩经济"时代,人们用于物质生活的开支所占的比重越来越小,而转向文化、休闲方向的消费,这样的社会需要保证了文化经济在未来社会中的地位将越来越重要。本书主要从文化产业条件、文化消费两个方面选取内蒙古自治区区域文化产业竞争力的四级指标。所选 3 个指标为万人文化艺术单位个数、城镇居民人均文化娱乐支出占消费性支出的比重以及农村居民人均文化娱乐支出占消费支出的比重。

综合以上分析,本书构建的内蒙古自治区区域科技与文化竞争力评价指标体系如表 3-25 所示。

表 3-25 内蒙古自治区区域科技与文化竞争力评价指标体系

要素名称	要素支撑点名称	指标名称	计量单位
科技与文化	科技	科技经费支出占 GDP 比重	%
		万人科技活动人员	个
		人均科技经费支出	元
		研究机构个数	个/万人
		科研经费支出	万元
	文化	各盟市文化艺术单位数	个
		城镇居民人均文化娱乐支出占消费性支出比重	%
		农村居民人均文化娱乐支出占消费性支出比重	%

本节将对内蒙古自治区区域科技与文化竞争力进行分析、评价,具体内容包括科技与文化竞争力指数及排名、2008～2011 年各年度区域科技与文化竞争力基本

状态和趋势以及各盟市的区域科技与文化竞争力资产负债分析,最后对各盟市区域科技与文化竞争力排名出现区段变化的原因做简单分析。

二、内蒙古自治区区域科学技术与文化竞争力分析

根据已经确定的指标体系,下面对2008～2011年内蒙古自治区十二个盟市的相关数据资料进行整理和分析,得出四年间内蒙古自治区十二个盟市科学技术与文化竞争力的评价结果,见表3-26和表3-27。

表3-26　内蒙古自治区区域科学技术与文化竞争力评价(2008年和2011年)

年份 要素 盟市	2008			2011			综合排名升降
	科技	文化	综合排名	科技	文化	综合排名	
呼和浩特市	1	5	1	1	2	1	0
包头市	2	8	8	12	3	7	1
呼伦贝尔市	5	7	5	4	7	5	0
兴安盟	11	10	10	9	12	10	0
通辽市	10	12	9	6	10	6	3
赤峰市	12	3	12	11	9	11	1
锡林郭勒盟	8	11	4	7	5	9	-5
乌兰察布市	7	4	3	8	11	12	-9
鄂尔多斯市	6	1	6	3	8	3	3
巴彦淖尔市	4	9	11	5	4	4	7
乌海市	9	6	7	10	6	8	-1
阿拉善盟	3	2	2	2	1	2	0

表3-27　内蒙古自治区区域科学技术与文化竞争力分值(2008～2011年)

年份	呼和浩特市	包头市	呼伦贝尔市	兴安盟	通辽市	赤峰市	锡林郭勒盟	乌兰察布市	鄂尔多斯市	巴彦淖尔市	乌海市	阿拉善盟
2008	100.0	9.2	15.8	7.2	9.0	0.0	26.2	28.9	13.6	6.1	10.0	51.6
2009	54.8	25.2	22.3	7.8	7.9	0.0	31.5	16.6	61.2	13.4	34.3	100.0
2010	100.0	0.0	41.3	39.1	26.3	17.3	36.9	25.7	52.6	46.3	23.3	97.3
2011	100.0	6.6	9.7	1.6	7.2	1.4	3.4	0.0	13.4	10.2	4.2	46.7

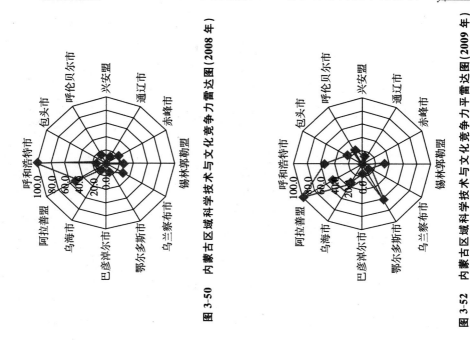

图 3-49 内蒙古区域科学技术文化竞争力柱形图（2008 年）

图 3-50 内蒙古区域科学技术与文化竞争力雷达图（2008 年）

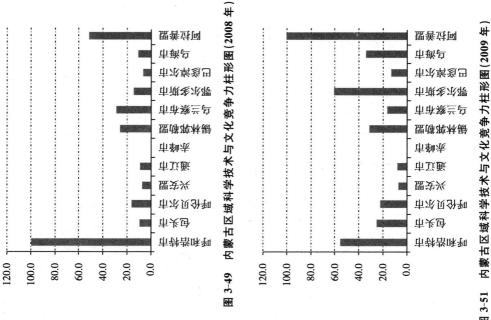

图 3-51 内蒙古区域科学技术与文化竞争力柱形图（2009 年）

图 3-52 内蒙古区域科学技术与文化竞争力平雷达图（2009 年）

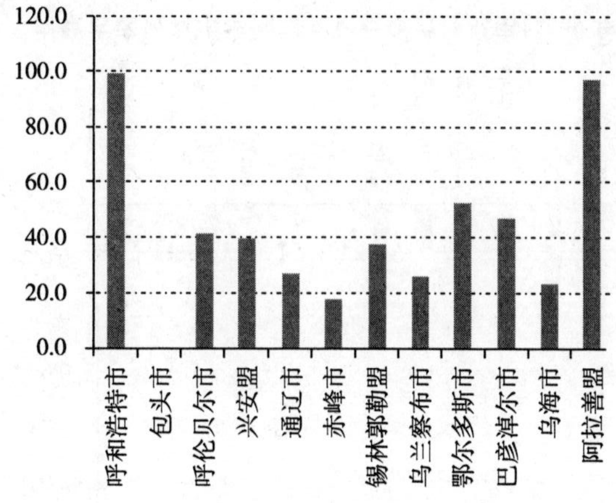

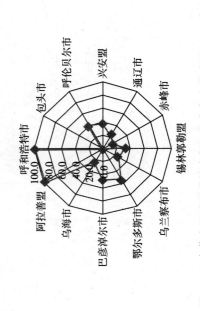

图 3-54　内蒙古区域科学技术与文化竞争力雷达图(2010 年)

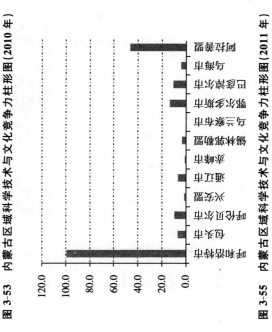

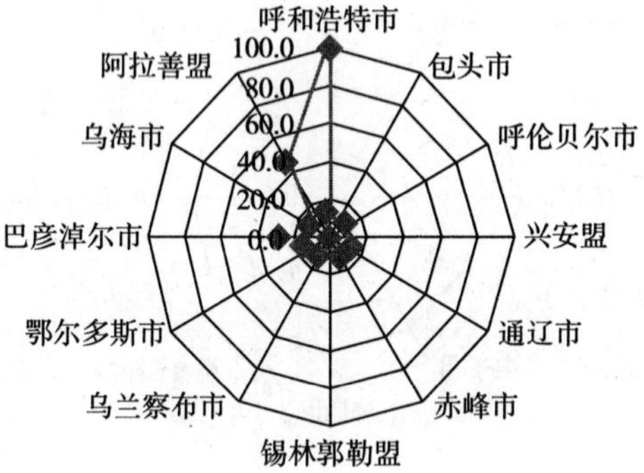

图 3-56　内蒙古区域科学技术与文化竞争力雷达图(2011 年)

图 3-53　内蒙古区域科学技术与文化竞争力柱形图(2010 年)

图 3-55　内蒙古区域科学技术与文化竞争力柱形图(2011 年)

以下借助于柱形图、雷达图和资产负债表来描述各年度各区域科技与文化竞争力的一般水平、相对水平以及区位优势和劣势，以便更深入、直观地对内蒙古自治区区域科技文化竞争力总水平的整体状况及其演变进行研究，见图 3-49 至图 3-56 及表 3-28。

表 3-28　内蒙古自治区区域科学技术与文化竞争力资产负债表（2008～2011 年）

年份	资产		负债	
	排名	盟市名称	盟市名称	排名
2008	1	呼和浩特市	通辽市	9
	2	阿拉善盟	兴安盟	10
	3	乌兰察布市	巴彦淖尔市	11
	4	锡林郭勒盟	赤峰市	12
2009	1	阿拉善盟	巴彦淖尔市	9
	2	鄂尔多斯市	通辽市	10
	3	呼和浩特市	兴安盟	11
	4	乌海市	赤峰市	12
2010	1	呼和浩特市	乌兰察布市	9
	2	阿拉善盟	乌海市	10
	3	鄂尔多斯	赤峰市	11
	4	巴彦淖尔市	包头市	12
2011	1	呼和浩特市	锡林郭勒盟	9
	2	阿拉善盟	兴安盟	10
	3	鄂尔多斯市	赤峰市	11
	4	巴彦淖尔市	乌兰察布市	12

（一）内蒙古自治区区域科学技术与文化竞争力排序分析

根据前面的分析可以看出，2008 年内蒙古自治区区域科学技术与文化竞争力处于上游区位的依次是呼和浩特市、阿拉善盟、乌兰察布市和锡林郭勒盟；排名处于中游区位的依次位呼伦贝尔市、鄂尔多斯市、乌海市和包头市；排名处于下游区位的依次是通辽市、兴安盟、巴彦淖尔市和赤峰市。

2011年内蒙古自治区区域科学技术与文化竞争力排名处于上游区位的依次是呼和浩特市、阿拉善盟、鄂尔多斯市和巴彦淖尔市;排名处于中游区位的依次是呼伦贝尔市、通辽市、包头市和乌海市;排名处于下游区位的依次是锡林郭勒盟、兴安盟、赤峰市和乌兰察布市。

(二)内蒙古自治区区域科学技术与文化竞争力排序变化比较

与2008年相比,2011年内蒙古自治区区域科学技术与文化竞争力排序上升的有5个,分别是巴彦淖尔市(上升7位)、通辽市(上升3位)、鄂尔多斯市(上升3位)、包头市(上升1位)和赤峰市(上升1位);排名没有变动的是呼和浩特市、呼伦贝尔市、兴安盟和阿拉善盟。排名下降的盟市有3个,分别是乌兰察布市(下降9位)、锡林郭勒盟(下降5位)和乌海市(下降1位)。

(三)内蒙古自治区区域科学技术与文化竞争力资产负债表变化分析

在评价期内,一些地区的科技与文化竞争力排序也出现了跨区段的变化。在2011年资产负债表上,鄂尔多斯市和巴彦淖尔市进入资产项;锡林郭勒盟和乌兰察布市从资产项滑入负债项,通辽市则离开负债项,升入中游区域。

从2008~2011年这四年的排序来看,呼和浩特市、锡林郭勒盟、乌兰察布市、鄂尔多斯市、巴彦淖尔市、乌海市和阿拉善盟7个盟市进入过资产项;包头市、兴安盟、通辽市、赤峰市、锡林郭勒盟、乌兰察布市、巴彦淖尔市和乌海市8个盟市进入过负债项。其中一直进入资产项的是呼和浩特市、阿拉善盟,一直位于负债项的是赤峰市。

(四)内蒙古自治区区域科学技术与文化竞争力动因分析

表3-26同时给出了两个三级指标的变化情况。从表中可以看出,在科技竞争力方面,2008年排名进入前4位的依次是呼和浩特市、包头市、阿拉善盟和巴彦淖尔市;2011年排在前4位的地区变化为呼和浩特市、阿拉善盟、鄂尔多斯市和呼伦贝尔市。在文化竞争力方面,2008年排在前4位的地市依次是鄂尔多斯市、阿拉善盟、赤峰市和乌兰察布市;2011年排在前4位的地区变化为阿拉善盟、呼和浩特市、包头市和巴彦淖尔市。

从资产负债表中几个排序发生升降的盟市来看,巴彦淖尔市排名上升7位,进入资产项,是由于文化竞争力大幅上升5位推动的;通辽市的排名上升3位,离开负债项,是由于科技竞争力和文化竞争力分别上升 4 位和 2 位推动的;锡林郭勒盟的科技竞争力和文化竞争力虽然分别上升 1 位和 6 位,但是综合排名却下降了 5 位,并进入负债项。乌兰察布市的科技竞争力排名下降 1 位,文化竞争力排名下降了 7 位,导致综合排名下滑 9 位,进入负债项。

第八节
内蒙古自治区区域政府管理竞争力分析评价

在市场经济发展中,政府所承担的责任主要体现在引导和促进发展、进行宏观调控和依法规范市场秩序、及时提供社会保障等方面的重要责任。本书选择政府财政竞争力、政府调控竞争力,作为评价政府管理能力竞争力的指标。

一、内蒙古自治区区域政府管理竞争力评价指标体系

财政是促进经济社会发展的重要杠杆,是对市场经济进行宏观调控的重要手段,政府应用包括财政政策等在内的一系列宏观经济政策影响市场力量,使资源得到更好配置。政府财政能力对区域经济运行有着显著的影响,在市场经济发展中要充分发挥财政对盟市经济发展的促进作用,就必须不断地增强各盟市在全区的财政竞争能力。本书在总量、增量、GDP 贡献和优化度四个层面上,选择了 7 个指标,组成区域政府管理竞争力指标组,包括地方财政收入、财政支出、地方财政收入占 GDP 比重、财政支出占 GDP 比重、地方财政收入年递增、财政支出年递增以及财政自给率。

低失业率和适当的城乡收入差距是政府稳定经济、促进经济发展的重要目标,也是政府对市场经济进行宏观调控的主要内容。有效提高政府调控能力,增强经济运行的稳定性和与发展环境的安全性,将有助于降低投资风险,提高人力资源配置有效性。根据这一要求,本书选择失业率和城乡差距两个指标来评价和衡量政府调控竞争力。

综合以上分析,本书构建的内蒙古自治区区域政府管理竞争力评价指标体系如表 3-29 所示。

表 3-29　内蒙古自治区区域政府管理竞争力评价指标体系

要素名称	要素支撑点名称	指标名称	计量单位
政府管理竞争力	政府财政	财政收入	万元
		财政收入占 GDP 比重	％
		财政收入年递增率	％
		财政支出	万元
		财政支出占 GDP 比重	％
		财政支出年递减率	％
		财政自给率	％
	政府调控	城乡消费水平对比	
		失业率	％

　　本节将对内蒙古自治区区域政府管理竞争力进行分析评价,具体内容包括政府管理竞争力指数及排名、2008～2011 年各年度区域政府管理竞争力基本状态和趋势以及各盟市的区域政府管理竞争力资产负债分析,最后对各盟市区域政府管理竞争力排名出现区段变化的原因做简单分析。

二、内蒙古自治区区域政府管理竞争力分析

　　根据已经选定的指标体系,下面对 2008～2011 年内蒙古自治区十二个盟市的相关数据资料进行整理和分析,得出四年中内蒙古自治区十二个盟市政府管理竞争力的评价结果,见表 3-30 和表 3-31。

表 3-30　内蒙古自治区区域政府管理竞争力评价(2008 年和 2011 年)

年份 要素 盟市	2008			2011			综合排名升降
	财政	政府调控	综合排名	财政	政府调控	综合排名	
呼和浩特市	3	3	2	2	8	2	0
包头市	4	4	3	3	10	3	0
呼伦贝尔市	6	7	5	6	6	8	-3

续表

年份 盟市 \ 要素	2008			2011			综合排名升降
	财政	政府调控	综合排名	财政	政府调控	综合排名	
兴安盟	8	12	9	12	11	12	-3
通辽市	2	2	4	7	5	9	5
赤峰市	10	10	8	8	9	10	-2
锡林郭勒盟	7	8	7	9	3	7	0
乌兰察布市	12	11	12	11	12	6	6
鄂尔多斯市	1	5	1	1	1	1	0
巴彦淖尔市	9	1	11	10	2	11	0
乌海市	5	9	6	5	4	5	1
阿拉善盟	11	6	10	4	7	4	6

表 3-31　内蒙古自治区区域政府管理竞争力分值(2008～2011 年)

年份	呼和浩特市	包头市	呼伦贝尔市	兴安盟	通辽市	赤峰市	锡林郭勒盟	乌兰察布市	鄂尔多斯市	巴彦淖尔市	乌海市	阿拉善盟
2008	71.0	69.9	47.6	21.0	65.3	24.1	36.1	0.0	100.0	17.6	42.9	17.8
2009	29.9	38.7	75.4	38.7	48.5	56.9	50.3	0.0	100.0	76.6	18.2	19.1
2010	37.8	33.1	17.1	0.0	27.1	20.6	24.2	7.8	100.0	15.9	38.2	32.6
2011	44.7	33.0	9.0	0.0	8.4	7.5	9.2	10.1	100.0	0.8	10.3	17.5

　　以下分借助于柱形图、雷达图和资产负债表来描述各年度各区域政府管理竞争力的一般水平、相对水平以及区位优势和劣势,以便更深入、直观地对内蒙古自治区区域政府管理竞争力总水平的整体状况及其演变进行研究,见图 3-57 至图 3-64 及表3-32。

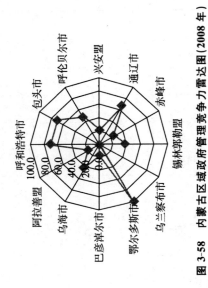

图 3-58　内蒙古区域政府管理竞争力雷达图(2008 年)

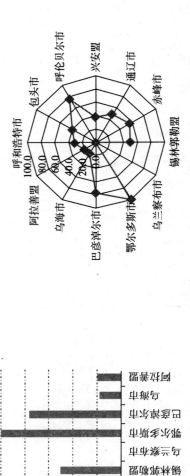

图 3-60　内蒙古区域政府管理竞争力雷达图(2009 年)

图 3-57　内蒙古区域政府管理竞争力柱形图(2008 年)

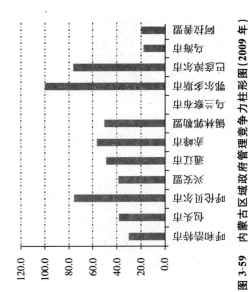

图 3-59　内蒙古区域政府管理竞争力柱形图(2009 年)

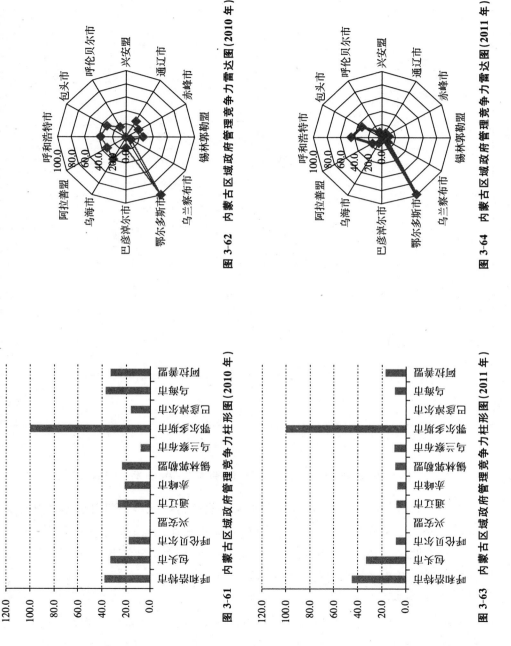

图 3-62　内蒙古区域政府管理竞争力雷达图（2010 年）

图 3-64　内蒙古区域政府管理竞争力雷达图（2011 年）

图 3-61　内蒙古区域政府管理竞争力柱形图（2010 年）

图 3-63　内蒙古区域政府管理竞争力柱形图（2011 年）

表 3-32　内蒙古自治区区域政府管理竞争力资产负债表(2008～2011 年)

年份	资产		负债	
	排名	盟市名称	盟市名称	排名
2008	1	鄂尔多斯市	兴安盟	9
	2	呼和浩特市	阿拉善盟	10
	3	包头市	巴彦淖尔市	11
	4	通辽市	乌兰察布市	12
2009	1	鄂尔多斯市	呼和浩特市	9
	2	呼伦贝尔市	阿拉善盟	10
	3	巴彦淖尔市	乌海市	11
	4	赤峰市	乌兰察布市	12
2010	1	鄂尔多斯市	巴彦淖尔市	9
	2	乌海市	呼伦贝尔市	10
	3	呼和浩特市	乌兰察布市	11
	4	包头市	兴安盟	12
2011	1	鄂尔多斯市	通辽市	9
	2	呼和浩特市	赤峰市	10
	3	包头市	巴彦淖尔市	11
	4	阿拉善盟	兴安盟	12

(一)内蒙古自治区区域政府管理竞争力排序分析

根据前面的分析可以看出,2008 年内蒙古自治区区域政府管理竞争力处于上游区位的依次是鄂尔多斯市、呼和浩特市、包头市和通辽市;排名处于中游区位的依次是呼伦贝尔市、乌海市、锡林郭勒盟和赤峰市;排名处于下游区的依次是兴安盟、阿拉善盟、巴彦淖尔市和乌兰察布市。

2011 年内蒙古自治区区域政府管理竞争力的排名处于上游区位的依次是鄂尔多斯市、呼和浩特市、包头市和阿拉善盟;排名处于中游区位的依次是乌海市、乌兰察布市、锡林郭勒盟和呼伦贝尔市;排名处于下游区位的依次是通辽市、赤峰市、巴彦淖尔市和兴安盟。

(二)内蒙古自治区区域政府管理竞争力排序变化比较

与 2008 年相比,2011 年内蒙古自治区区域政府管理竞争力排序上升的有 3 个,分别是乌兰察布市(上升 6 位)、阿拉善盟(上升 6 位)和乌海市(上升 1 位)。排名没有变动的是呼和浩特市、包头、锡林郭勒盟、鄂尔多斯市和巴彦淖尔市。排名下降的有 4 个,分别是通辽市(下降幅度最大,下降 5 位)、呼伦贝尔市(下降 3 位)、兴安盟(下降 3 位)和赤峰市(下降 2 位)。

(三)内蒙古自治区区域政府管理竞争力资产负债表变化分析

在评价期内,一些地区的政府管理竞争力排序出现了跨区段的变化。在 2011 年资产负债表上,阿拉善盟进入资产项;通辽市和赤峰市掉入负债项,乌兰察布市则离开负债项,进入中游区域。

从 2008～2011 年这四年的排序来看,分别有呼和浩特市、包头市、鄂尔多斯市、呼伦贝尔市、通辽市、赤峰市、巴彦淖尔市、乌海市和阿拉善盟 9 个盟市进入过资产项;分别有呼和浩特市、呼伦贝尔市、兴安盟、通辽市、赤峰市、乌兰察布市、巴彦淖尔市、乌海市和阿拉善盟 9 个盟市进入过负债项。其中一直进入资产项的是包头市和鄂尔多斯市。

(四)内蒙古自治区区域政府管理竞争力动因分析

表 3-30 同时给出了两个三级指标的变化情况。从表中可以看出,在政府财政竞争力方面,2008 年排在前 4 位的分别是鄂尔多斯市、通辽市、呼和浩特市和包头市;2011 年排在前 4 位的依次是鄂尔多斯市、呼和浩特市、包头市和阿拉善盟。在政府调控竞争力方面,2008 年排在前 4 位的依次是:巴彦淖尔市、通辽市、呼和浩特市和包头市;2011 年排在前 4 位的盟市变化为鄂尔多斯市、巴彦淖尔市、锡林郭勒盟和乌海市。

从资产负债表中政府管理竞争力排序发生升降的盟市来看,阿拉善盟排名上升 4 位,从负债项进入资产项,是由政府财政竞争力排名上升 7 位推动的。乌兰察布市的政府财政竞争力排名上升 1 位,推动综合排名上升 6 位,离开负债项,进入中游区位。通辽市的财政竞争力和政府调控竞争力分别下降 5 位和 3 位,导致综合排名下降 5 位,从资产项滑入负债项。赤峰市虽然在财政竞争力和政府管理竞争力两项上排名都有小幅上升,但是综合排名下降了 2 位,从中游区位滑入负债项。

第九节
内蒙古自治区区域基础设施竞争力分析评价

基础设施是指为社会生产和生活正常运行提供公共服务和公共条件的设施。基础设施是一个区域经济运行和发展的基础性保障。基础设施的完善与发达程度直接影响区域经济的活跃度、开放度,是吸引外部稀缺资源和整合内部资源的基础性要素,这就决定了基础设施竞争力必然成为区域经济综合竞争力的重要组成部分。基础设施必须与国民经济协调发展,由于基础设施具有投资规模大、周期长的特点,因此从某种意义上说,基础设施建设应该具有超前性,才能推动和促进国民经济的发展。正是基础设施的这种基础性、先行性的特点,使之成为区域竞争力的重要因素之一。

一、内蒙古自治区区域基础设施竞争力评价指标体系

健康卫生、交通和现代通信构成区域经济发展的基础性环境,是区域经济发展必不可少的保障,本书分别从健康卫生竞争力、交通设施竞争力和现代通信竞争力三个方面构建区域基础设施竞争力指标体系。

本书分别选择 2 个健康卫生指标、3 个交通设施指标和 1 个现代通信指标构成内蒙古自治区区域基础设施竞争力指标体系,6 个指标分别是万人卫生机构个数、卫生从业人员数比重、人均公路长度、全社会旅客周转量、全社会货物周转量和人均邮电业务总量。

综合以上分析,本书构建的内蒙古自治区区域基础设施评价指标体系如表 3-33 所示。

表 3-33　内蒙古自治区区域基础设施评价指标体系

要素名称	要素支撑点名称	指标名称	计量单位
基础设施	健康卫生	万人卫生机构个数	个/万人
		万人卫生机构人员数	人/万人
	交通设施	人均公路长度	公里/人
		全社会旅客周转量	万吨公里
		全社会货物周转量	万元公里
	现代通信	人均邮电业务总量	元

本节将对内蒙古自治区区域基础设施竞争力进行分析评价,具体内容包括基础设施竞争力指数及排名、2008~2011 年各年度区域基础设施竞争力基本状态和趋势以及各盟市的区域基础设施竞争力资产负债分析,最后对各盟市区域基础设施竞争力排名出现区段变化的原因做简单分析。

二、内蒙古自治区区域基础设施竞争力分析

根据已经选定的指标体系,利用主成分分析法发对 2008~2011 年内蒙古自治区十二个盟市的相关数据资料进行分析,并得出四年中内蒙古自治区十二个盟市基础设施竞争力及其下属三个指标的评价结果,见表 3-34 和表 3-35。

表 3-34　内蒙古自治区区域基础设施竞争力评价表(2008 年和 2011 年)

年份 盟市　要素	2008				2011				综合排名升降
	健康卫生	交通	现代通信	综合排名	健康卫生	交通	现代通信	综合排名	
呼和浩特市	5	4	3	4	9	2	3	5	-1
包头市	3	1	4	1	6	4	5	6	-5
呼伦贝尔市	4	6	5	5	7	7	6	3	2
兴安盟	9	11	11	11	7	11	10	8	3

年份 要素 盟市	2008				2011				综合排名升降
	健康卫生	交通设施	现代通信	综合排名	健康卫生	交通设施	现代通信	综合排名	
通辽市	12	9	12	12	2	9	12	11	1
赤峰市	11	8	10	10	5	3	11	10	0
锡林郭勒盟	7	3	6	7	3	5	4	4	3
乌兰察布市	10	10	8	9	11	10	9	9	0
鄂尔多斯市	8	2	9	6	12	1	8	12	-6
巴彦淖尔市	6	7	7	8	8	8	7	7	1
乌海市	2	12	1	3	10	12	2	2	1
阿拉善盟	1	5	2	2	1	6	1	1	1

表 3-35 内蒙古自治区区域基础设施竞争力分值(2008～2011 年)

年份	呼和浩特市	包头市	呼伦贝尔市	兴安盟	通辽市	赤峰市	锡林郭勒盟	乌兰察布市	鄂尔多斯市	巴彦淖尔市	乌海市	阿拉善盟
2008	57.5	100.0	51.5	2.4	0.0	10.2	35.8	11.3	46.6	30.6	58.1	78.0
2009	89.8	100.0	59.0	1.5	5.3	37.6	46.0	0.0	76.6	34.0	66.4	81.4
2010	82.5	100.0	73.4	0.7	0.0	37.9	51.2	0.5	61.8	36.2	55.7	72.7
2011	32.9	31.6	45.5	25.5	4.5	6.3	39.2	6.4	0.0	28.0	70.3	100.0

下面借助于柱形图、雷达图和资产负债表来描述各年度各区域基础设施竞争力的一般水平、相对水平以及区位优势和劣势,以便更深入、直观地对内蒙古自治区区域基础设施竞争力总水平的整体状况及其演变进行研究,见图 3-65 至图 3-72 及表 3-36。

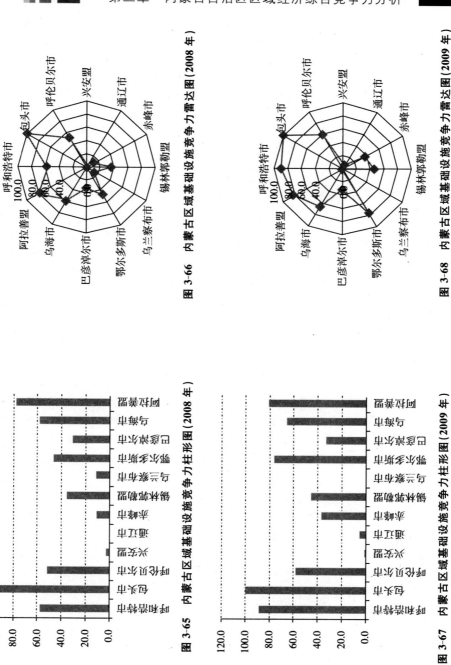

图 3-66 内蒙古区域基础设施竞争力雷达图（2008 年）

图 3-68 内蒙古区域基础设施竞争力雷达图（2009 年）

图 3-65 内蒙古区域基础设施竞争力柱形图（2008 年）

图 3-67 内蒙古区域基础设施竞争力柱形图（2009 年）

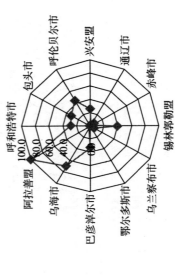

图 3-70 内蒙古区域基础设施竞争力雷达图（2010 年）

图 3-72 内蒙古区域基础设施竞争力雷达图（2011 年）

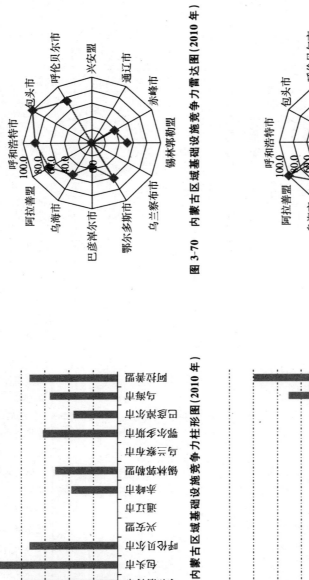

图 3-69 内蒙古区域基础设施竞争力柱形图（2010 年）

图 3-71 内蒙古区域基础设施竞争力柱形图（2011 年）

表 3-36　内蒙古自治区区域基础设施竞争力资产负债表(2008～2011 年)

年份	资产		负债	
	排名	盟市名称	盟市名称	排名
2008	1	包头市	乌兰察布市	9
	2	阿拉善盟	赤峰市	10
	3	乌海市	兴安盟	11
	4	呼和浩特市	通辽市	12
2009	1	包头市	兴安盟	9
	2	呼和浩特市	赤峰市	10
	3	阿拉善盟	乌兰察布市	11
	4	鄂尔多斯市	通辽市	12
2010	1	包头市	巴彦淖尔市	9
	2	呼和浩特市	兴安盟	10
	3	呼伦贝尔市	乌兰察布市	11
	4	阿拉善盟	通辽市	12
2011	1	阿拉善盟	乌兰察布市	9
	2	乌海市	赤峰市	10
	3	呼伦贝尔	通辽市	11
	4	锡林郭勒盟	鄂尔多斯市	12

(一)内蒙古自治区区域基础设施竞争力排序分析

根据前面的分析可以看出,2008 年内蒙古自治区区域基础设施竞争力处于上游区位的依次是包头市、阿拉善盟、乌海市和呼和浩特市;排名处于中游区位的依次是呼伦贝尔市、鄂尔多斯市、锡林郭勒盟和巴彦淖尔市;排名处于下游区位的依次是乌兰察布市、赤峰市、兴安盟和通辽市。

2011 年内蒙古自治区区域基础设施竞争力的排名情况是:排名处于上游区位的依次是阿拉善盟、乌海市、呼伦贝尔市和锡林郭勒盟;处于中游区位的依次是呼和浩特市、包头市、巴彦淖尔市和兴安盟;排名处于下游区位的依次是乌兰察布市、赤峰市、通辽市和鄂尔多斯市。

(二)内蒙古自治区区域基础设施竞争力排序变化比较

与 2008 年相比,2011 年内蒙古自治区区域基础设施竞争力排序上升的有 7 个,分别是兴安盟(上升 3 位)、锡林郭勒盟(上升 3 位)、呼伦贝尔市(上升 2 位)、通辽市(上升 1 位)、巴彦淖尔市(上升 1 位)、乌海市(上升 1 位)和阿拉善盟(上升 1 位)。排名没有变动的有 2 个,分别是赤峰市和乌兰察布市。排名下降的有 3 个,依次是鄂尔多斯市(下降 6 位)、包头市(下降 5 位)和呼和浩特市(下降 1 位)。

(三)内蒙古自治区区域基础设施竞争力资产负债表变化分析

在评价期内,一些地区的可持续发展竞争力排序出现了跨区段的变化。在 2011 年资产负债表上,呼伦贝尔市和锡林郭勒盟上升进入资产项,包头市和呼和浩特市滑入中游区位,兴安盟上升进入中游区位,鄂尔多斯市掉入负债项。

而从 2008～2011 年这四年的排序来看,分别有呼和浩特市、包头市、呼伦贝尔市、锡林郭勒盟、鄂尔多斯市、乌海市和阿拉善盟 7 个盟市进入过资产项;分别有兴安盟、通辽市、赤峰市、乌兰察布市、鄂尔多斯市和巴彦淖尔市 6 个盟市进入过负债项。其中一直处于资产项的是阿拉善盟,一直处于负债项的是乌兰察布市和通辽市。

(四)内蒙古自治区区域基础设施竞争力动因分析

表 3-36 同时给出了三个三级指标的变化情况。从表中可以看出,在健康卫生竞争力方面,2008 年排在 4 位的盟市依次是阿拉善盟、乌海市、包头市和呼伦贝尔市;2011 年排在前 4 位的盟市依次是:阿拉善盟、通辽市、锡林郭勒盟和呼伦贝尔市。在交通设施竞争力方面,2008 年排在前 4 位的盟市依次是:包头市、鄂尔多斯市、锡林郭勒盟和呼和浩特市;2011 年排在前 4 位的盟市变化为:鄂尔多斯市、呼和浩特市、赤峰市和包头市。在现代通信竞争力方面,2008 年排在前 4 位的盟市依次是:乌海市、阿拉善盟、呼和浩特市和包头市;2011 年排在前 4 位的盟市变化为:阿拉善盟、乌海市、呼和浩特市和锡林郭勒盟。

从资产负债表中基础设施竞争力排序发生升降的盟市来看,锡林郭勒盟的排名上升 3 位,进入资产项,是由健康卫生竞争力排名上升了 4 位和现代通信竞争力排名上升了 2 位推动的。呼伦贝尔市的交通设施竞争力和现代通信竞争力排名分别下降了 1 位,但是综合排名最终上升了 2 位,进入资产项。呼和浩特市的健康卫生竞争力下滑 4 位,导致综合排名最终下降了 1 位,从资产项滑入中游区位。包头市的健康卫生竞争力排名下降了3位,交通设施竞争力排名下降了3位,现代通信竞争力排名下降了1位,导致综合排名最终下降了5位,从资产项滑入中游区位。兴安盟排名上升3位,是由健康卫生竞争力排名上升2位和现代通信竞争力排名上升1位推动的。鄂尔多斯市在交通设施竞争力和现代通信竞争力方面排名分别上升了1位,但是在健康卫生竞争力方面排名下降4位,导致综合排名最终下降了6位,进入负债项。

第十节
内蒙古自治区区域发展水平竞争力分析评价

在市场经济条件下,任何一个地区经济的发展水平通常通过工业化水平、城市化水平、市场化水平体现出来,这三个方面的竞争力也构成了区域发展水平竞争力的主体,因此,本书选取工业化竞争力、城市化竞争力和市场化竞争力作为评价发展水平竞争力的3个指标。

一、内蒙古自治区区域发展水平竞争力评价指标体系

工业化是经济现代化发展水平的基础性标志,没有工业化就无法实现现代化。一个地区的工业化程度通常以第二产业的发展程度、轻重工业比例来体现。有鉴于此,本书选取6项四级指标构成工业化竞争力指标体系,分别是第二产业增加值占GDP比重、第二产业增加值增长率、第二产业从业人员占总就业人员比重、第二产业从业人员增长率和霍夫曼系数。这里霍夫曼系数体现的是轻重工业比例。

城市化是现代化建设和发展的重要内容,也是衡量区域经济的发展水平的重要标志。城市是区域经济的中心,是第二、三产业发展的平台,又是农村人口的转移地,一个经济区域的城市化程度越高,资源配置效率就越高,对资源的吸引力也就越大。因此,要分析研究经济发展水平的竞争力,须对城市化竞争力进行深入比较。本书选择城镇人口比和城镇人口人均居住面积来评价衡量一个地区的城市化水平。

市场化主要涉及市场经济发育状况。市场化程度高的地区,市场配置资源的效率就越高,经济的自主运行能力越强,在竞争中就越有优势。本书从产值构成、

就业构成和工农产品商品化率三个方面选定 3 个市场化竞争力四级指标,分别是全社会消费品零售总额占 GDP 比重、非国有单位从业人员占城镇从业人员比重和全社会消费品零售总额占工农产值比重。

综合以上分析,本书构建的内蒙古自治区区域发展水平竞争力评价指标体系如表 3-37 所示。

表 3-37　内蒙古自治区区域发展水平竞争力评价指标体系

要素名称	要素支撑点名称	指标名称	计量单位
发展水平竞争力	工业化	工业生产总值占 GDP 比重	%
		工业生产总值增长率	%
		工业资产总额	亿元
		工业资产总额增长率	%
		工业资产总额贡献率	%
		霍夫曼系数	%
	城市化	城镇人口比重	%
		城镇人口人均居住面积	平方米/人
	市场化	非国有单位从业人员占城镇从业人员比重	%
		全社会消费品零售总额占 GDP 的比重	%
		全社会消费品零售总额占工农产值比重	%

本节将对内蒙古自治区区域发展水平竞争力进行分析评价,具体内容包括发展水平竞争力指数及排名、2008～2011 年各年度区域发展水平竞争力基本状态和趋势以及各盟市的区域发展水平竞争力资产负债分析,最后对各盟市区域发展水平竞争力排名出现区段变化的原因做简单分析。

二、内蒙古自治区区域发展水平竞争力分析

根据已经选定的指标体系,对 2008～2011 年内蒙古自治区十二个盟市的相关数据资料进行了整理和分析,得出 4 年中内蒙古自治区十二个盟市发展水平竞争力及其下属 3 个指标的评价结果。

表 3-38　内蒙古自治区区域发展水平竞争力评价

年份 盟市 要素	2008				2011				综合排名升降
	工业化	城市化	市场化	综合排名	工业化	城市化	市场化	综合排名	
呼和浩特市	11	7	1	11	12	5	1	6	5
包头市	4	4	3	4	6	3	2	3	1
呼伦贝尔市	10	6	6	9	9	7	5	7	2
兴安盟	12	10	2	12	11	9	3	12	0
通辽市	3	11	12	8	3	10	12	11	-3
赤峰市	6	9	5	7	2	11	4	9	-2
锡林郭勒盟	5	5	8	5	10	6	7	4	1
乌兰察布市	9	12	7	10	7	12	6	10	0
鄂尔多斯市	1	3	9	2	5	1	10	1	1
巴彦淖尔市	7	8	10	6	8	8	8	8	-2
乌海市	8	2	4	3	4	4	9	5	-2
阿拉善盟	2	1	11	1	1	2	11	2	-1

表 3-39　内蒙古自治区区域发展水平竞争力分值(2008～2011 年)

年份	呼和浩特市	包头市	呼伦贝尔市	兴安盟	通辽市	赤峰市	锡林郭勒盟	乌兰察布市	鄂尔多斯市	巴彦淖尔市	乌海市	阿拉善盟
2008	17.3	74.7	38.8	0.0	43.5	44.4	66.8	38.3	86.9	50.7	80.0	100.0
2009	16.7	67.4	35.3	0.0	38.3	43.0	48.4	32.2	100.0	30.7	73.5	94.0
2010	34.9	62.8	34.8	0.0	33.5	33.6	51.3	16.3	100.0	28.9	70.7	65.9
2011	37.8	85.6	33.3	3.1	18.5	74.1	11.3	100.0	27.3	73.9	92.4	

下面借助于柱形图、雷达图和资产负债表来描述各年度各区域发展水平竞争力的一般水平、相对水平以及区位优势和劣势,以便更深入、直观地对内蒙古自治区区域发展水平竞争力总水平的整体状况及其演变进行研究,见图 3-73 至图 3-80 及表 3-40。

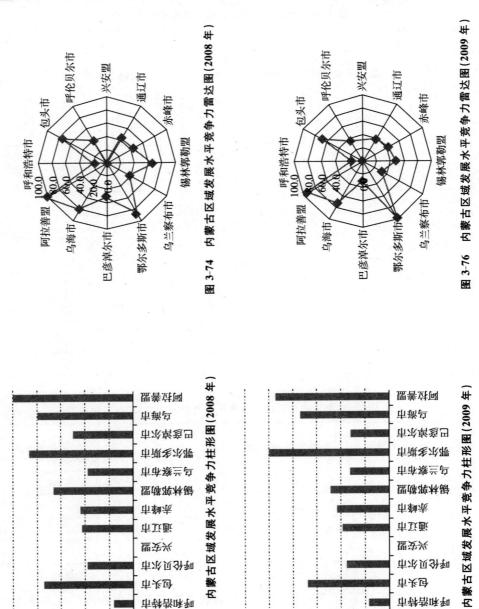

图 3-74 内蒙古区域发展水平竞争力雷达图(2008 年)

图 3-76 内蒙古区域发展水平竞争力雷达图(2009 年)

图 3-73 内蒙古区域发展水平竞争力柱形图(2008 年)

图 3-75 内蒙古区域发展水平竞争力柱形图(2009 年)

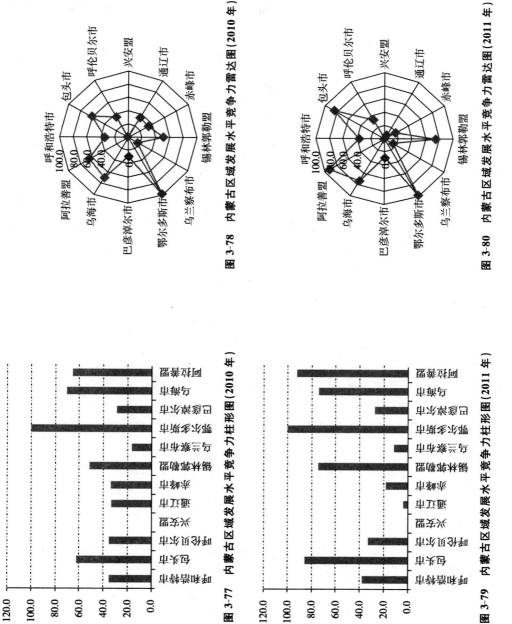

图 3-77 内蒙古区域发展水平竞争力柱形图 (2010 年)

图 3-78 内蒙古区域发展水平竞争力雷达图 (2010 年)

图 3-79 内蒙古区域发展水平竞争力柱形图 (2011 年)

图 3-80 内蒙古区域发展水平竞争力雷达图 (2011 年)

表 3-40　内蒙古自治区区域发展水平竞争力资产负债表(2008~2011 年)

年份	资产		负债	
	排名	盟市名称	盟市名称	排名
2008	1	阿拉善盟	呼伦贝尔市	9
	2	鄂尔多斯市	乌兰察布市	10
	3	乌海市	呼和浩特市	11
	4	包头市	兴安盟	12
2009	1	鄂尔多斯市	乌兰察布市	9
	2	阿拉善盟	巴彦淖尔市	10
	3	乌海市	呼和浩特市	11
	4	包头市	兴安盟	12
2010	1	鄂尔多斯市	通辽市	9
	2	乌海市	巴彦淖尔市	10
	3	阿拉善盟	乌兰察布市	11
	4	包头市	兴安盟	12
2011	1	鄂尔多斯市	赤峰市	9
	2	阿拉善盟	乌兰察布市	10
	3	包头市	通辽市	11
	4	锡林郭勒盟	兴安盟	12

(一)内蒙古自治区区域发展水平竞争力排序分析

根据前面的分析可以看出,2008 年内蒙古自治区区域发展水平竞争力处于上游区位的依次是阿拉善盟、鄂尔多斯市、乌海市和包头市;排名处于中游区位的依次是锡林郭勒盟、巴彦淖尔市、赤峰市和通辽市;排名处于下游区位的依次是呼伦贝尔市、乌兰察布市、呼和浩特市和兴安盟。

2011 年内蒙古自治区区域发展水平竞争力的排名情况是:处于上游区位的依次是鄂尔多斯市、阿拉善盟、包头市和锡林郭勒盟;排名处于中游区位的依次是乌海市、呼和浩特市、呼伦贝尔市和巴彦淖尔市;排名处于下游区位的依次是赤峰市、乌兰察布市、通辽市和兴安盟。

（二）内蒙古自治区区域发展水平竞争力排序变化比较

与 2008 年相比，2011 年内蒙古自治区区域发展水平竞争力排序上升的有 5 个，分别是呼和浩特市（上升 5 位）、呼伦贝尔市（上升 2 位）、包头市（上升 1 位）、锡林郭勒盟（上升 1 位）和鄂尔多斯市（上升 1 位）。排名没有变动的有 2 个，分别是兴安盟和乌兰察布市。排名下降的有 5 个，分别是通辽市（下降 3 位）、赤峰市（下降 2 位）、巴彦淖尔市（下降 2 位）、乌海市（下降 2 位）以及阿拉善盟（下降 1 位）。

（三）内蒙古自治区区域发展水平竞争力资产负债表变化分析

在评价期内，一些地区的区域发展水平竞争力排序出现了跨区段的变化。在 2011 年资产负债表上，锡林郭勒盟进入资产项，乌海市滑入中游区位，赤峰市和通辽市降至负债项，呼和浩特市和呼伦贝尔市则离开负债项。而从 2008～2011 这四年的排序来看，分别有鄂尔多斯市、包头市、乌海市、阿拉善盟和锡林郭勒盟 5 个盟市进入过资产项；分别有呼和浩特市、呼伦贝尔市、通辽市、赤峰市、乌兰察布市、巴彦淖尔市和兴安盟 7 个盟市进入过负债项。其中始终位于资产项的是包头市、鄂尔多斯市和阿拉善盟，始终位于负债项的是乌兰察布市和兴安盟。

（四）内蒙古自治区区域发展水平竞争力动图分析

表 3-38 同时给出了三个三级指标的变化情况。从表中可以看出，在工业化竞争力方面，2008 年排在前 4 位的依次是鄂尔多斯市、阿拉善盟、通辽市和包头市；2011 年排在前 4 位的盟市依次是：阿拉善盟、赤峰市、通辽市和乌海市。在城市化竞争力方面，2008 年排在前 4 位的盟市依次是：阿拉善盟、乌海市、鄂尔多斯市和包头市；2011 年排在前 4 位的盟市变化为：鄂尔多斯市、阿拉善盟、包头市和乌海市。在市场化竞争力方面，2008 年排在前 4 位的盟市依次是：呼和浩特市、兴安盟、包头市和乌海市；2011 年排在前 4 位的盟市变化为：呼和浩特市、包头市、兴安盟和赤峰市。

从资产负债表中发展水平竞争力排序发生升降的情况来看，锡林郭勒盟的排名上升 1 位，主要是由市场化竞争力排名上升 1 位推动的；呼和浩特市排名上升幅度最大，是由在城市化竞争力排名上升 2 位推动的；呼伦贝尔市工业化竞争力排名上升 1 位，市场化竞争力排名上升 1 位，推动综合排名上升了 2 位；乌海市虽然工业化竞争力排名上升了 4 位，但是城市化竞争力和市场化竞争力排名分别下降了 2 位和 5 位，导致乌海市发展水平竞争力综合排名下降了 2 位，离开了资产项。通辽市的城市化竞争力虽然上升 1 位,但最终发展水平竞争力综合排名下降 3 位,滑入负债项。赤峰市虽然工业化竞争力和市场化竞争力排名分别上升 4 位和 1 位,但城市化竞争力排名下降 2 位,导致最终发展水平竞争力综合排名下降 2 位,进入负债项。

第四章

内蒙古自治区各盟市经济综合竞争力发展分析

　　上一章对内蒙古自治区区域经济综合竞争力以及各要素竞争力在内蒙古自治区十二个盟市间的排名情况进行了比较分析,本章则以各盟市为分析单位,重点对每个盟市在各要素竞争力进行比较。本章共分十二节,分别就内蒙古自治区所辖十二个盟市历年的要素竞争力予以分析。每一节主要包括盟市概况、经济综合竞争力发展水平、各要素竞争力发展水平、经济综合竞争力特点以及提升各盟市竞争力的具体政策、建议等内容。

第一节
呼和浩特市经济综合竞争力分析

呼和浩特,蒙古语意为"青色的城",也称"青城"。呼和浩特市是内蒙古自治区的首府,是全区政治、经济和文化中心,位于内蒙古自治区中南部的土默特平原上,南临黄河、北靠阴山。呼和浩特市共辖玉泉区、新城区、回民区、赛罕区4个区和土默特左旗、托克托县、清水河县、和林格尔县和武川县5个旗县。全市总面积17146平方公里,城市面积265.05平方公里。2011年末总人口为291.39万人,其中市区人口为130多万人,居住着蒙古族、汉族、回族、满族、达斡尔族、朝鲜族等37个民族。呼和浩特市是内蒙古自治区重要的工业城市,也是我国重要的毛纺织工业中心之一,现已成为一个门类比较齐全的综合性工业城市。除传统的民族用品工业、轻纺工业外,制糖、卷烟、乳品、医药、化工、冶金、电力、建筑材料等工业都已形成较大规模。涌现出了仕奇集团、伊利乳业、蒙牛乳业、呼和浩特市卷烟厂等大型企业。近年来,呼和浩特借助得天独厚的自然条件,乳业发展迅速,现已被中国乳制品工业协会正式命名为"中国乳都"。

2011年,全市完成地区生产总值2177.27亿元,完成固定资产投资1031.97亿元,全社会商品零售总额891.10亿元,城镇居民人均可支配收入28877元,农牧民人均纯收入10038元。

本节将对呼和浩特市的综合竞争力及各要素竞争力在各年度的基本状态及变化趋势进行详细分析,最后提出提升呼和浩特市经济综合竞争力的对策建议。

一、呼和浩特市经济综合竞争力发展分析

2008～2011年,呼和浩特市的经济综合竞争力总指数及各要素竞争力在全区的排名变化如表4-1及图4-1至图4-4所示。从中可以看出,四年中,呼和浩特市经济综合竞争力总指数在全区的排名中分别位列第1位、第3位、第3位和第2位,表明呼和浩特市经济综合竞争力在全区具有比较明显的优势。与2008年相比,2011年9个二级指标中,排位上升的有3个。其中,企业竞争力和发展水平竞争力上升幅度最大,分别由2008年的第9位和第11为上升为2011年的第5位和

第 6 位。没有变化的有 4 个,排名下降的有 2 个,分别是基础设施和金融活动竞争力。从二级指标所处的区位来看,在 2011 年处于优势区位的指标有 5 个,分别是宏观经济竞争力、可持续发展竞争力、金融活动竞争力、科技与文化竞争力和政府管理竞争力;处于中势区位的二级指标有 4 个,分别是产业竞争力、企业竞争力、基础设施竞争力和发展水平竞争力;2011 年呼和浩特市没有处于弱势的指标。这表明呼和浩特市的二级指标绝大多数在全区具有竞争优势,受这些指标波动变化的影响,呼和浩特市经济综合竞争力在四年中总体上略微下滑,综合排名由 2008 年的全区第 1 名降至 2011 年的第 2 名。

从各年度具有竞争力优势的要素来看,可持续发展、金融活动以及科技与文化竞争力的绝对优势体现了呼和浩特市作为内蒙古经济、金融和科技文化中心的重要战略地位。

表 4-1　呼和浩特市经济综合竞争力总指数及 9 要素竞争力排名(2008~2011 年)

要素\年份	综合经济竞争力总指数	宏观经济竞争力	产业竞争力	企业竞争力	可持续发展竞争力	金融活动竞争力	科技与文化竞争力	政府管理竞争力	基础设施竞争力	发展水平竞争力
2008	1	3	5	9	1	1	1	2	4	11
2009	3	3	2	4	1	1	3	9	2	11
2010	3	2	3	4	1	2	1	3	2	6
2011	2	2	5	5	1	2	1	2	5	6
趋势	下降	上升	升降	升降	平稳	下降	降升	降升	升降	上升
优势度	优势	优势	中势	中势	优势	优势	优势	优势	中势	中势

表 4-2　呼和浩特市经济综合竞争力总指数及 9 要素竞争力分值(2008~2011 年)

要素\年份	综合经济竞争力总指数	宏观经济竞争力	产业竞争力	企业竞争力	可持续发展竞争力	金融活动竞争力	科技与文化竞争力	政府管理竞争力	基础设施竞争力	发展水平竞争力
2008	100.0	72.8	54.8	20.4	100.0	100.0	100.0	71.0	57.5	17.3
2009	85.8	75.3	74.5	37.0	100.0	100.0	54.9	29.9	89.8	16.7
2010	70.0	83.3	74.9	34.5	100.0	90.4	100.0	37.8	82.5	34.9
2011	70.4	83.3	45.3	32.9	100.0	95.7	100.0	44.7	32.9	37.8

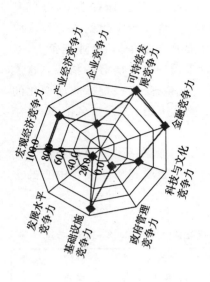

图 4-2　呼和浩特市经济综合竞争力 9 要素雷达图(2009 年)

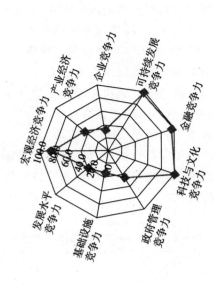

图 4-4　呼和浩特市经济综合竞争力 9 要素雷达图(2011 年)

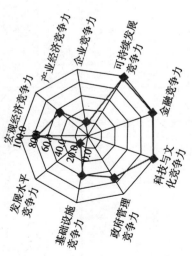

图 4-1　呼和浩特市经济综合竞争力 9 要素雷达图(2008 年)

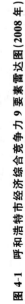

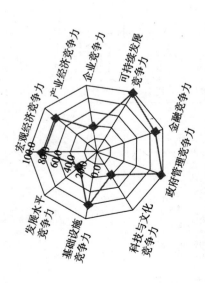

图 4-3　呼和浩特市经济综合竞争力 9 要素雷达图(2010 年)

二、各要素竞争力发展分析

呼和浩特市区域经济综合竞争力的领先优势来源于各要素竞争力的贡献,特别是可持续发展、金融活动以及科技与文化要素竞争力的强大支撑,发展水平竞争力较弱。以下详细分析呼和浩特市各要素四年中的竞争力发展情况。

(一)宏观经济竞争力发展分析

2008~2011年,呼和浩特市宏观经济竞争力在全区的排名中分别位列第3位、第3位、第2位、第2位,虽然呈微弱下降趋势,但在全区优势比较明显。呼和浩特市的宏观经济及各要素竞争力在全区的排名变化如表4-3所示。从中可以看出,2008~2011年,呼和浩特市的经济实力排名稳定,没有变化,处于全区的优势地位;经济结构排名略有下滑,但仍处于优势区位;经济外向度排名稳定,基本上处于全区中游水平,具有中等优势。

可见呼和浩特市宏观经济竞争力的主要优势是经济实力和经济结构两个要素支撑点,经济外向度竞争优势不太明显。前两者的竞争力强势地位需努力保持,经济外向度与所处的地理位置有很大的关系,呼和浩特市位于内陆地区,外贸业不会是主要支柱产业。经济外向度竞争力的中势水平基本正常。

表4-3　呼和浩特市宏观经济及各要素竞争力历年排名

年份 ＼ 要素	宏观经济竞争力	经济实力	经济结构	经济外向度
2008	3	3	2	6
2009	3	3	3	6
2010	2	3	3	4
2011	2	3	3	6
趋势	上升	平稳	下降	升降
优势度	优势	优势	优势	中势

(二)产业竞争力发展分析

2008～2011 年,呼和浩特市产业竞争力在全区的排名中分别位列第 5 位、第 2 位、第 3 位和第 5 位,排名虽有波动,但趋势总体稳定,仍然处于全区优中势区位。呼和浩特市的产业及各要素竞争力在全区的排名变化如表 4-4 所示。从中可以看出,2011 年与 2008 年相比,呼和浩特市的第一产业竞争力排名下降 1 位,居全区第 7 位的中势区位;第二产业排名下滑幅度较大,2011 年位居全区第 8 位的中势地位;第三产业排名上升 1 位,2011 年位居至全区榜首,处于全区优势区位,竞争优势明显。

表 4-4 呼和浩特市产业及各要素竞争力历年排名

年份 \ 要素	产业竞争力	第一产业	第二产业	第三产业
2008	5	6	5	2
2009	2	9	3	1
2010	3	8	4	2
2011	5	7	8	1
趋势	升降	降升	升降	上升
优势度	中势	中势	中势	优势

可见呼和浩特市作为自治区首府,在产业结构格局方面比较合理,第三产业在全区比较活跃,第一、第二产业竞争优势一般。2011 年,呼和浩特市第一、二、三产业增加值分别是 109.44 亿元、789.99 亿元和 1277.84 亿元,三大产业构成为 5.89%、26.28% 和 58.69%;三大产业年末从业人数分别为 40.2 万人、52.40 万人和 75.70 万人,从业人员构成比例为 23.9%、31.1% 和 45.0%。从产值和从业人员的数据对比,可知呼和浩特市第一产业存在较多的剩余劳动力,生产效率相对低下,农村剩余劳动力的转移空间巨大。

(三)企业竞争力发展分析

2008～2011 年,呼和浩特市企业竞争力在全区的排名中分别位列第 9 位、第 4 位、第 4 位和第 5 位,排名上升幅度较大,但仍处于全区中游区位,竞争优势不太明显。呼和浩特市的企业及各要素竞争力在全区的排名变化如表 4-5 所示。从中可以看出,2011 年与 2008 年相比,呼和浩特市的企业规模排名下滑 2 位,位居全区第 6 位,从全区的优势区位进入下中势区位;企业效益排名大幅上升 5 位,2011 年居全区第 4 位,从中势区位进入优势区位。

表 4-5　呼和浩特市企业及各要素竞争力历年排名

年份 ＼ 要素	企业竞争力	企业规模	企业效益
2008	9	4	9
2009	4	4	5
2010	4	5	11
2011	5	6	4
趋势	升降	下降	升降升
优势度	中势	中势	优势

由以上分析可知,呼和浩特市企业规模竞争力虽然略有下降,但企业效益竞争力显著提升。《2012 年内蒙古统计年鉴》也显示,2011 年,呼和浩特市规模以上工业企业数量为 267 个,在全区排名仅为第 9 位,但实现利税总额达 298.56 亿元,位于鄂尔多斯市和包头市之后。限额以上批发零售贸易、住宿餐饮业法人企业数 542 个,位居全区首位,限额以上批发零售贸易业企业及个体户商品销售总额 949.24 亿元,位于包头市之后,排名第二;限额以上批发零售贸易企业营业利润 59.53 亿元,限额以上住宿和餐饮企业营业利润 3.66 亿元,以上两指标均遥遥领先于其他盟市。企业和城市在吸纳农村剩余劳动力方面起着非常重要的作用。我国目前进入城镇化快速发展的阶段,城镇化不是简单的农村居民进城居住,在城市的生活来源首先要得到保证。各种类型和规模的企业是解决进城务工农民生活来源的重要途径。呼和浩特市作为自治区的首府,在城镇化进程中应该也必须扮演非常重要的角色,这对于内蒙古自治区整体社会经济的发展具有重要的带动作用。

(四)可持续发展竞争力发展分析

2008～2011 年,呼和浩特市可持续发展竞争力在全区的排名中一直位列 1 位,竞争优势非常突出。呼和浩特市的可持续发展及各要素竞争力在全区的排名变化如表 4-6 所示。从中可以看出,2011 年与 2008 年相比,呼和浩特市的能源消耗排名下滑2位,位列全区第3位,但仍处于全区的优势区位;资源利用排名继续位列全区第1位,趋势平稳,具有很强竞争优势;环境保护排名上升3位,脱离劣势区位,进入中势区位;人民生活排名保持平稳,继续居于全区第2位,具有明显竞争优势;人力资源排名同样稳定,持续位居全区首位,竞争优势明显。

表4-6　呼和浩特市可持续发展及各要素竞争力历年排名

要素 年份	可持续发展竞争力	能源消耗	资源利用	环境保护	人民生活	人力资源
2008	1	1	1	10	2	1
2009	1	3	1	10	2	1
2010	1	3	1	10	2	1
2011	1	3	1	7	2	1
趋势	平稳	下降	平稳	上升	平稳	平稳
优势度	优势	优势	优势	中势	优势	优势

可见呼和浩特市可持续发展竞争力的主要优势是人力资源、资源利用、人民生活以及能源消耗四个方面,特别是前三者,历年竞争力均具有绝对的优势。能源消耗要素竞争力下降的势头必须予以重视,政府要在源头上鼓励节能产品和材料的研制和开发,杜绝并惩罚企业在生产过程中的大能耗现象。环境保护竞争排名比较靠后,2011年虽然有所上升,但仍处于全区中下游水平,这是亟待内蒙古自治区相关部门予以重点关注的领域。

(五)金融活动竞争力发展分析

2008～2011年,呼和浩特市金融活动竞争力在全区的排名中分别位列第1位、第1位、第2位和第2位,虽然呈略有下降趋势,但在全区优势明显。

可见,呼和浩特市作为内蒙古自治区的金融中心,其竞争优势明显。在市场经济条件下,金融业的发达在某种程度上说是人民生活水平提高和社会进步的表现。2011年底,呼和浩特市金融机构存贷款余额为5159.68亿元,全年中资保险公司保险金额达10106.10亿元,均遥遥领先于其他盟市,在全区的份额分别为25.09%和26.68%。金融活动也较为活跃,银行卡跨行清算笔数和金额分别是2230.98万笔和807.29亿元,在全区的份额分别为36.20%和39.32%。

表 4-7　呼和浩特市金融活动及各要素竞争力历年排名

年份＼要素	金融活动竞争力	金融发展
2008	1	1
2009	1	1
2010	2	2
2011	2	2
趋势	下降	下降
优势度	优势	优势

（六）科技与文化竞争力发展分析

2008～2011年,呼和浩特市科技与文化竞争力在全区的排名一直位于第1位,优势非常突出。呼和浩特市的科技与文化及各要素竞争力在全区的排名变化如表4-8所示。从中可以看出,2011年与2008年相比,呼和浩特市的科技实力排名一直处于全区第1位,趋势稳定,优势明显;文化要素排名上升3位,位列全区第2位,从中势区位进入优势区位。

表 4-8　呼和浩特市科技与文化及各要素竞争力历年排名

年份＼要素	科技与文化竞争力	科技	文化
2008	1	1	5
2009	1	1	5
2010	1	1	9
2011	1	1	2
趋势	平稳	平稳	降升
优势度	优势	优势	优势

可见呼和浩特市科技与文化竞争力的优势地位主要来源于科技方面,文化竞争力近年来波动比较大,先是下降4位,后又大幅上升7位。2011年,呼和浩特市旗县以上政府所属研究机构及科技信息与文献机构科技活动收入和科技经费支出

总额分别为 6.42 亿元和 5.29 亿元,分别占全区相应指标的 70.66％和 64.83％。科技活动收入和经费支出数额的多少体现了科技活动的活跃程度,呼和浩特市两项指标占到全区的 2/3,由此也造就了其竞争力的绝对优势地位。

(七)政府管理竞争力发展分析

2008～2011 年,呼和浩特市政府管理竞争力在全区的排名中分别位列第 2 位、第 9 位、第 3 位和第 2 位,趋势波动较大,但后两年来排名比较稳定,且在位于全区优势区位。呼和浩特市的政府管理及各要素竞争力在全区的排名变化如表 4-9 所示。从中可以看出,2011 年与 2008 年相比,呼和浩特市的政府财政排名上升 1 位,位列全区 2 位,处于全区的优势区位;政府调控排名大幅下降 5 位,位列全区第 8 位,退出优势区位,进入中势区位。呼和浩特市政府管理竞争力的主要优势是政府财政这一要素支撑点,政府调控竞争力一般。

表 4-9　呼和浩特市政府管理及各要素竞争力历年排名

要素 年份	政府管理竞争力	政府财政	政府调控
2008	2	3	3
2009	9	3	8
2010	3	3	7
2011	2	2	8
趋势	降升	上升	下降
优势度	优势	优势	中势

财政方面,2011 年,呼和浩特市地方一般预算收入和支出分别为 151.43 亿元和 256.67 亿元,分别占全区财政收入和支出的 14.34％和 10.48％,占本地区 GDP 的 6.95％和 11.74％。

(八)基础设施竞争力发展分析

2008～2011 年,呼和浩特市基础设施竞争力在全区的排名中分别位列第 4 位、第 2 位、第 2 位和第 5 位,排名先升后降,2011 年处于全区中势区位。呼和浩特市的基础设施及各要素竞争力在全区的排名变化如表 4-10 所示。从中可以看出，2011 年与 2008 年相比，呼和浩特市的健康卫生排名下降 4 位，位于全区第 9 位，处于劣势区位；交通设施排名上升 2 位，位列全区第 2 位的优势区位；现代通信排名稳定，一直位列全区第 3 位，竞争优势明显。可见呼和浩特市基础设施竞争力的优势主要是交通设施和现代通信两个要素支撑点。医疗机构方面的软硬件力量还有待于加强。

表 4-10　呼和浩特市基础设施及各要素竞争力历年排名

年份＼要素	基础设施竞争力	健康卫生	交通设施	现代通信
2008	4	5	4	3
2009	2	5	2	3
2010	2	6	2	3
2011	5	9	2	3
趋势	升降	下降	上升	平稳
优势度	中势	劣势	优势	优势

(九)发展水平竞争力发展分析

2008～2011 年，呼和浩特市发展水平竞争力在全区的排名中分别位列第 11 位、第 11 位、第 6 位和第 6 位，2011 年与 2008 年相比排名大幅上升 5 位，从全区劣势区位进入中势区位。呼和浩特市的发展水平及各要素竞争力在全区的排名变化如表 4-11 所示。从中可以看出，2011 年与 2008 年相比，呼和浩特市的工业化水平排名下降 1 位，排名全区垫底，表现出明显的劣势；城市化水平排名略有上升，位于全区第 5 位，仍处于全区中势区位；市场化水平排名稳定，一直处于全区首位，优势突出。可见，呼和浩特市发展水平竞争力的主要优势是市场化。城市化竞争优势不明显，而工业化明显处于竞争劣势。"三化"发展不协调，是近年来呼和浩特市经济社会发展中值得关注的问题。

表 4-11　呼和浩特市发展水平及各要素竞争力历年排名

年份 ＼ 要素	发展水平竞争力	工业化	城市化	市场化
2008	11	11	7	1
2009	11	12	6	1
2010	6	11	6	1
2011	6	12	5	1
趋势	上升	下降	上升	平稳
优势度	中势	劣势	中势	优势

三、呼和浩特市经济综合竞争力典型特征分析

呼和浩特市作为内蒙古自治区的首府城市,在经济发展方面具有许多得天独厚的优越条件,通过对前述各项评价的分析和概括,可以看出呼和浩特市经济综合竞争力处于全区上游水平,经济发展总体水平较高,经济综合竞争力及各要素构成具有如下显著特点:

第一,财力、人力、智力支撑强劲。呼和浩特市作为全区的政治、经济和文化中心,金融机构齐聚此地,区内最高水平的科研机构和大专院校云集,高级经济人才荟萃,其所产生的经济效应和效益是其他盟市无可比拟的。这些因素为呼和浩特市科技与文化竞争力高居榜首,金融活动竞争力位于全区第 2 位奠定了坚实基础。而强大的金融活动竞争力和科技与文化竞争力,又是提升宏观经济竞争力的强力支撑,同时也为提升可持续发展竞争力和发展水平竞争力提供了有力支持。

第二,第二产业在产业竞争力中的主导作用弱化。就经济发展的一般规律而言,第二产业在现代化进程居于主导地位,第二产业竞争力的水平在一定程度上决定着整个产业竞争力的水平。在评价期内,呼和浩特市第二产业竞争力处于下降趋势,由 2008 年的全区第 5 位降至 2011 年的第 8 位,已处于中游区位的边缘;工业化竞争力也基本上一直处于全区后几位,处于弱势地位,但分析期内产业竞争力排名比较靠前,这主要来源于呼和浩特市第三产业竞争力的强大支撑。

第三,可持续发展优势非常突出。经济发展的可持续是当今社会发展的内涵要求,通过节能减排、重视环境保护、提高人民生活水平对呼和浩特市的经济可持续发展具有重要的推动作用。但是,推进节能减排、环境保护和提高人民生活水平需要坚实的经济基础,这也是一些经济欠发达地区可持续发展竞争力排名比较低的原因之一。呼和浩特市评价期内能源消耗、资源利用、人民生活和人力资源要素排名一直位于全区前3位,竞争优势明显。

第四,工业化、城市化和市场化发展不平衡,位差较大。作为经济现代化的重要标志,工业化、城市化和市场化的发展对经济综合竞争力的提升有着重要的推动作用,三者之间也需要协调发展。但是从评价期内呼和浩特市三者的排名来看,市场化处于优势区位,城市化处于中势区位,而工业化处于劣势区位。三者发展极不平衡,这种不平衡和不协调对呼和浩特市经济综合竞争力的提升产生了极为不利的影响,需要采取措施扭转这一局面。

四、提升呼和浩特市经济综合竞争力的政策建议

综上所述,呼和浩特市作为内蒙古自治区的首府城市,其经济、金融、科技和可持续等方面竞争力较强,但也有劣势要素,例如环境保护、企业效益、政府调控、工业化、医疗设施等方面,因此应继续保持优势方面,提升中势和劣势方面,具体政策建议如下:

第一,积极推进产业结构优化升级,打造现代产业体系。坚持先进制造业和现代服务业"双轮驱动",坚持增长与转型并重的工作方针,加快推进新型工业化和产业高端化,促进信息化和工业化融合。全力打造盛乐—如意南区、托电—清水河园区、金川—金山—裕隆园区、金桥工业园区四大工业集中区,推进工业项目集中摆放,实行统一规划、统一定位、资源整合、设施共享,形成规模效应。加快培育战略性新兴产业,全面提升建筑业发展水平,推动服务业大发展。

第二,以全面提高市民健康水平为中心,加快各级医疗、预防保健机构的基础设施建设,提高医疗技术水平和服务水平,优化医疗卫生资源配置,为市民提供公平、优质、便捷和负担合理的医疗卫生服务。

第三,政府及社会各界要千方百计增加就业,扩大社会保障就业面,努力缩小城乡收入及消费水平差距。

第四,厉行水资源节约,提高土地和能源利用率,注重生态环境的建设和保护,

积极探索大气、水、噪声以及固体污染防治技术,大力发展循环经济,继续增强呼和浩特市经济发展的可持续性。

第二节

包头市经济综合竞争力分析

包头市位于内蒙古自治区中部,是内蒙古自治区最大的工业城市,是我国著名的钢铁、机械工业基地和最大的稀土工业基地。包头是由蒙古语"包克图"的谐音转化而来的,原意是"有鹿的地方",因此包头市也称为"鹿城"。包头市地域辽阔,总面积为 27691 平方公里,其中地区面积为 146 平方公里,现辖昆都伦、青山、东河三个区,石拐、白云鄂博、九原三个矿区和土默特右旗、固阳县、达茂旗等共计 9 个旗、县、区,其中城市人口 160 多万人,是全国人口超百万人的大城市之一,居民以汉族和蒙古族为多,还有回、满、达斡尔、藏、壮、朝鲜族等少数民族。

2011 年底,全市常住人口 269.29 万人,全年完成地区生产总值 3005.40 亿元,完成固定资产投资 2160.60 亿元,全社会商品零售总额 857.60 亿元,城镇居民人均可支配收入 29628 元,农牧民人均纯收入 10058 元。

本节将对包头市的综合竞争力及各要素竞争力在各年度基本状态及变化趋势进行详细分析,最后提出提升包头市经济综合竞争力的对策建议。

一、包头市经济综合竞争力发展分析

2008～2011 年,包头市的经济综合竞争力总指数及各要素在全区的排名变化如表 4-12 及图 4-5 至图 4-8 所示。从中可以看出,四年中包头市经济综合竞争力总指数在全区的排名中分别位列第 2 位、第 2 位、第 2 位和第 3 位,表明包头市经济综合竞争力在全区处于比较明显的优势地位。与 2008 年相比,2011 年的 9 个二级指标中,排名上升的有 3 个,没有变化的有 4 个,排名下降的有 2 个。从二级指标所处的区位来看,2011 年处于优势区位的指标有 7 个,分别是宏观经济竞争力、产业竞争力、企业竞争力、可持续发展竞争力、金融活动竞争力、政府管理竞争力和发展水平竞争力;处于中势区位的二级指标有 2 个,分别是科技与文化竞争力和基础设施竞争力;没有处于弱势的指标。这表明包头市的绝大多数二级指标在全区具有明显竞争优势,受这些指标的波动变化影响,包头市经济综合竞争力在四年中趋于微弱下降趋势,综合排名由 2008 年的全区第 2 名降至 2011 年的第 3 名。

表 4-12　包头市经济综合竞争力总指数及 9 要素竞争力排名(2008～2011 年)

年份	综合经济竞争力总指数	宏观经济竞争力	产业竞争力	企业竞争力	可持续发展竞争力	金融活动竞争力	科技与文化竞争力	政府管理竞争力	基础设施竞争力	发展水平竞争力
2008	2	1	2	6	3	3	8	3	1	4
2009	2	1	1	2	2	3	6	8	1	4
2010	2	1	2	2	3	3	12	4	1	4
2011	3	1	3	4	3	3	7	3	6	3
趋势	下降	平稳	升降	升降	平稳	平稳	升降升	降升	下降	上升
优势度	优势	优势	优势	优势	优势	优势	中势	优势	中势	优势

表 4-13　包头市经济综合竞争力总指数及 9 要素竞争力分值(2008～2011 年)

年份	综合经济竞争力总指数	宏观经济竞争力	产业竞争力	企业竞争力	可持续发展竞争力	金融活动竞争力	科技与文化竞争力	政府管理竞争力	基础设施竞争力	发展水平竞争力
2008	86.1	100.0	74.7	43.1	58.4	82.1	9.2	69.9	100.0	74.7
2009	92.4	100.0	100.0	45.7	80.4	63.9	25.2	38.7	100.0	67.4
2010	71.9	100.0	86.8	41.2	60.9	71.3	0.0	33.1	100.0	62.8
2011	68.3	100.0	64.9	35.8	72.8	69.0	6.6	33.0	31.6	85.6

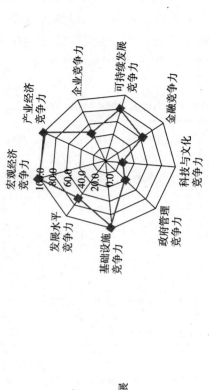

图 4-6　包头市经济综合竞争力 9 要素雷达图（2009 年）

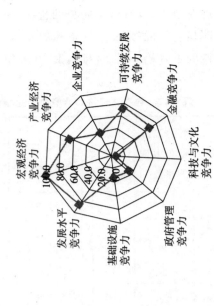

图 4-8　包头市经济综合竞争力 9 要素雷达图（2011 年）

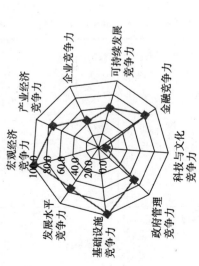

图 4-5　包头市经济综合竞争力 9 要素雷达图（2008 年）

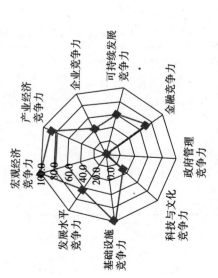

图 4-7　包头市经济综合竞争力 9 要素雷达图（2010 年）

二、各要素竞争力发展分析

包头市区域经济综合竞争力位于全区前三甲,其中宏观经济、产业以及基础设施等竞争力较强。以下详细分析包头市各要素在四年中的竞争力发展情况。

(一)宏观经济竞争力发展分析

2008～2011年,包头市宏观经济竞争力在全区的排名中一直居于榜首位置,竞争优势明显。包头市的宏观经济及各要素竞争力在全区的排名变化如表4-14所示。从中可以看出,2011年与2008年相比,包头市的经济实力排名上升1位,居全区榜首,优势地位明显;经济结构排名下滑1位,居全区第2位,但仍处于全区优势地位;经济外向度排名下滑2位,居全区第4位,也处于优势区位。可见经济实力、经济结构和经济外向度三个要素都是包头市宏观经济竞争力的优势要素支撑点,竞争优势明显。

表4-14　包头市宏观经济及各要素竞争力历年排名

年份 ＼ 要素	宏观经济竞争力	经济实力	经济结构	经济外向度
2001	1	2	1	2
2002	1	2	2	4
2003	1	2	2	3
2004	1	1	2	4
趋势	平稳	上升	下降	下降
优势度	优势	优势	优势	优势

(二)产业竞争力发展分析

2008～2011年,包头市产业竞争力在全区的排名中分别位列第2位、第1位、第2位和第3位,虽然略有下降,但仍处于全区优势区位。包头市的产业及各要素竞争力在全区的排名变化如表4-15所示。从中可以看出,2011年与2008年相比,包头市的第一产业排名下降 1 位,居全区第 9 位,处于全区劣势地位;第二产业排名经历了上升之后下滑 2 位,居全区第 4 位,但仍处于优势区位;第三产业排名逐年上升,2011 年居全区第 2 位,竞争优势明显。可见包头市产业竞争力的主要优势是第二产业和第三产业这两个要素支撑点,第一产业并不具有竞争优势。

2011 年,包头市实现工业增加值 1487.41 亿元,仅次于鄂尔多斯市,居全区第二,比排名第三的通辽市多 674.35 亿元,差额与呼和浩特市的工业增加值持平。可见,作为工业型城市的包头市在产值上颇具规模,具有包钢等国内大型工业企业,但是与前几年相比,名次下降幅度较大。第三产业增加值发展迅速,2011 年为 1260.05 亿元,居全区首位;第三产业从业人员达 83.32 万人,占全区第三产业从业人员的 17.21%,这一数据也远远高于其他盟市。因此,第二、三产业"并驾齐驱",已成为包头市经济结构的重要特征。

表 4-15   包头市产业及各要素竞争力历年排名

年份 \ 要素	产业竞争力	第一产业	第二产业	第三产业
2008	2	8	2	4
2009	1	8	1	3
2010	2	9	2	3
2011	3	9	4	2
趋势	升降	下降	升降	上升
优势度	优势	劣势	优势	优势

(三)企业竞争力发展分析

2008～2011 年,包头市企业竞争力在全区的排名中分别位列第 6 位、第 2 位、第 2 位和第 4 位,排名有较大幅度上升,由中势区位进入全区优势区位,具有明显竞争优势。包头市的企业及各要素竞争力在全区的排名变化如表 4-16 所示。从中可以看出,2008～2011 年,包头市的企业规模排名一直位于全区第 2 位,趋势保持稳定,处于竞争优势地位;企业效益排名经历了 2009 年的全区最低之后反弹,上升至第 9 位。可见包头市企业竞争力的主要优势是企业规模。2011 年,包头市规模以上工业企业数为 625 家,居全区首位,总产值为 2999.01 亿元;其中国有及国有控股企业 92 个,数量也远远高于其他盟市。但是企业效益竞争力处于劣势地位。因此,提高企业效益,特别是大中型国有企业的效益是提升包头市企业竞争力的根本。

表 4-16 包头市企业及各要素竞争力历年排名

年份 \ 要素	企业竞争力	企业规模	企业效益
2008	6	2	10
2009	2	2	12
2010	2	2	9
2011	4	2	9
趋势	升降	平稳	降升
优势度	优势	优势	劣势

(四)可持续发展竞争力发展分析

2008～2011 年,包头市可持续发展竞争力在全区的排名分别位列第 3 位、第 2 位、第 3 位和第 3 位,排名保持稳定,处于优势区位。包头市的可持续发展及各要素竞争力在全区的排名变化如表 4-17 所示。从中可以看出,2011 年相比 2008 年,包头市的能源消耗排名上升 1 位,居全区第 8 位,处于中势区位的上边缘;资源利用排名下滑 1 位,位于全区第 5 位,从优势区位滑入中势区位;环境保护排名不稳定,排名先降后升,至 2011 年全区垫底,处于完全竞争劣势地位。2008～2011 年,人民生活排名上升至第一位后有所下降,2011 年居全区第 3 位,进入优势区位;人力资源排名比较稳定,四年间由第 2 位降为第 3 位,但仍具有明显优势。可见包头市可持续发展竞争力的主要优势是人民生活和人力资源两个要素,资源利用竞争优势一般,而能源消耗和环境保护两要素在全区的竞争中表现出明显的劣势。

表 4-17　包头市可持续发展及各要素竞争力历年排名

要素 年份	可持续发展竞争力	能源消耗	资源利用	环境保护	人民生活	人力资源
2008	3	9	4	9	5	2
2009	2	8	2	11	1	2
2010	3	8	4	9	1	3
2011	3	8	5	12	3	3
趋势	平稳	上升	升降	下降	升降	下降
优势度	优势	中势	中势	劣势	优势	优势

(五)金融活动竞争力发展分析

表 4-18　包头市金融活动及各要素竞争力历年排名

要素 年份	金融活动竞争力	金融发展
2008	3	3
2009	3	3
2010	3	3
2011	3	3
趋势	平稳	平稳
优势度	优势	优势

　　2008～2011 年,包头市金融活动竞争力在全区的排名中一直位列第 3 位,趋势稳定,具有明显优势。2011 年包头市金融机构存贷款余额分别是 1992.97 亿元和 1279.62 亿元,保险金额为 4650.35 亿元,均位于呼和浩特市和鄂尔多斯市之后,居全区第三位,分别占全区总数的 16.61%、14.95% 和 12.27%。包头市金融活动相对比较活跃,2011 年银行卡跨行清算笔数和金额分别是 1036.08 万笔 394.05 亿元,在全区的份额分别是 16.81% 和 19.19%。

(六)科技与文化竞争力发展分析

2008~2011 年,包头市科技与文化竞争力在全区的排名中分别位于第 8 位、第 6 位、第 12 位和第 7 位,排名起伏较大,2011 年进入全区中势地位。包头市的科技与文化及各要素竞争力在全区的排名变化如表 4-19 所示。从中可以看出,2008~2011 年,包头市的科技实力排名由第 2 位大幅至全区最后一位,文化要素排名由全区竞争中势区位的第 8 位进入优势区位的第 3 位。可见文化要素支撑点是包头市科技与文化竞争力的主要优势,而科技要素竞争力很弱,且下滑明显,严重影响了包头市科技与文化竞争力的提升。

表 4-19　包头市科技与文化及各要素竞争力历年排名

年份 ＼ 要素	科技与文化竞争力	科技	文化
2008	8	2	8
2009	6	4	7
2010	12	12	7
2011	7	12	3
趋势	升降升	下降	上升
优势度	中势	劣势	优势

(七)政府管理竞争力发展分析

2008~2011 年,包头市政府管理竞争力在全区的排名中分别位列第 3 位、第 8 位、第 4 位和第 3 位,起伏波动较大,2011 年进入全区优势区位。包头市的政府管理及各要素竞争力在全区的排名变化如表 4-20 所示。从中可以看出,2011 年相比 2008 年,包头市的政府财政排名总体上升 1 位,处于全区优势区位的第 3 位;政府调控排名大幅下降,由优势区位的第 4 位降为劣势区位的第 10 位。可见包头市政府管理竞争力的优势主要是政府财政这一要素支撑点。2011 年一般预算收入 161.86 亿元,占全区总量的 15.33%,仅次于鄂尔多斯市,位居全区第 2 位。一般预算支出 255.67 亿元,占全区的 10.30%。

表4-20　包头市政府管理及各要素竞争力历年排名

年份 ＼ 要素	政府管理竞争力	政府财政	政府调控
2008	3	4	4
2009	8	2	9
2010	4	5	8
2011	3	3	10
趋势	降升	升降升	下降
优势度	优势	优势	劣势

(八)基础设施竞争力发展分析

2008～2011年,包头市基础设施竞争力在全区的排名中分别位列第1位、第1位、第1位和第6位,2011年落入全区竞争的中势区位。包头市的基础设施及各要素竞争力在全区的排名变化如表4-21所示。从中可以看出,2011年相比2008年,包头市的健康卫生排名下降3位,位于全区第6位,处于中势区位;交通设施排名下降3位,居全区第4位的优势地位;现代通信排名下降1位,居于全区第5位,离开优势区位,进入中势区位。可见包头市基础设施竞争力的主要优势是交通设施这一要素支撑点,健康卫生和现代通信的竞争优势不明显。需要注意的是,2011年包头市基础设施竞争力较往年有较大的下降幅度,其原因来源于健康卫生和交通设施两个方面竞争力的较大幅度下降,这是包头市相关部门需要注意的现实问题。

表4-21　包头市基础设施及各要素竞争力历年排名

年份 ＼ 要素	基础设施竞争力	健康卫生	交通设施	现代通信
2008	1	3	1	4
2009	1	3	3	5
2010	1	4	3	4
2011	6	6	4	5
趋势	下降	下降	下降	下降
优势度	中势	中势	优势	中势

(九)发展水平竞争力发展分析

2008～2011年,包头市发展水平竞争力在全区的排名中分别位列第4位、第4位、第4位和第3位,排名小幅上升,处于全区优势区位。包头市的发展水平及各要素竞争力在全区的排名变化如表4-22所示。从中可以看出,2011年与2008年相比,包头市的工业化水平排名下降2位,居于全区第6位的中势位置;城市化水平排名上升1位,居全区第三位的优势地位;市场化水平排名上升1位,位居全区第2位,优势地位明显。可见包头市发展水平竞争力的优势主要是城市化和市场化这两个要素支撑点。

表4-22 包头市发展水平及各要素竞争力历年排名

年份 \ 要素	发展水平竞争力	工业化	城市化	市场化
2008	4	4	4	3
2009	4	5	4	2
2010	4	4	4	2
2011	3	6	3	2
趋势	上升	下降	上升	上升
优势度	优势	中势	优势	优势

工业化是包头市最重要的标志,但是高耗能、重污染的能源型产业居主导地位,如包头一机、包头二机、包钢等。近年来随着国家发展非能源产业战略的提出,包头市也在积极探索产业转型的道路,因此在一定程度上导致工业化程度的降低。而市场化和城市化竞争力的提升共同推动了包头市发展水平竞争力的整体提升。

三、包头市经济综合竞争力典型特征分析

包头市是内蒙古自治区最大的工业城市,经济发展的总体水平较高,经济综合竞争力一直位于全区上游水平,其要素构成具有如下显著特点:

第一,产业竞争力仍然是包头市经济综合竞争力的主要优势要素。包头市的经济发展水平长期以来一直保持较高水平,而且从包头市产业竞争力和经济综合竞争力的排名变动来看,基本上保持同步,二者之间存在着密切的联系,这表明产业竞争力是包头市经济综合竞争力的主要支撑要素。具体来说,第一产业并不具

有竞争优势,第二产业呈收缩态势,第三产业发展比较迅速。

第二,企业规模竞争优势明显,但企业效益偏低。由上述分析可知,近年来包头市的企业竞争力主要体现在企业规模上,具体包括规模以上企业数、企业资产等总量指标;但是企业效益却明显偏低,特别是 2009 年全区最低,随后两年有所上升,但与企业规模全区第二的地位相比,显得极为不相称。

第三,财力、人力对经济发展的支撑作用强劲,但科技要素竞争力有待进一步提升。作为内蒙古自治区乃至全国著名的重工业城市,无论是人力资源竞争力还是财政竞争力或者金融金融发展竞争力,排名始终位于全区前列,具有明显的竞争优势,这些要素为包头市经济综合竞争力排名位列全区第三奠定了坚实的基础。但是作为全区经济实力排名榜首的城市,科技要素竞争力排名近年持续大幅下滑至全区垫底,值得警惕。

第四,能源消耗与环境保护的压力将持续并存,也是未来影响包头市经济综合竞争力提升的隐患所在。包头市是一个资源优势明显的地区,资源优势为包头市经济的发展提供了必要的动力,但是在发展经济的同时也导致了诸多环境问题。能源消耗严重、环境问题突出已经是包头市经济可持续发展所面临的两个严重威胁。

第五,"三化"较为平衡、协调,竞争优势明显。从包头市的工业化、城市化和市场化发展水平来看,三者基本上保持了较为协调的步调,排名基本上位于全区前列,这对于包头市经济综合竞争力的稳定和持续提升有着重要影响。

四、提升包头市经济综合竞争力的政策建议

根据以上分析,包头市整体经济发展态势良好,但是产能、资源等问题比较突出,应有所重视。

第一,积极推进产业结构转型和升级,加快新兴产业和第三产业发展。作为全区乃至全国著名的老工业城市,包头市同样也存在产能过剩、资源浪费等一系列问题。因此,包头市要从传统工业化城市升级为新型工业化城市,需要从以下几个方面着手:一是淘汰落后产能,关停钢铁、铝业、电力等企业的落后生产工艺;二是加快传统产业升级,着力发展风电、光伏电等新兴产业;三是加快第三产业发展,重点要鼓励和扶持高新技术企业的成长和壮大。

第二,在提升企业效益方面下功夫,促进企业竞争力由粗放型向集约型转变。企业效益是企业生存的生命线,因此政府要给企业创造一个良好的运行环境,并帮助有潜力的企业解决资金问题,促使其提升自身效益。

第三,加大科技投入,重视高新技术产业和产品的开发。随着知识经济时代的来临,科技竞争力将会是一个地区的核心竞争力,现在区域经济发展的地位也越来越重要。包头市应该高度重视近年来科技竞争力下降的问题,要以包头稀土高新技术产业开发区为依托和载体,加大财政对科技的投入,积极引进高科技人才,并形成对周围的有效带动和辐射,努力提高包头市科技竞争力水平。

第四,加大环境保护力度。包头市能源消耗与环境保护压力并存。因此,在保证经济快速发展的同时,应该切实提高资源的综合利用能力,促进节能减排和环境保护,使可持续发展能力得到全面提升。要严格限制高污染、高排放企业,提高资源型产业的准入门槛,为包头市经济发展保驾护航。

第三节
呼伦贝尔市经济综合竞争力分析

呼伦贝尔市得名于境内呼伦湖(也称达赉湖)和贝尔湖。东西 630 公里,南北 700 公里,总面积 25.3 万平方公里,占自治区面积的 21.4%,相当于山东、江苏两省面积的总和。南部与兴安盟相连,东部以嫩江为界与黑龙江省为邻,北部和西北部以额尔古纳河为界与俄罗斯接壤,西部及西南部同蒙古国交界。边境线总长 1723.82 公里,其中中俄边界 1048 公里(不含未定界部分),中蒙边界 675.82 公里。呼伦贝尔市现辖阿荣旗、莫力达瓦达斡尔族自治旗、鄂伦春自治旗、鄂温克自治旗、新巴尔虎左旗、新巴尔虎右旗、陈巴尔虎旗等 7 个旗;满洲里市、扎兰屯市、牙克石市、根河市、额尔古纳市等 5 个市以及海拉尔区共 13 个旗市区。呼伦贝尔市人民政府驻海拉尔区。

2011 年底,全市常住人口 253.97 万人,全年完成地区生产总值 1145.31 亿元,完成固定资产投资 773.94 亿元,全社会商品零售总额 349.00 亿元,城镇居民人均可支配收入 17142 元,农牧民人均纯收入 7643 元。

本节将对呼伦贝尔市的综合竞争力及各要素竞争力在各年度基本状态及变化趋势进行详细分析,最后提出提升呼伦贝尔市经济综合竞争力的对策建议。

一、呼伦贝尔市经济综合竞争力发展分析

2008～2011 年,呼伦贝尔市的经济综合竞争力总指数及各要素在全区的排名

变化如表 4-23 及图 4-9 至图 4-12 所示。从中可以看出,四年中呼伦贝尔市经济综合竞争力总指数在全区的排名中分别位列第 6 位、第 5 位、第 5 位和第 5 位,小幅上升 1 位,表明呼伦贝尔市经济综合竞争力在全区竞争中处于中游水平。与 2008 年相比,2011 年 9 个二级指标中,排位上升的有 4 个,没有变化的有 2 个,排名下降的有 3 个。从二级指标所处的区位来看,2011 年处于优势区位的指标有 2 个,分别是产业竞争力和基础设施竞争力;处于中势区位的二级指标有 7 个,分别是宏观经济竞争力、企业竞争力、可持续发展竞争力、金融活动竞争力、科技与文化竞争力、政府管理竞争力和发展水平竞争力;2011 年呼伦贝尔市并没有处于劣势的指标。这表明呼伦贝尔市的二级指标绝大多数在全区具有中等以上竞争优势。受这些指标波动变化的影响,呼伦贝尔市经济综合竞争力总体上较强,且呈小幅上升趋势,综合排名由 2008 年的全区第 6 名上升至 2011 年的第 5 名。

表 4-23 呼伦贝尔市经济综合竞争力总指数及 9 要素竞争力排名(2008~2011 年)

年份	综合经济竞争力总指数	宏观经济竞争力	产业竞争力	企业竞争力	可持续发展竞争力	金融活动竞争力	科技与文化竞争力	政府管理竞争力	基础设施竞争力	发展水平竞争力
2008	6	4	3	5	7	6	5	5	5	9
2009	5	4	5	5	3	6	7	3	6	9
2010	5	4	9	5	6	5	9	3	7	
2011	5	6	2	5	5	6	5	8	3	7
趋势	上升	下降	降升	降升	升降	平稳	平稳	升降	降升	上升
优势度	中势	中势	优势	中势	中势	中势	中势	中势	优势	中势

表 4-24 呼伦贝尔市经济综合竞争力总指数及 9 要素竞争力分值(2008~2011 年)

年份	综合经济竞争力总指数	宏观经济竞争力	产业竞争力	企业竞争力	可持续发展竞争力	金融活动竞争力	科技与文化竞争力	政府管理竞争力	基础设施竞争力	发展水平竞争力
2008	40.1	53.9	64.6	57.0	27.6	25.7	15.8	47.6	51.5	38.8
2009	55.3	60.7	51.5	30.8	60.1	22.3	22.3	75.4	59.0	35.3
2010	41.3	43.6	69.0	21.8	47.7	25.7	41.3	17.1	73.4	34.8
2011	40.0	50.3	77.6	26.9	59.4	23.7	9.7	9.0	45.5	33.3

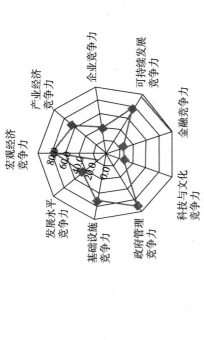

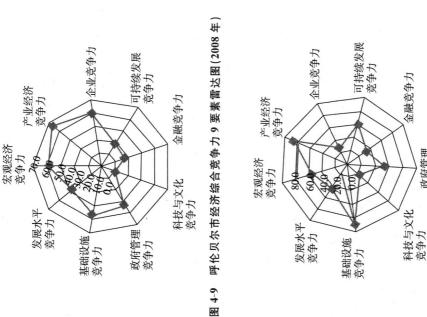

图 4-9　呼伦贝尔市经济综合竞争力 9 要素雷达图 (2008 年)

图 4-10　呼伦贝尔市经济综合竞争力 9 要素雷达图 (2009 年)

图 4-11　呼伦贝尔市经济综合竞争力 9 要素雷达图 (2010 年)

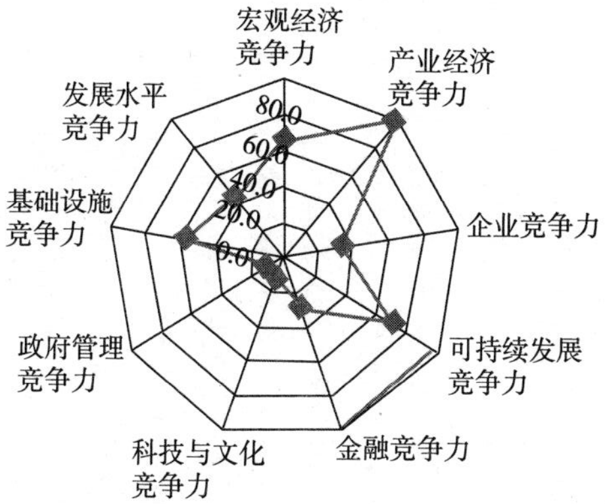

图 4-12　呼伦贝尔市经济综合竞争力 9 要素雷达图 (2011 年)

二、各要素竞争力发展分析

呼伦贝尔市区域经济综合竞争力位于全区中游水平,各要素竞争力也表现出不同的特点。以下详细分析呼伦贝尔市各要素四年中的竞争力发展情况。

(一)宏观经济竞争力发展分析

2008～2011 年,呼伦贝尔市宏观经济竞争力在全区的排名中分别位列第 4 位、第 4 位、第 5 位和第 6 位,排名趋势略有下降,在全区处于中游水平。呼伦贝尔市的宏观经济及各要素竞争力在全区的排名变化如表 4-25 所示。从中可以看出,2011 年与 2008 年相比,呼伦贝尔市的经济实力排名上升 1 位,居全区第 7 位,处于中势区位;经济结构排名上升 1 位,居全区第 7 位,也处于中势区位;经济外向度排名下滑 1 位,居全区第 2 位,处于优势区位。可见经济外向度是呼伦贝尔市宏观经济竞争力的主要优势要素,经济实力和经济结构在全区的竞争优势不明显。

经济外向度竞争力领跑全区各盟市来源于其地理位置优势。中俄、中蒙贸易频繁,满洲里国门也久负盛名。但是经济实力和经济结构竞争力有待于加强。2011 年,地区生产总值仅占全区的 7.32%,固定资产投资占比 7.23%,社会消费品零售总额占比为 8.74%,均低于人口比重 10.23%。

表 4-25 呼伦贝尔市宏观经济及各要素竞争力历年排名

要素\年份	宏观经济竞争力	经济实力	经济结构	经济外向度
2008	4	8	8	1
2009	4	8	7	1
2010	5	7	7	2
2011	6	7	7	2
趋势	下降	上升	上升	下降
优势度	中势	中势	中势	优势

(二)产业竞争力发展分析

2008～2011 年,呼伦贝尔市产业竞争力在全区的排名中分别位列第 3 位、第 5

位、第 4 位和第 2 位,排名虽有起伏,但略有上升,进入全区优势区位。呼伦贝尔市的产业及各要素竞争力在全区的排名变化如表 4-26 所示。从中可以看出,2011 年与 2008 年相比,呼伦贝尔市的第一产业排名下降 1 位,居于全区第 2 位的优势区位;第二产业排名大幅上升 5 位,居于全区第 5 位,从竞争的劣势区位升入中势区位;第三产业排名没有变化,居于全区第 3 位,趋势平稳。可见呼伦贝尔市产业竞争力的主要优势是第一产业和第三产业这两个要素支撑点,第二产业竞争不具有优势。

从数据上来看,2011 年,呼伦贝尔市第一产业增加值为 214.60 亿元,居全区首位,占全区总数的 16%,且高于农业从业人员 9.7%的比重。呼伦贝尔市第一产业在全区的绝对优势源于该市得天独厚的自然条件。首先,肥沃的土地使呼伦贝尔市成为内蒙古自治区种植业主打区。耕地土壤以黑土、暗棕壤、黑钙土和草甸土为主,土质肥沃,自然肥力高。其次,辽阔的呼伦贝尔大草原是牧业发展的重要基础。再次,浩瀚的大兴安岭是内蒙古自治区林业资源的主体,呼伦贝尔市森林覆盖率达 49%,林地面积占全区林地面积的 83.7%。最后,丰沛的水资源是农业发展的重要保障。呼伦贝尔市全市人均占有水资源量为 1.1 万立方米,高于世界人均占有量,是全国人均占有量的 4.66 倍。

表 4-26 呼伦贝尔市产业及各要素竞争力历年排名

要素 年份	产业竞争力	第一产业	第二产业	第三产业
2008	3	1	10	3
2009	5	1	10	4
2010	4	3	11	4
2011	2	2	5	3
趋势	降升	下降	降升	降升
优势度	优势	优势	中势	优势

(三)企业竞争力发展分析

2008~2011 年,呼伦贝尔市企业竞争力在全区的排名中分别位列第 5 位、第 7 位、第 9 位和第 6 位,排名波动下滑,处于全区中势区位。呼伦贝尔市的企业及各要素竞争力在全区的排名变化如表 4-27 所示。从中可以看出,2011 年与 2008 年相比,呼伦贝尔市的企业规模排名上升 1 位,处于中势区位;企业效益排名下降 2 位,排名全区第 7 位,位于中势区位。可见呼伦贝尔市企业竞争力两个支撑要素在全区都具有中等竞争优势。

表 4-27　呼伦贝尔市企业及各要素竞争力历年排名

要素 年份	企业竞争力	企业规模	企业效益
2008	5	6	5
2009	7	6	6
2010	9	6	7
2011	6	5	7
趋势	降升	上升	下降
优势度	中势	中势	中势

(四)可持续发展竞争力发展分析

2008～2011 年,呼伦贝尔市可持续发展竞争力在全区的排名分别位列第 7 位、第 3 位、第 5 位和第 5 位,排名有小幅上升,处于全区中势区位。呼伦贝尔市的可持续发展及各要素竞争力在全区的排名变化如表 4-28 所示。从中可以看出,2011 年与 2008 年相比,呼伦贝尔市的能源消耗排名上升 5 位,居全区第 2 位,处于优势区位,优势明显;资源利用排名上升 1 位,居全区第 7 位,处于中势区位;环境保护排名上升 3 位,居全区第 5 位,处于中势区位;人民生活排名上升 1 位,居全区第 8 位,进入中势区位;人力资源排名大幅下滑 3 位,居全区第 10 位,处于劣势区位。可见呼伦贝尔市可持续发展竞争力的优势主要是能源消耗,此外在资源利用、环境保护和人民生活方面具有中等竞争优势,但在人力资源方面处于劣势,且下滑幅度较大。

表 4-28　呼伦贝尔市可持续发展及各要素竞争力历年排名

要素 年份	可持续发展竞争力	能源消耗	资源利用	环境保护	人民生活	人力资源
2008	7	7	8	8	9	7
2009	3	1	7	8	8	7
2010	5	1	7	7	9	10

要素 年份	可持续发展竞争力	能源消耗	资源利用	环境保护	人民生活	人力资源
2011	5	2	7	5	8	10
趋势	升降	上升	上升	上升	上升	下降
优势度	中势	优势	中势	中势	中势	劣势

(五)金融活动竞争力发展分析

2008～2011年,呼伦贝尔市金融活动竞争力在全区的排名中一直位列第6位,趋势稳定,具有中等优势。

表4-29　呼伦贝尔市金融活动及各要素竞争力历年排名

要素 年份	金融活动竞争力	金融发展
2008	6	6
2009	6	6
2010	6	6
2011	6	6
趋势	平稳	平稳
优势度	中势	中势

(六)科技与文化竞争力发展分析

2008～2011年,呼伦贝尔市科技与文化竞争力在全区的排名中分别位于第5位、第7位、第5位和第5位,排名保持稳定,处于全区中势地位。呼伦贝尔市的科技与文化及各要素竞争力在全区的排名变化如表4-30所示。从中可以看出,2011年与2008年相比,呼伦贝尔市的科技实力排名上升1位,居全区第4位的优势区位;文化要素排名小幅上升后又回到全区第7位,处于中势区位。可见科技要素是呼伦贝尔市科技与文化竞争力的优势要素,文化要素的竞争优势一般。

表 4-30　呼伦贝尔市科技与文化及各要素竞争力历年排名

年份 　　　要素	科技与文化竞争力	科技	文化
2008	5	5	7
2009	7	6	6
2010	5	5	6
2011	5	4	7
趋势	平稳	上升	升降
优势度	中势	优势	中势

(七)政府管理竞争力发展分析

2008～2011 年,呼伦贝尔市政府管理竞争力在全区的排名中分别位列第 5 位、第 3 位、第 9 位和第 8 位,有明显下降趋势,2011 年排名在全区处于中势区位边缘。呼伦贝尔市的政府管理及各要素竞争力在全区的排名变化如表 4-31 所示。从中可以看出,2008～2011 年,呼伦贝尔市的政府财政排名先降后升,2011 年居全区第 6 位,处于中势区位;2011 年相比 2008 年,政府调控排名上升 1 位,居全区第 6 位,处于中势区位。可见呼伦贝尔市政府管理竞争力的两个要素都具有中等竞争优势。

表 4-31　呼伦贝尔市政府管理及各要素竞争力历年排名

年份 　　　要素	政府管理竞争力	政府财政	政府调控
2008	5	6	7
2009	3	8	6
2010	9	10	6
2011	8	6	6
趋势	升降	降升	上升
优势度	中势	中势	中势

(八)基础设施竞争力发展分析

2008～2011年,呼伦贝尔市基础设施竞争力在全区的排名中分别位列第5位、第6位、第3位和第3位,2011年处于全区优势区位,排名上升2位。呼伦贝尔市的基础设施及各要素竞争力在全区的排名变化如表4-32所示。从中可以看出,2011年与2008年相比,呼伦贝尔市的健康卫生排名保持稳定,居全区第4位,处于竞争的优势区位;交通设施排名下降1位,居全区第7位,处于中势地位;现代通信排名下降1位,居全区第6位,处于中势区位。可见呼伦贝尔市基础设施竞争力的主要优势是健康卫生这一要素,2011年呼伦贝尔市共有卫生机构1960个,占全区数量的8.55%;拥有卫生机构人员21960人,占全区比重为19%。交通设施和现代通信竞争优势都不明显。

表 4-32 呼伦贝尔市基础设施及各要素竞争力历年排名

年份＼要素	基础设施竞争力	健康卫生	交通设施	现代通信
2008	5	4	6	5
2009	6	4	8	4
2010	3	2	7	6
2011	3	4	7	6
趋势	降升	升降	下降	升降
优势度	优势	优势	中势	中势

(九)发展水平竞争力发展分析

2008～2011年,呼伦贝尔市发展水平竞争力在全区的排名中分别位列第9位、第9位、第7位和第7位,排名呈小幅上升趋势,处于全区中势区位。呼伦贝尔市的发展水平及各要素竞争力在全区的排名变化如表4-33所示。从中可以看出,2011年与2008年相比,呼伦贝尔市的工业化水平排名上升1位,居全区第9位,处于劣势区位;城市化水平排名下滑1位,居全区第7位,处于中势区位;市场化水平排名上升1位,居全区第5位,处于中势区位。可见呼伦贝尔市发展水平竞争力的城市化和市场化两要素具有中等竞争优势,而工业化则处于竞争劣势。

表 4-33　呼伦贝尔市发展水平及各要素竞争力历年排名

年份＼要素	发展水平竞争力	工业化	城市化	市场化
2008	9	10	6	6
2009	9	7	7	5
2010	7	8	7	5
2011	7	9	7	5
趋势	上升	升降	下降	上升
优势度	中势	劣势	中势	中势

三、呼伦贝尔市经济综合竞争力典型特征分析

呼伦贝尔市是内蒙古自治区著名的边境口岸城市之一。依靠外向型经济的快速发展,经济综合竞争力一直位于全区中游水平,各要素构成竞争力具有如下显著特点:

第一,外向型经济特征明显。作为内蒙古自治区重要的外贸口岸城市,呼伦贝尔市经济外向度竞争力一直处于内蒙古自治区的前列,对呼伦贝尔市宏观经济竞争力和经济综合竞争力的提升作用较为明显。

第二,第一产业竞争力凸显。呼伦贝尔市得天独厚的自然条件造就了第一产业在全区的绝对优势地位,使其成为内蒙古自治区重要的农业生产基地。

第三,第二产业对经济综合竞争力的提升支撑不足。从呼伦贝尔市的产业竞争力来看,第二产业竞争力近年虽有大幅提升,但是在全区竞争中优势仍不明显,对经济综合竞争力的支撑作用不突出。

第四,财力、人力和智力对经济发展的支撑作用不足。作为现代经济发展的必不可少的三个主要因素,财力、人力和智力对经济发展的影响不言而喻,虽然近年呼伦贝尔市的经济综合竞争力有所提升,但是优势并不明显,其中的一个主要原因就在于金融发展、科技与文化和人力资源等要素竞争优势不明显。特别是人力资源要素,基于地理位置和社会发展程度的限制,在全区一直处于竞争的劣势,这在很大程度上限制了呼伦贝尔市经济综合竞争力的进一步提升。

第五，"三化"发展水平不平衡，有待进一步调整。呼伦贝尔市的工业化发展严重滞后于市场化，"三化"发展的不平衡也进一步制约了呼伦贝尔市经济综合竞争力的提升。

四、提升呼伦贝尔市经济综合竞争力的政策建议

根据以上分析，呼伦贝尔市区域经济各要素发展各有特点，要提升其整体竞争力，应从以下几个方面重点突破。

第一，保持和提升外向型经济的竞争力。在新的历史时期，呼伦贝尔市仍需加快发展，大力提升发展外向型经济。另外，外向型经济易受国际因素变化的影响，要想增强自身经济运行的稳定性，就需要进一步提升自身抵御外部影响的能力，这就要求自身的经济实力要强、结构要优、素质要好。而从呼伦贝尔市的经济实力和经济结构来看，并没有明显竞争优势，这一点值得警惕。

第二，进一步发挥呼伦贝尔市自然条件的优势，将其打造成内蒙古自治区的现代化农业基地。增加财政对农业的投入，提高农业生产效率；加强对草场和森林资源的保护，以保证其外部经济的长久效应。

第三，提升第二产业竞争力，政府要积极诱导发展适合本地区实际情况的工业，提升第二产业对经济综合竞争力的拉动作用。

第四节
兴安盟经济综合竞争力分析

兴安盟位于内蒙古自治区的东北部，东北和东南分别与黑龙江省、吉林省毗邻，北部、南部和西部分别与内蒙古自治区的呼伦贝尔市、通辽市和锡林郭勒盟相连，西北部与蒙古国接壤，边境线长 126.08 公里；在国内处于东北经济区，在国际上处于东北亚经济圈，地理位置比较优越。现辖科右前旗、扎赉特旗、科右中旗、乌兰浩特市、阿尔山市、突泉县，总面积近 6 万平方公里。

乌兰浩特是全盟政治、经济和文化中心，现为国家甲级开放城市，全国双拥模范城、城市环境综合治理先进市、科教兴国先进市和区级文明市。

2011 年底,全盟常住人口 160.99 万人,全年完成地区生产总值 313.58 亿元,完成固定资产投资 323.71 亿元,全社会商品零售总额 134.70 亿元,城镇居民人均可支配收入 13233 元,农牧民人均纯收入 4359 元。

本节将对兴安盟的综合竞争力及各要素竞争力在各年度基本状态及变化趋势进行详细分析,最后提出提升兴安盟经济综合竞争力的对策建议。

一、兴安盟经济综合竞争力发展分析

2008～2011 年,兴安盟的经济综合竞争力总指数及各要素在全区的排名变化如表 4-34 及图 4-13 至图 4-16 所示。从中可以看出,兴安盟经济综合竞争力总指数在全区的排名中分别位列第 12 位、第 11 位、第 12 位和第 12 位,表明兴安盟经济综合竞争力在全区完全处于明显的劣势地位。与 2008 年相比,2011 年 9 个二级指标中,排位上升的有 1 个,没有变化的有 5 个,排名下降的有 3 个。从二级指标所处的区位来看,2011 年,兴安盟没有处于优势区位的指标,处于中势的二级指标只有基础设施竞争力,而其他指标均处劣势区位。这表明兴安盟的二级指标绝大多数在全区处于竞争劣势地位,受这些指标波动变化的影响,兴安盟经济综合竞争力在四年中一直没有明显提升,综合排名一直位列倒数第一或第二位。

表 4-34 兴安盟经济综合竞争力总指数及 9 要素竞争力排名(2008～2011 年)

年份	综合经济竞争力总指数	宏观经济竞争力	产业竞争力	企业竞争力	可持续发展竞争力	金融活动竞争力	科技与文化竞争力	政府管理竞争力	基础设施竞争力	发展水平竞争力
2008	12	12	11	10	10	12	10	9	11	12
2009	11	12	12	11	7	12	11	7	11	12
2010	12	12	12	12	9	12	6	12	10	12
2011	12	12	12	12	10	12	10	12	8	12
趋势	平稳	平稳	下降	下降	升降	平稳	降升降	升降	上升	平稳
优势度	劣势	劣势	劣势	劣势	劣势	劣势	劣势	劣势	中势	劣势

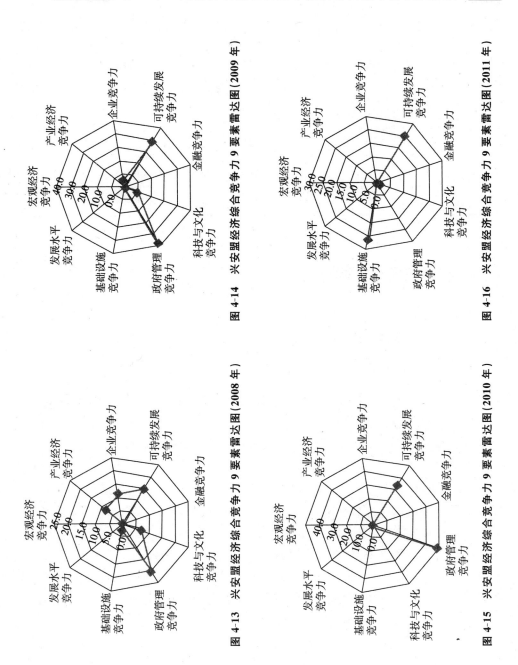

图 4-13　兴安盟经济综合竞争力 9 要素雷达图 (2008 年)

图 4-14　兴安盟经济综合竞争力 9 要素雷达图 (2009 年)

图 4-15　兴安盟经济综合竞争力 9 要素雷达图 (2010 年)

图 4-16　兴安盟经济综合竞争力 9 要素雷达图 (2011 年)

表 4-35　兴安盟经济综合竞争力总指数及 9 要素竞争力分值(2008～2011 年)

年份	综合经济竞争力总指数	宏观经济竞争力	产业竞争力	企业竞争力	可持续发展竞争力	金融活动竞争力	科技与文化竞争力	政府管理竞争力	基础设施竞争力	发展水平竞争力
2008	0.0	0.0	8.1	11.6	14.9	0.0	7.2	21.0	2.4	0.0
2009	1.3	0.0	0.0	4.0	32.0	0.0	7.8	38.7	1.5	0.0
2010	0.0	0.0	0.0	0.0	27.5	0.0	39.1	0.0	0.7	0.0
2011	0.0	0.0	0.0	0.0	24.3	0.0	1.6	0.0	25.5	0.0

二、各要素竞争力发展分析

兴安盟区域经济综合竞争力在评价期内均位于全区最后一位,竞争力处于弱势水平的要素也较多。以下详细分析兴安盟各要素四年中的竞争力发展情况。

(一)宏观经济竞争力发展分析

2008～2011 年,兴安盟宏观经济竞争力在全区的排名中一直居全区倒数第一位,排名没有发生过变动,处于劣势水平。兴安盟的宏观经济及各要素竞争力在全区的排名变化如表 4-36 所示。从中可以看出,2011 年与 2008 年相比,兴安盟的经济实力排名上升 2 位,居全区第 10 位,但仍处于劣势区位;经济结构排名没有变化,居全区 12 位,完全处于劣势区位;经济外向度排名上升 2 位,居全区第 10 位,但也处于劣势区位。可见经济实力、经济结构和经济外向度都是兴安盟宏观经济竞争力的劣势要素,竞争力偏弱。

2011 年兴安盟地区生产总值仅占全区的 7.32％,全社会固定资产投资仅占 3.02％,社会消费品零售总额占比也只有 3.37％。这表明兴安盟投资需求和消费需求严重不足,进而导致整体宏观经济竞争力严重低下。

表 4-36　兴安盟宏观经济及各要素竞争力历年排名

年份＼要素	宏观经济竞争力	经济实力	经济结构	经济外向度
2008	12	12	12	12
2009	12	11	12	10
2010	12	11	12	10
2011	12	10	12	10
趋势	平稳	上升	平稳	上升
优势度	劣势	劣势	劣势	劣势

(二)产业竞争力发展分析

2008～2011 年,兴安盟产业竞争力在全区的排名中分别位列第 11 位、第 12 位、第 12 位和第 12 位,排名略有下降,处于全区劣势区位。兴安盟的产业及各要素竞争力在全区的排名变化如表 4-37 所示。从中可以看出,2011 年与 2008 年相比,兴安盟的第一产业排名上升 3 位,居全区第 6 位,从劣势区位进入中势区位;第二产业排名上升 2 位,居全区第 10 位,但仍处于劣势区位;第三产业排名在 2009 年和 2010 年有较大幅度的提升,但 2011 年又回到全区倒数第 1 的位置,完全处于竞争的劣势区位。可见兴安盟产业竞争力除了第一产业具备中等竞争优势外,第二产业和第三产业这两个要素完全处于竞争的劣势区位,但是第一产业相对较高的竞争力对产业经济整体竞争力并没有显著的拉动作用。

2011 年,兴安盟三大产业增加值在全区的份额分别为 7.35%、1.34% 和 1.75%;三大产业从业人员比重分别为 9.46%、2.57% 和 4.11%,可见兴安盟各产业生产效率普遍较低。

表 4-37　兴安盟产业及各要素竞争力历年排名

年份＼要素	产业竞争力	第一产业	第二产业	第三产业
2008	11	9	12	12
2009	12	7	12	8
2010	12	6	12	7
2011	12	6	10	12
趋势	下降	上升	上升	升降
优势度	劣势	中势	劣势	劣势

(三)企业竞争力发展分析

2008～2011 年,兴安盟企业竞争力在全区的排名中分别位列第 10 位、第 11 位、第 12 位和第 12 位,排名有所下降,处于全区竞争的劣势区位。兴安盟的企业及各要素竞争力在全区的排名变化如表 4-38 所示。从中可以看出,2011 年与 2008 年相比,兴安盟的企业规模排名一直位于全区倒数第 1 位,完全处于劣势区位;企业效益排名上升 2 位,排名全区第 10 位,但仍位于劣势区位。可见兴安盟企业竞争力的企业规模和企业效益都处于竞争的劣势地位。

2011 年,全盟规模以上工业企业只有 147 个,仅占全区总数的 3.52%;企业总产值 214.05 亿元,在全区的份额仅有 1.24%。

表 4-38　兴安盟企业及各要素竞争力历年排名

年份 \ 要素	企业竞争力	企业规模	企业效益
2008	10	12	12
2009	11	12	8
2010	12	12	10
2011	12	12	10
趋势	下降	平稳	升降
优势度	劣势	劣势	劣势

(四)可持续发展竞争力发展分析

2008～2011 年,兴安盟可持续发展竞争力在全区的排名分别位列第 10 位、第 7 位、第 9 位和第 10 位,排名先升后降,处于全区劣势区位。兴安盟的可持续发展及各要素竞争力在全区的排名变化如表 4-39 所示。从中可以看出,2011 年与 2008 年相比,兴安盟的能源消耗排名上升 2 位,居全区第 1 位,处于优势区位,优势明显;资源利用排名上升 1 位,位于全区第 8 位的中势区位;环境保护排名比较稳定,居全区第 4 位,处于优势区位;人民生活排名下降 1 位,居全区倒数第 1 位,处于劣势区位;人力资源排名上升 4 位,居全区第 8 位,从劣势区位进入中势区位。

可见兴安盟可持续发展竞争力的主要优势是能源消耗,2011 年,单位工业增加值能耗降低 1.05％,单位 GDP 电耗降低 3.89％。环境保护也具有一定的竞争力优势;资源利用和人力资源方面具有中等竞争优势;但在人民生活方面处于竞争劣势,2011 年该盟城镇居民可支配收入 13233 元,农民纯收入 4359 元,全部远低于全区平均数 20478 元和 8130 元;在人力资源方面,兴安盟的高等教育非常薄弱,教育资源匮乏。

表 4-39　兴安盟可持续发展及各要素竞争力历年排名

年份 ＼ 要素	可持续发展竞争力	能源消耗	资源利用	环境保护	人民生活	人力资源
2008	10	3	9	4	11	12
2009	7	2	8	3	12	10
2010	9	2	8	5	12	12
2011	10	1	8	4	12	8
趋势	升降	上升	上升	升降	下降	上升
优势度	劣势	优势	中势	优势	劣势	中势

(五)金融活动竞争力发展分析

2008～2011 年,兴安盟市金融活动竞争力在全区的排名中一直位列倒数第 1 位,处于完全竞争劣势水平。2011 年末,金融机构存贷款余额仅为 440.47 亿元,仅占全区总额的 2.14％。

表 4-40　兴安盟金融活动及各要素竞争力历年排名

年份 ＼ 要素	金融活动竞争力	金融发展
2008	12	12
2009	12	12
2010	12	12
2011	12	12
趋势	平稳	平稳
优势度	劣势	劣势

(六)科技与文化竞争力发展分析

2008～2011 年,兴安盟科技与文化竞争力在全区的排名中分别位于第 10 位、第 11 位、第 6 位和第 10 位,排名先升后降,但均处于全区劣势地位。兴安盟的科技与文化及各要素竞争力在全区的排名变化如表 4-41 所示。从中可以看出,2011 年与 2008 年相比,兴安盟的科技实力排名上升 2 位,居全区第 9 位,处于劣势区位;文化要素排名下降 2 位,位于全区倒数第 1 位,处于劣势区位。可见兴安盟的科技与文化竞争力没有处于竞争优势的要素,在全区完全处于劣势地位。

表 4-41　兴安盟科技与文化及各要素竞争力历年排名

要素 年份	科技与文化竞争力	科技	文化
2008	10	11	10
2009	11	11	12
2010	6	8	10
2011	10	9	12
趋势	升降	上升	下降
优势度	劣势	劣势	劣势

(七)政府管理竞争力发展分析

2008～2011 年,兴安盟政府管理竞争力在全区的排名中分别位列第 9 位、第 7 位、第 12 位和第 12 位,排名先升后降,2011 年在全区完全处于劣势区位。兴安盟的政府管理及各要素竞争力在全区的排名变化如表 4-42 所示。从中可以看出,2011 年与 2008 年相比,兴安盟的政府财政排名大幅下降 4 位,位于全区倒数第一,处于劣势区位;政府调控排名小幅上升 1 位,居全区第 11 位,处于劣势区位。可见兴安盟政府管理竞争力的两个要素都不具备任何的竞争优势,其竞争力完全处于劣势。

2011 年,兴安盟地方一般预算收入 13.31 亿元,一般预算支出 123.82 亿元,分别占全区的 1.26% 和 5.07%,财政自给率仅为 10.75%,居全区最后一位;城乡收入差距达 8874 元,名列全区榜首,城市登记失业率 4.05%,也位于全区前列。因此,兴安盟的政府管理面临严峻挑战。

表 4-42　兴安盟政府管理及各要素竞争力历年排名

要素 年份	政府管理竞争力	政府财政	政府调控
2008	9	8	12
2009	7	11	12
2010	12	12	12
2011	12	12	11
趋势	升降	下降	上升
优势度	劣势	劣势	劣势

（八）基础设施竞争力发展分析

2008～2011 年,兴安盟基础设施竞争力在全区的排名中分别位列第 11 位、第 11 位、第 10 位和第 8 位,排名上升 3 位,2011 年处于全区中势区位。兴安盟的基础设施及各要素竞争力在全区的排名变化如表 4-43 所示。从中可以看出,2011 年与 2008 年相比,兴安盟的健康卫生排名上升 2 位,位于全区第 7 位,处于中势区位;交通设施没有变化,居全区第 11 位,处于劣势区位;现代通信排名上升 1 位,居全区第 10 位,但仍处于劣势区位。可见兴安盟基础设施竞争力没有处于优势的要素,而交通设施和现代通信则完全处于劣势水平,这也是兴安盟基础设施竞争力排名靠后的主要原因。

表 4-43　兴安盟基础设施及各要素竞争力历年排名

要素 年份	基础设施竞争力	健康卫生	交通设施	现代通信
2008	11	9	11	11
2009	11	9	11	10
2010	10	10	11	9
2011	8	7	11	10
趋势	上升	降升	平稳	上升
优势度	中势	中势	劣势	劣势

(九)发展水平竞争力发展分析

2008～2011 年,兴安盟发展水平竞争力在全区的排名一直位列全区倒数第 1 位,排名没有变化,处于全区劣势区位。兴安盟的发展水平及各要素竞争力在全区的排名变化如表 4-44 所示。从中可以看出,2011 年与 2008 年相比,兴安盟的工业化水平排名上升 1 位,居全区第 11 位,处于劣势区位;城市化水平排名上升 1 位,居全区第 9 位,仍处于劣势区位;市场化水平排名下降 1 位,居全区第 3 位,处于优势区位。可见兴安盟发展水平竞争力的主要优势是市场化水平,而工业化和城市化这两个要素支撑点则完全处于劣势区位。

表 4-44　兴安盟发展水平及各要素竞争力历年排名

年份　　　　要素	发展水平竞争力	工业化	城市化	市场化
2008	12	12	10	2
2009	12	10	12	3
2010	12	12	11	3
2011	12	11	9	3
趋势	平稳	升降	降升	下降
优势度	劣势	劣势	劣势	优势

三、兴安盟经济综合竞争力典型特征分析

兴安盟地处内蒙古自治区东北部,经济发展水平总体上比较落后,经济综合竞争力一直位于全区劣势水平,其各要素构成具有如下显著特点:

第一,经济基础薄弱,经济结构不合理。基于地理位置和资源禀赋等条件的限制,兴安盟的经济增长速度一直滞后于全区平均水平。经济增长方式粗放,外向型经济发展基础薄弱,民营经济投资不足,第二、三产业发展滞后,经济总量特别是工业总量偏小等因素严重制约了兴安盟的经济发展和经济综合竞争力的提升。

第二,财力、人力和智力等要素全面处于竞争劣势,对经济发展支撑不足。从近几年兴安盟的金融活动竞争力、政府财政竞争力、人力资源竞争力以及科技与文

化竞争力的排名来看,这些要素在全区均处于竞争劣势,缺少了这些要素的支撑,经济增长方式必然过于单一,缺少稳定性,后劲不足。

第三,基础设施薄弱,人民生活水平相对较低,导致可持续发展能力不足。无论是健康卫生设施、交通设施,还是现代通信设施,在全区都处于下游水平。基础设施的不健全严重制约了地区的招商引资,导致投资乏力,经济发展动力不足。此外,人民生活水平较低,城乡发展不平衡,对人才的吸引力不够,导致人才流失严重,这些因素共同制约了经济综合竞争力的提升。

第四,工业化、城市化发展严重滞后,导致"三化"发展不平衡。兴安盟的市场化进程发展较快,在全区处于优势地位,但是工业化和城市化水平严重滞后于市场化水平,"三化"发展极不平衡,影响了经济综合竞争力的提升。

四、提升兴安盟经济综合竞争力的政策建议

综上所述,在评价期内,兴安盟的经济综合竞争力均位于全区最后,各方面发展相对落后,因此,很难在短时间内有明显提升。经济生活的方方面面共同构成一个统一的整体,由于缺乏能够带动经济繁荣的产业,从而导致地方政府囊中羞涩,人民生活捉襟见肘,金融机构形同虚设,经济增长动力不足,进而恶性循环,贫者愈贫。因此,要从根本上打破这个循环圈,就要寻找问题的根源,并抓住机遇,迎难而上。笔者认为,人才的流失和地区产业的匮乏是问题的根源。因此,要从根本上扭转兴安盟经济综合竞争力的困局,需要从以下几个方面入手。

第一,对本地区特色进行科学有效评价,培育和发展特色优势产业。兴安盟要立足产业优势,培育壮大龙头企业,着力打造能源、重化工等支柱产业以及建材、医药等优势产业;构筑农畜产品加工、绿色有机农畜产品以及农畜产品精深加工基地,推进农牧业产业化经营快速发展;发展特色旅游业,使其成为带动全盟第三产业发展的引擎和经济增长点。

第二,遏制人才流失,千方百计吸引人才。兴安盟经济发展落后缺项目、缺资金,但更缺人才。经济不景气与人才外流往往形成恶性循环。因此,对于在外求学的本地大学生,政府应出台一系列人才政策,鼓励大学生毕业后为家乡的建设做贡献。从某种意义上来说,近年来严峻的大学生就业形势也许是兴安盟引进和留住人才的一个重要机遇。

第三,鼓励有条件的盟市进行对口支援。除了自治区政府进行帮扶外,还应该鼓励先发展的盟市,如呼和浩特市、包头市和鄂尔多斯市从项目、财力和人力方面

进行对口支援。

第五节
通辽市经济综合竞争力分析

　　通辽市位于内蒙古自治区东部,南北长约 418 公里,东西宽约 370 公里,总面积 59535 平方公里。东靠吉林省、西接赤峰市、南依辽宁省、西北和北部分别与锡林部勒盟和兴安盟为邻,属东北和华北地区的交汇处。通辽市的前身为哲里木盟,始建于 1636 年。1999 年 10 月,经国务院批准撤销地级哲里木盟建制,成立地级通辽市政府,辖科尔沁区、霍林郭勒市、科左中旗、科左后旗、开鲁县、库伦旗、奈曼旗、扎鲁特旗。市政府所在地科尔沁区是全市政治、经济、文化的中心。通辽市境内居住着蒙古族、汉族、满族、回族、朝鲜族、达斡尔族等 32 个民族的居民。

　　2011 年底,全市常住人口 313.64 万人,全年完成地区生产总值 1448.82 亿元,完成固定资产投资 1014.23 亿元,全社会商品零售总额 290.00 亿元,城镇居民人均可支配收入 16548 元,农牧民人均纯收入 7216 元。

　　本节将对通辽市的综合竞争力及各要素竞争力在各年度基本状态及变化趋势进行详细分析,最后提出提升通辽市经济综合竞争力的对策建议。

一、通辽市经济综合竞争力发展分析

　　2008～2011 年,通辽市的经济综合竞争力总指数及各要素在全区的排名变化如表 4-45 及图 4-17 至图 4-20 所示。从中可以看出,四年中通辽市经济综合竞争力总指数在全区的排名中分别位列第 8 位、第 10 位、第 10 位和第 8 位,表明通辽市经济综合竞争力在全区处于中势区位,竞争优势一般。与 2008 年相比,2011 年9 个二级指标中,排位上升的有 3 个,没有变化的有 3 个,排名下降的有 3 个。从二级指标所处的区位来看,在 2011 年处于优势的二级指标有 3 个,分别是产业竞争力、企业竞争力和可持续发展竞争力;处于中势的二级指标有 1 个,是科技与文化竞争力;处于劣势的二级指标有 5 个,分别是宏观经济竞争力、金融活动竞争力、政府管理竞争力、发展水平竞争力和基础设施竞争力。这表明通辽市除了少数的二级指标具有一定的竞争优势外,绝大多数在全区处于竞争劣势,受这些指标波动变化的影响,通辽市经济综合竞争力在四年中一直在中势区位边缘和劣势区位之间波动变化。

表 4-45　通辽市经济综合竞争力总指数及 9 要素竞争力排名(2008～2011 年)

年份	综合经济竞争力总指数	宏观经济竞争力	产业竞争力	企业竞争力	可持续发展竞争力	金融活动竞争力	科技与文化竞争力	政府管理竞争力	基础设施竞争力	发展水平竞争力
2008	8	8	4	2	5	10	9	4	12	8
2009	10	11	10	10	9	10	10	6	10	7
2010	10	10	10	10	6	10	8	6	12	9
2011	8	10	4	2	4	10	6	9	11	11
趋势	降升	下降	降升	降升	降升	平稳	降升	下降	升降升	升降
优势度	中势	劣势	优势	优势	优势	劣势	中势	劣势	劣势	劣势

表 4-46　通辽市经济综合竞争力总指数及 9 要素竞争力分值(2008～2011 年)

年份	综合经济竞争力总指数	宏观经济竞争力	产业竞争力	企业竞争力	可持续发展竞争力	金融活动竞争力	科技与文化竞争力	政府管理竞争力	基础设施竞争力	发展水平竞争力
2008	26.0	33.5	65.2	95.1	41.2	19.4	9.0	65.3	0.0	43.5
2009	14.7	5.2	14.3	25.0	18.7	14.4	7.9	48.5	5.3	38.3
2010	21.5	16.0	12.2	25.7	44.4	18.5	26.3	27.1	0.0	33.5
2011	28.5	9.6	62.5	53.0	60.7	16.7	7.2	8.4	4.5	3.1

二、各要素竞争力发展分析

通辽市区域经济综合竞争力在分析期内基本上均位于全区中下游,其中宏观

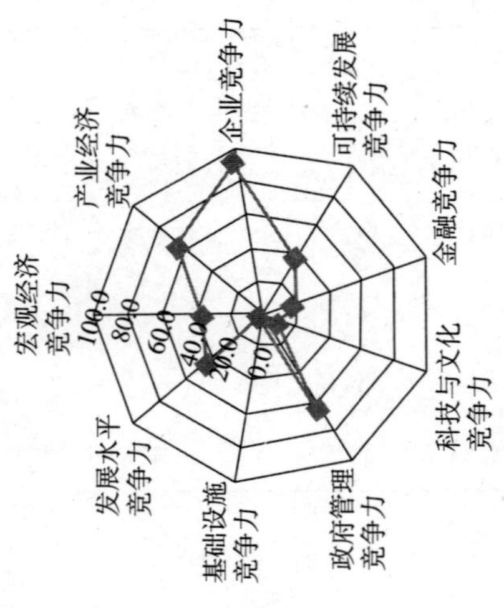

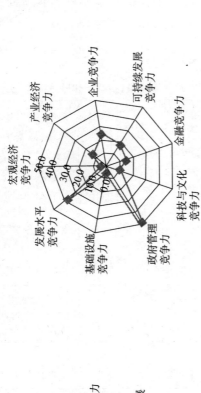

图 4-17 通辽市经济综合竞争力 9 要素雷达图 (2008 年)

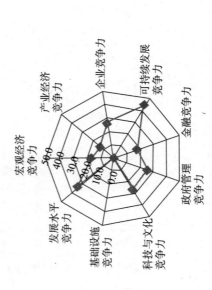

图 4-18 通辽市经济综合竞争力 9 要素雷达图 (2009 年)

图 4-19 通辽市经济综合竞争力 9 要素雷达图 (2010 年)

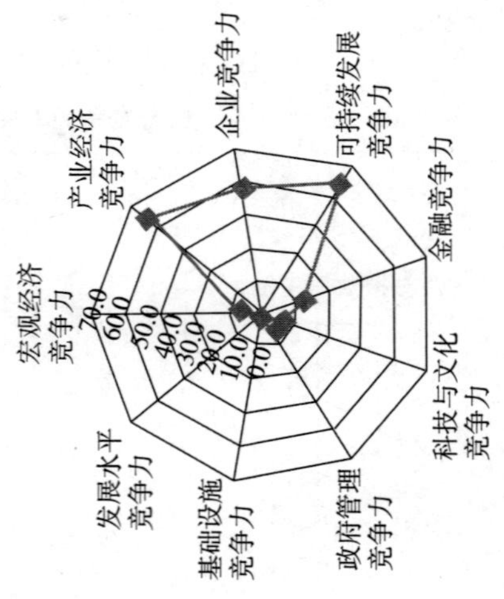

图 4-20 通辽市经济综合竞争力 9 要素雷达图 (2011 年)

经济、金融活动以及基础设施等竞争力很弱。以下详细分析通辽市各要素四年中的竞争力发展情况。

(一)宏观经济竞争力发展分析

2008～2011年,通辽市宏观经济竞争力在全区的排名中分别位列第8位、第11位、第10位和第10位,排名呈略有下降趋势,在全区处于劣势水平。通辽市的宏观经济及各要素竞争力在全区的排名变化如表4-47所示。从中可以看出,2008～2011年,通辽市的经济实力排名经历2009年和2010年的下降后,2011年大幅上升,居全区第4位,进入优势地位;经济结构排名下滑2位,居全区第11位,处于劣势地位;经济外向度排名先上升,2011年大幅下滑,居全区第12位,处于劣势区位。可见经济实力是通辽市宏观经济竞争力的优势要素,而经济结构和经济外向度则都处于竞争的劣势地位。

表4-47 通辽市宏观经济及各要素竞争力历年排名

年份 \ 要素	宏观经济竞争力	经济实力	经济结构	经济外向度
2008	8	7	9	11
2009	11	10	11	9
2010	10	9	11	7
2011	10	4	11	12
趋势	下降	降升	下降	升降
优势度	劣势	优势	劣势	劣势

(二)产业竞争力发展分析

2008～2011年,通辽市产业竞争力在全区的排名中分别位列第4位、第10位、第10位和第4位,排名起伏较大,2011年进入全区优势区位。通辽市的产业及各要素竞争力在全区的排名变化如表4-48所示。从中可以看出,2011年与2008年相比,通辽市的第一产业排名下降1位,居全区第3位,处于优势地位;2008～2011年第二产业排名先降后升,居全区第3位,处于优势区位;第三产业排名在2010年位于全区最后,但2011年大幅上升至全区第5位,进入中势区位。可见通辽市产业竞争力的优势主要是第一产业和第二产业这两个要素支撑点,第三产业具有中等竞争优势。

2011年,通辽市第一产业增加值208.64亿元,占全区总数的15.56%,居全区第2位;第二产业增加值886.71亿元,占全区比例为10.38%;第三产业增加值只有353.46亿元,仅占全区的6.15%。通辽市地处松辽平原西端,土地肥沃,盛产玉米、杂粮。气候属于温带大陆性气候,素有"内蒙古粮仓"之称,是国家重要的商品粮基地,尤其是玉米的种植几乎占据了粮食生产80%以上的面积。因此其在全区具有明显的竞争优势。

表4-48　通辽市产业及各要素竞争力历年排名

要素 年份	产业竞争力	第一产业	第二产业	第三产业
2008	4	2	4	7
2009	10	2	7	7
2010	10	2	6	12
2011	4	2	3	5
趋势	降升	下降	降升	降升
优势度	优势	优势	优势	中势

(三)企业竞争力发展分析

2008～2011年,通辽市企业竞争力在全区的排名中分别位列第2位、第10位、第8位和第2位,排名变化起伏较大,2011年进入全区优势区位。通辽市的企业及各要素竞争力在全区的排名变化如表4-49所示。从中可以看出,2011年与2008年相比,通辽市的企业规模排名上升2位,位于全区第3位的优势地位;企业效益2010年全区第一,2011年又下滑至全区第3位,位于优势区位。可见企业规模和企业效益都是通辽市企业竞争力的优势要素。

2011年,通辽市规模以上工业企业590个,仅次于包头市;实现总产值2416.19亿元,占全区总额的13.95%,居全区第3位。企业类别主要以轻工业和小型企业为主,且企业效率也颇具竞争力。

表 4-49 通辽市企业及各要素竞争力历年排名

要素\年份	企业竞争力	企业规模	企业效益
2008	2	5	2
2009	10	5	2
2010	8	4	1
2011	2	3	3
趋势	降升	上升	升降
优势度	优势	优势	优势

（四）可持续发展竞争力发展分析

2008～2011 年,通辽市可持续发展竞争力在全区的排名分别位列第 5 位、第 9 位、第 6 位和第 4 位,排名起伏上升,进入优势区位。通辽市的可持续发展及各要素竞争力在全区的排名变化如表 4-50 所示。从中可以看出,2008～2011 年,通辽市的能源消耗排名下降 2 位,居全区第 6 位,处于中势区位;资源利用排名上升 2 位,位于全区第 3 位,处于优势区位;环境保护排名大幅下降 5 位,居全区第 11 位,处于劣势区位;人民生活排名经历较大幅度下降后上升至全区第 5 位,位于中势区位;人力资源排名大幅上升 5 位,居全区第 6 位,处于中势区位。通辽市可持续发展竞争力的优势主要是资源利用,此外在能源消耗、人民生活和人力资源方面具有中等竞争优势,但在环境保护方面处于竞争劣势。

表 4-50 通辽市可持续发展及各要素竞争力历年排名

要素\年份	可持续发展竞争力	能源消耗	资源利用	环境保护	人民生活	人力资源
2008	5	4	5	6	6	11
2009	9	7	6	7	9	11
2010	6	5	5	8	10	7
2011	4	6	3	11	5	6
趋势	降升	降升	降升	下降	降升	上升
优势度	优势	中势	优势	劣势	中势	中势

(五)金融活动竞争力发展分析

2008～2011 年,通辽市金融活动竞争力在全区的排名中一直位列第 10 位,趋势稳定,处于明显的竞争劣势。2011 年,通辽市人民币存贷款余额为 1092.62 亿元,在全区占比仅为 5.31%;银行卡跨行清算笔数和金额分别占全区的 4.78%和3.65%,可见金融活动份额明显偏低。

表 4-51　通辽市金融活动及各要素竞争力历年排名

要素 年份	金融活动竞争力	金融发展
2008	10	10
2009	10	10
2010	10	10
2011	10	10
趋势	平稳	平稳
优势度	劣势	劣势

(六)科技与文化竞争力发展分析

2008～2011 年,通辽市科技与文化竞争力在全区的排名中分别位于第 9 位、第 10 位、第 8 位和第 6 位,排名呈略有上升趋势,处于全区中势地位。通辽市的科技与文化及各要素竞争力在全区的排名变化如表 4-52 所示。从中可以看出,2011 年与 2008 年相比,通辽市的科技实力排名大幅上升 4 位,居全区第 6 位,处于中势区位;文化要素排名上升 2 位,位于全区第 10 位,处于劣势区位。可见通辽市科技与文化竞争力的两个要素竞争优势都有所提升,其中科技竞争力要素具有中等竞争优势,对通辽市科技与文化竞争力的整体提升具有推动作用。

表 4-52　通辽市科技与文化及各要素竞争力历年排名

要素 年份	科技与文化竞争力	科技	文化
2008	9	10	12

要素 年份	科技与文化竞争力	科技	文化
2009	10	7	11
2010	8	7	8
2011	6	6	10
趋势	降升	上升	升降
优势度	中势	中势	劣势

（七）政府管理竞争力发展分析

2008～2011 年,通辽市政府管理竞争力在全区的排名中分别位列第 4 位、第 6 位、第 6 位和第 9 位,排名呈大幅下降趋势,2011 年在全区处于劣势区位。通辽市的政府管理及各要素竞争力在全区的排名变化如表 4-53 所示。从中可以看出,2011 年与 2008 年相比,通辽市的政府财政排名大幅下降 5 位,位于全区第 7 位,离开优势区位,进入中势区位;政府调控排名下降 3 位,居全区第 5 位,同样从优势区位滑入中势区位。可见,通辽市政府管理竞争力的两个要素支撑点虽然都具有中等竞争优势,但是与 2008 年相比,2011 年的竞争优势有明显下降。

表 4-53 通辽市政府管理及各要素竞争力历年排名

要素 年份	政府管理竞争力	政府财政	政府调控
2008	4	2	2
2009	6	6	5
2010	6	6	4
2011	9	7	5
趋势	下降	下降	下降
优势度	中势	中势	中势

(八)基础设施竞争力发展分析

2008～2011年,通辽市基础设施竞争力在全区的排名中分别位列第12位、第10位、第12位和第11位,2011年排名上升1位,处于全区劣势区位。通辽市的基础设施及各要素竞争力在全区的排名变化如表4-54所示。从中可以看出,2008～2011年,通辽市的健康卫生排名大幅上升10位,进入全区第2位;交通设施排名没有变化,居全区第9位,处于劣势区位;现代通信排名居全区第12位,处于劣势区位。可见通辽市基础设施竞争力的主要优势是健康卫生这一要素支撑点,而交通设施和现代通信则处于完全竞争的劣势水平。

2011年,通辽市卫生医疗机构由2010年的632个猛增至4208个,卫生机构人员也由上一年的13990人增加至19915人,医疗卫生条件大幅度改善,从而导致健康卫生方面的基础设施竞争力有了质的提升。

表4-54　通辽市基础设施及各要素竞争力历年排名

年份 ＼ 要素	基础设施竞争力	健康卫生	交通设施	现代通信
2008	12	12	9	12
2009	10	11	9	12
2010	12	12	9	12
2011	11	2	9	12
趋势	降升	上升	平稳	平稳
优势度	劣势	优势	劣势	劣势

(九)发展水平竞争力发展分析

2008～2011年,通辽市发展水平竞争力在全区的排名中分别位列第8位、第7位、第9位和第11位,排名下降明显,从中势区位进入劣势区位。通辽市的发展水平及各要素竞争力在全区的排名变化如表4-55所示。从中可以看出,2008～2011年,通辽市的工业化水平一度下降3位,2011年又回弹至全区第3位,进入优势区位。2011年与2008年相比,城市化水平排名上升1位,居全区第10位,但仍处于全区劣势区位;市场化水平排名基本没有变化,居全区第12位,处于劣势区位。可见通辽市发展水平竞争力的优势主要是工业化水平,城市化和市场化这两个要素支撑点完全处于竞争的劣势水平。

2011 年,通辽市实现工业生产总值 813.06 亿元,仅次于鄂尔多斯市和包头市,居全区第三,占全区比重为 10.75％。可见工业在通辽市属于主导产业,且以轻工业为主。

表 4-55　通辽市发展水平及各要素竞争力历年排名

年份　　　要素	发展水平竞争力	工业化	城市化	市场化
2008	8	3	11	12
2009	7	4	10	11
2010	9	6	12	12
2011	11	3	10	12
趋势	下降	降升	降升	平稳
优势度	劣势	优势	劣势	劣势

三、通辽市经济综合竞争力典型特征分析

通辽市是内蒙古自治区东部的中心城市,经济综合竞争力一直位于全区中下游水平,其要素构成具有如下显著特点:

第一,产业竞争力和企业竞争力是通辽市经济综合竞争力的中坚力量。近几年,通辽市的宏观经济竞争力虽然一直处于全区竞争的劣势区位,但是,在产业竞争力和企业竞争力方面具有一定的竞争优势,这保证了通辽市经济综合竞争力最终排名没有发生明显的变化。另外,从经济综合竞争力、产业竞争力和企业竞争力的变动规律也可以看出,产业竞争力和企业竞争力是推动经济综合竞争力变动的主要因素。

第二,第一产业发展强劲,第三产业相对滞后。在三大产业内部,通辽市以第一产业为主打力量,第二产业实力较强,但是第三产业发展滞后。

第三,政府管理竞争力明显下滑。政府管理的两个要素竞争力政府财政和政府调控分别由 2008 年的全区第 2 位下降为 2011 年的第 7 和第 5 位;政府管理整

体竞争力也由 2008 年的第 4 位降为 2011 年的第 9 位,下降幅度如此之大不能不引起有关部门的高度重视。

第四,金融发展滞后,对经济综合竞争力的支持不足。从近四年通辽市金融发展竞争力的排名来看,位次始终排在全区第 10 位,处于竞争力的劣势区位,对区域经济发展的支撑不足,影响了经济综合竞争力的进一步提升。

第五,基础设施薄弱,环境保护压力日益增大。通辽市在交通设施和现代通信方面基础薄弱,处于竞争的劣势,作为区域经济增长所依赖的必要条件,无法为经济增长保驾护航。环境保护竞争力排名持续下滑,已经处于竞争力劣势水平。从长远来看,环境保护的压力将持续存在,这势必会影响通辽市经济的可持续发展能力。

第六,城市化和市场化发展严重滞后,影响了经济综合竞争力的进一步提升。通辽市的工业化发展水平在全区处于优势区位。但是,城市化和市场化发展缓慢,"三化"发展的不协调对经济综合竞争力的提升产生不利影响。

四、提升通辽市经济综合竞争力的政策建议

由以上分析可知,通辽市的区域经济发展也不平衡,但总体上竞争力较弱,要提升通辽市经济综合竞争力需要从以下方面有所倾斜。

第一,继续保持通辽市作为"内蒙古粮仓"的基础保障作用,重点提高农业生产效率,优化农业内部结构。着重发展高效特色种植,提高单位面积产量和效益,加快推进种植业向精种高效转变;畜牧业方面,要继续扩大养殖规模,逐步提高畜种品质,改善养殖条件。

第二,逐步转移农村剩余劳动力,提高城市化水平和质量。采取以城带乡、以工补农等措施,加快农村牧区劳动力输出和转移。将农村牧区个体工商户和私营经济作为农村劳动力转移的重点,逐步放宽政策,鼓励有条件的农户发展商贸流通、运输、农畜产品加工产业。同时,政府应通过给予城市企业贷款、税收等优惠政策,促使其加大吸收本地劳动力的力度。

第三,努力发展第三产业,集中打造第三产业新增长极。充分发挥通辽市东北交通物流中心的区位优势,发展大物流、大商贸,并打造特色旅游产业,努力发展现代服务业,将服务业作为吸纳就业、拉动消费、促进发展方式转变的重要途径。

第四,加大基础设施建设力度。不仅要加快推进新城区的建设和发展,而且要不断推进对老城区包括街路、棚户区、排水排污、供热供水和老旧住宅小区的改造

工程；大规模实施新老城区绿化、亮化和景观工程，努力将其打造成为中国北方的生态宜居城市。

第六节
赤峰市经济综合竞争力分析

赤峰市位于内蒙古自治区东南部，蒙冀辽三省区交汇处。全市总面积9万平方公里，辖3个市辖区：红山区、松山区和元宝山区；7个旗：阿鲁科尔沁旗、巴林左旗、巴林右旗、克什克腾旗、翁牛特旗、喀喇沁旗以及敖汉旗，另辖林西县和宁城县2个县，共3区、7旗、2县12个县级行政区。"赤峰"因城区东北角有一座赭红色山峰而得名。

赤峰资源富集，种类众多。赤峰矿产资源丰富，现已发现矿产70余种，探明储量43种；矿产地1200余处，其中大型矿床25个。全市现有耕地1400多万亩，草原8700多万亩，森林面积3750多万亩，森林覆盖率27.8%。赤峰是中国优秀旅游城市，草原、森林、沙漠、湖泊、温泉、地质奇观、民俗风情等旅游资源得天独厚，2004年，克什克腾地质公园晋升为世界地质公园。赤峰被誉为"中华龙的故乡"、"北方文明的摇篮"、"距北京最近最美的草原"等。

2011年底，全市常住人口431.93万人，全年完成地区生产总值1347.19亿元，完成固定资产投资1093.16亿元，全社会商品零售总额404.60亿元，城镇居民人均可支配收入16416元，农牧民人均纯收入6138元。

本节将对赤峰市的综合竞争力及各要素竞争力在各年度基本状态及变化趋势进行详细分析，最后提出提升赤峰市经济综合竞争力的对策建议。

一、赤峰市经济综合竞争力发展分析

2008～2011年，赤峰市的经济综合竞争力总指数及各要素在全区的排名变化如表4-56及图4-21至图4-24所示。从中可以看出，赤峰市经济综合竞争力总指数在全区的排名中分别位列第10位、第8位、第8位和第9位，表明赤峰市经济综合竞争力在全区处于比较明显的劣势地位。与2008年相比，2011年9个二级指标中,排位上升的有 2 个,没有变化的有 1 个,排名下降的有 6 个。从二级指标所处的区位来看,2011 年处于优势的指标仅有企业竞争力;处于中势的二级指标有 3 个,分别是产业竞争力、可持续发展竞争力和金融活动竞争力;处于竞争劣势的二级指标有 5 个,分别是宏观经济竞争力、科技与文化竞争力、政府管理竞争力、基础设施竞争力和发展水平竞争力。这表明赤峰市的二级指标绝大多数在全区处于竞争劣势,受这些指标波动变化的影响,赤峰市经济综合竞争力在四年中大都处于劣势区位,综合排名由 2008 年的全区第 10 名上升至 2011 年的第 9 名。

表 4-56 赤峰市经济综合竞争力总指数及 9 要素竞争力排名(2008~2011 年)

年份	综合经济竞争力总指数	宏观经济竞争力	产业竞争力	企业竞争力	可持续发展竞争力	金融活动竞争力	科技与文化竞争力	政府管理竞争力	基础设施竞争力	发展水平竞争力
2008	10	7	6	1	8	7	12	8	10	7
2009	8	9	8	3	10	7	12	4	8	6
2010	8	9	8	3	4	8	11	8	8	8
2011	9	9	8	3	7	8	11	10	10	9
趋势	升降	下降	下降	下降	降升降	下降	上升	下降	升降	下降
优势度	劣势	劣势	中势	优势	中势	中势	劣势	劣势	劣势	劣势

表 4-57 赤峰市经济综合竞争力总指数及 9 要素竞争力分值(2008~2011 年)

年份	综合经济竞争力总指数	宏观经济竞争力	产业竞争力	企业竞争力	可持续发展竞争力	金融活动竞争力	科技与文化竞争力	政府管理竞争力	基础设施竞争力	发展水平竞争力
2008	26.0	33.5	65.2	95.1	41.2	19.4	9.0	65.3	0.0	43.5
2009	31.1	19.9	33.5	43.5	14.7	19.3	0.0	56.9	37.6	43.0
2010	30.4	16.3	23.1	40.6	55.8	22.5	17.3	20.6	37.9	33.6
2011	25.8	23.8	35.4	47.5	41.9	21.3	1.4	7.5	6.3	18.5

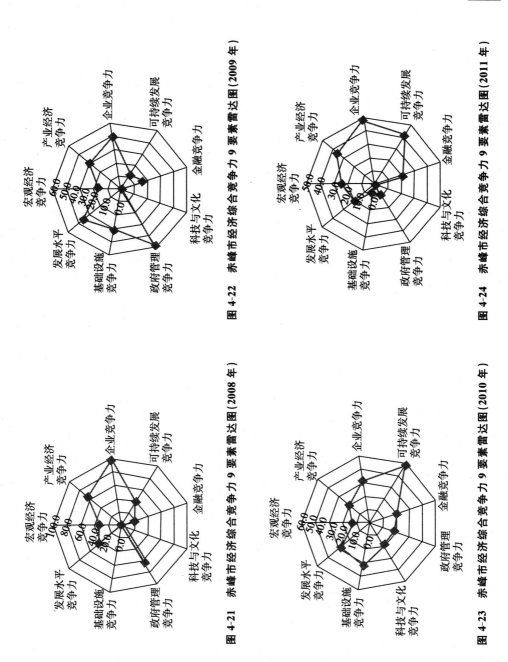

图 4-22 赤峰市经济综合竞争力 9 要素雷达图（2009 年）

图 4-24 赤峰市经济综合竞争力 9 要素雷达图（2011 年）

图 4-21 赤峰市经济综合竞争力 9 要素雷达图（2008 年）

图 4-23 赤峰市经济综合竞争力 9 要素雷达图（2010 年）

二、各要素竞争力发展分析

赤峰市区域经济综合竞争力在全区的位置与通辽市类似,处于中下游区位,但是各要素竞争力差别很大,其中企业竞争力在全区较强,而科技与文化竞争力则位于全区后列。以下详细分析赤峰市各要素四年中的竞争力发展情况。

(一)宏观经济竞争力发展分析

2008~2011 年,赤峰市宏观经济竞争力在全区的排名中分别位列第 7 位、第 9 位、第 9 位和第 9 位,排名小幅下降,在全区处于劣势水平。赤峰市的宏观经济及各要素竞争力在全区的排名变化如表 4-58 所示。从中可以看出,2008~2011 年,赤峰市的经济实力排名经历下降后上升 1 位,居全区第 5 位,处于中势区位;经济结构排名也是先降后升,2011 年居全区第 8 位,处于中势区位;经济外向度排名在2010 年降为第 11 位,随后上升至全区第 7 位,处于中势区位。可见经济实力、经济结构和经济外向度三个要素对赤峰市宏观经济竞争力的贡献一般,均处于中等优势水平。

表 4-58   赤峰市宏观经济及各要素竞争力历年排名

要素 年份	宏观经济竞争力	经济实力	经济结构	经济外向度
2008	7	6	6	8
2009	9	9	8	7
2010	9	8	9	11
2011	9	5	8	7
趋势	下降	降升	下降	升降升
优势度	劣势	中势	中势	中势

(二)产业竞争力发展分析

2008~2011 年,赤峰市产业竞争力在全区的排名中分别位列第 6 位、第 8 位、第 8 位和第 8 位,排名略有下降,处于全区中势区位。赤峰市的产业及各要素竞争力在全区的排名变化如表4-59所示。从中可以看出,2008～2011年,赤峰市的第一产业排名上升2位,居全区第1位,处于优势区位;第二产业排名上升1位,居全区第6位,处于中势区位;第三产业排名基本没有变化,居全区第6位,处于中势区位。可见第一产业是赤峰市产业竞争力的优势要素,第二、三产业产业竞争力的贡献较低。

2011年,赤峰市第一产业增加值达210.74亿元,占全区的比重为15.71%,仅次于呼伦贝尔,居全区第二;地方一般预算支出中农林水事务支出为43.45亿元,占全区的12.01%,居全区第二;农业机械总动力为460.95万千瓦,也位居第2位的水平。可见,赤峰市作为农业大市,在内蒙古自治区具有举足轻重的地位。

表4-59 赤峰市产业及各要素竞争力历年排名

年份 \ 要素	产业竞争力	第一产业	第二产业	第三产业
2008	6	3	7	6
2009	8	4	4	5
2010	8	1	7	6
2011	8	1	6	6
趋势	下降	上升	升降	平稳
优势度	中势	优势	中势	中势

(三)企业竞争力发展分析

2008～2011年,赤峰市企业竞争力在全区的排名中分别位列第1位、第3位、第3位和第3位,排名小幅下降,但历年均处于优势区位,具有明显的竞争优势。赤峰市的企业及各要素竞争力在全区的排名变化如表4-60所示。从中可以看出,2011年与2008年相比,赤峰市的企业规模排名下降1位,位于全区第4,仍处于优势区位;企业效益排名上升1位,排名全区第2位,位于优势区位。可见赤峰市企业竞争力的两个要素:企业规模和企业效益都处于竞争的优势水平。

2011年,赤峰市规模以上工业企业数为526个,占全区总数的12.6%;规模以上工业企业总产值1577.33亿元,占全区比重为9.11%;资产负债率为52.09%,处于较低水平;销售利税率14.02%,也居全区中上游水平。可见赤峰市的企业竞争力在全区具有一定的优势。

表 4-60　赤峰市企业及各要素竞争力历年排名

要素 年份	企业竞争力	企业规模	企业效益
2008	1	3	3
2009	3	3	3
2010	3	3	2
2011	3	4	2
趋势	下降	下降	上升
优势度	优势	优势	优势

(四)可持续发展竞争力发展分析

2008～2011 年,赤峰市可持续发展竞争力在全区的排名分别位列第 8 位、第 10 位、第 4 位和第 7 位,排名升降起伏较大,2011 年仍处于全区中势区位。赤峰市的可持续发展及各要素竞争力在全区的排名变化如表 4-61 所示。从中可以看出,2011 年与 2008 年相比,赤峰市的能源消耗排名上升 1 位,居全区第 4 位,处于优势区位;资源利用排名上升 1 位,居全区第 6 位,处于中势区位;环境保护排名上升 2 位,居全区第 1 位,处于优势区位;人民生活排名下降 1 位,居全区第 9 位,处于劣势区位;人力资源排名上升 1 位,居全区第 9 位,仍处于劣势区位。可见赤峰市可持续发展竞争力的优势主要是能源消耗和环境保护,此外资源利用具有中等竞争优势,但是人民生活和人力资源两要素处于竞争劣势区位。

表 4-61　赤峰市可持续发展及各要素竞争力历年排名

要素 年份	可持续发展竞争力	能源消耗	资源利用	环境保护	人民生活	人力资源
2008	8	5	7	3	8	10
2009	10	4	4	2	11	12
2010	4	4	6	2	11	9

要素 年份	可持续发展竞争力	能源消耗	资源利用	环境保护	人民生活	人力资源
2011	7	4	6	1	9	9
趋势	降升降	上升	升降	上升	降升	降升
优势度	中势	优势	中势	优势	劣势	劣势

（五）金融活动竞争力发展分析

2008～2011 年,赤峰市金融活动竞争力在全区的排名分别为第 7 位、第 7 位、第 8 位和第 8 位;2011 年与 2008 年相比,排名下降 1 位,仍处于中势区位,竞争优势一般。

表 4-62 赤峰市金融活动及各要素竞争力历年排名

要素 年份	金融活动竞争力	金融发展
2008	7	7
2009	7	7
2010	8	8
2011	8	8
趋势	下降	下降
优势度	中势	中势

（六）科技与文化竞争力发展分析

2008～2011 年,赤峰市科技与文化竞争力在全区的排名中分别位于第 12 位、第 12 位、第 11 位和第 11 位,排名略有上升,处于全区劣势地位。赤峰市的科技与文化及各要素竞争力在全区的排名变化如表 4-63 所示。从中可以看出,2011 年与 2008 年相比,赤峰市的科技实力排名上升 1 位,居全区第 11 位,处于完全的劣势位置;文化要素排名 2010 年大幅下滑至第 12 位,2011 年上升至第 9 位,总体趋势从全区优势区位进入劣势区位。可见科技和文化两个要素支撑点都是赤峰市科技与文化竞争力的劣势要素。

表 4-63　赤峰市科技与文化及各要素竞争力历年排名

要素 年份	科技与文化竞争力	科技	文化
2008	12	12	3
2009	12	12	9
2010	11	11	12
2011	11	11	9
趋势	下降	上升	降升
优势度	劣势	劣势	劣势

(七)政府管理竞争力发展分析

2008～2011年,赤峰市政府管理竞争力在全区的排名中分别位列第8位、第4位、第8位和第10位,排名波动下降,2011年在全区处于劣势区位。赤峰市的政府管理及各要素竞争力在全区的排名变化如表4-64所示。从中可以看出,2008～2011年,赤峰市的政府财政排名上升2位,位于全区第8位,处于中势区位;政府调控排名上升1位,居全区第9位,仍处于劣势区位。可见赤峰市政府管理竞争力的两个要素在全区都没有明显的竞争优势,特别是政府调控要素完全处于劣势水平。

表 4-64　赤峰市政府管理及各要素竞争力历年排名

要素 年份	政府管理竞争力	政府财政	政府调控
2008	8	10	10
2009	4	9	10
2010	8	8	10
2011	10	8	9
趋势	升降	上升	上升
优势度	劣势	中势	劣势

(八)基础设施竞争力发展分析

2008～2011 年,赤峰市基础设施竞争力在全区的排名中分别位列第 10 位、第 8 位、第 8 位和第 10 位,2011 年处于全区竞争的劣势区位。赤峰市的基础设施及各要素竞争力在全区的排名变化如表 4-65 所示。从中可以看出,2008～2011 年,赤峰市的健康卫生排名上升 6 位,位于全区第 5 位,处于中势区位;交通设施排名上升 5 位,居全区第 3 位,处于优势地位;现代通信排名下降 1 位,居全区第 11 位,位于劣势区位。可见赤峰市基础设施竞争力的主要优势是健康设施和交通设施这两个要素支撑点,而现代通信则处于竞争的劣势水平。

2011 年末,赤峰市公路里程达 2.32 万公里,居全区首位;旅客周转量 422700 万人公里,占全区的 17.53%,仅次于呼和浩特市;货物周转量 2495600 万吨公里,在全区的占比为 9.12%,排在"呼包鄂"之后。可见赤峰市是内蒙古自治区重要的交通枢纽。

表 4-65 赤峰市基础设施及各要素竞争力历年排名

要素 年份	基础设施竞争力	健康卫生	交通设施	现代通信
2008	10	11	8	10
2009	8	10	4	11
2010	8	9	4	10
2011	10	5	3	11
趋势	升降	上升	上升	下降
优势度	劣势	中势	优势	劣势

(九)发展水平竞争力发展分析

2008～2011 年,赤峰市发展水平竞争力在全区的排名中分别位列第 7 位、第 6 位、第 8 位和第 9 位,呈小幅下降趋势,处于全区劣势区位。赤峰市的发展水平及各要素竞争力在全区的排名变化如表 4-66 所示。从中可以看出,2008～2011 年,赤峰市的工业化水平排名上升 4 位,居全区第 2 位,处于优势区位;城市化水平排名下降 2 位,居全区第 11 位,处于劣势区位;市场化水平排名上升 1 位,居全区第 4 位,处于优势区位。可见赤峰市发展水平竞争力的主要优势是工业化和市场化两个要素,城市化要素支撑点处于竞争的劣势水平。

2011 年赤峰市实现工业总产值 627.87 亿元,位于"呼包鄂"以及通辽之后,占全区工业总产值的 8.3%。2011 年末,赤峰市非国有单位从业人员占全部从业人员的比重为 63.73%,市场化程度较高。

表 4-66　赤峰市发展水平及各要素竞争力历年排名

年份＼要素	发展水平竞争力	工业化	城市化	市场化
2008	7	6	9	5
2009	6	6	9	4
2010	8	5	9	4
2011	9	2	11	4
趋势	升降	上升	下降	上升
优势度	劣势	优势	劣势	优势

三、赤峰市经济综合竞争力典型特征分析

赤峰市是内蒙古自治区第一人口大市,地处东北振兴区和环渤海经济区腹地,近年经济发展速度较快,经济综合竞争力有所提升,各要素构成具有如下显著特点:

第一,第一产业竞争力优势明显。综合以上分析可知,呼伦贝尔市、通辽市和赤峰市是内蒙古自治区三大农业生产基地,三个盟市第一产业增加值之和占到全区一半,是内蒙古自治区重要的"粮仓"。

第二,企业竞争力发展势头强劲。赤峰市是内蒙古自治区企业数量较多的盟市之一。2011 年末,规模以上企业 526 家,总量仅次于包头市;其中重工业企业 380 家,也是跟随包头之后;从企业规模上看,中小型企业居多,占企业总数的 85% 以上。总体上来看,赤峰市企业效益较高,与企业规模一起,共同为企业竞争力的提升做出了贡献。

第三,金融发展滞后,政府财政、科技要素竞争力发展不足,影响了经济综合竞

争力的稳步提升。从近四年赤峰市在政府财政和科技要素方面的竞争力排名来看,虽有小幅上升,但是仍不足以支撑经济综合竞争力的进一步提高。

第四,资源环境保护和社会发展不协调,反差较大,人民生活和人力资源需要进一步改善。资源保护是赤峰市经济发展的一大亮点,在全区处于竞争的优势地位,但是在人民生活改善和人力资源发展方面,严重落后,二者反差极大,严重影响了赤峰市经济发展可持续竞争力的改善和提升。

第五,"三化"发展不平衡,城市化还有大幅改进的余地。赤峰市的工业化和市场化水平较高,位于全区竞争的优势水平,但是城市化进程缓慢,影响了发展水平竞争力。

四、提升赤峰市经济综合竞争力的政策建议

根据以上分析,赤峰市各要素竞争力表现出相差悬殊的特点,因此对于优势要素,要努力保持其优势地位,重点突破劣势要素的竞争力水平。要提升赤峰市经济竞争力的综合水平,政策应从以下几方面倾斜:

第一,努力培养和引进人才。经济要发展,人才需先行。人力资本作为重要的投入要素,在经济增长中扮演越来越重要的角色。赤峰市近年来出现人力资源匮乏的局面,用人单位应该逐步形成有地方政府参与的用人机制,待遇留人和感情留人并用。争取在当前大学生就业形势相对严峻的大背景下,吸引在外求学的本地大学生返乡就业。

第二,提高城镇化水平,有序转移农村剩余劳动力,提高农业生产效率。由以上分析可知,赤峰市第一产业发展态势良好。2011年,第一产业增加值占GDP的比重为15.64%,但是第一产业从业人员比重高达51%,足以说明第一产业生产率很低,大量剩余劳动力急需转移。因此政府要发挥协调和引导作用,加快农村牧区劳动力输出和转移,鼓励有条件的农户发展商贸流通、运输、农畜产品加工等产业。

第三,优化财政支出结构,支出向科技偏斜。赤峰市企业竞争力优势明显,但是政府财政状况不容乐观。2011年地方财政支出中用于科技的支出只有0.29%,最终导致赤峰市科技竞争力全区排名最后。因此赤峰市财政支出结构有待于优化和改善,用于科技的支出需大幅度提高。

第七节

锡林郭勒盟经济综合竞争力分析

　　锡林郭勒盟位于内蒙古自治区中部,面积 20.3 万平方公里,下辖锡林浩特市、二连浩特市、多伦县、阿巴嘎旗、西乌珠沁旗、东乌珠沁旗、苏尼特左旗、苏尼特右旗、太仆寺旗、正镶白旗、正蓝旗和镶黄旗,共 2 市 9 旗 1 县和 3 个自治区级开发区。北与蒙古国接壤,边境线长 1098 公里,有二连浩特和珠恩嘎达布其两个对蒙陆路口岸,其中二连浩特是我国连接蒙古、俄罗斯和中亚、东欧各国的重要大陆桥;南与河北省张家口市、承德市相邻,是距首都北京最近的草原牧区。

　　锡林郭勒盟地上地下资源丰富,可利用草场面积 18 万平方公里,有我国唯一被列入联合国人与生物圈保护网络的国家级草原自然保护区。锡林郭勒盟是草原畜牧业的典型地区,是国家重要的绿色畜产品基地。草原风光旖旎,民族风情独特,有国家级重点文物保护单位元上都遗址和贝子庙、恐龙化石产地"通古尔"等文物古迹,具有发展草原旅游业的独特优势。

　　2011 年底,全盟常住人口 103.31 万人,全年完成地区生产总值 696.69 亿元,完成固定资产投资 490.61 亿元,全社会商品零售总额 144.20 亿元,城镇居民人均可支配收入 17960 元,农牧民人均纯收入 7639 元。

　　本节将对锡林郭勒盟的综合竞争力及各要素竞争力在各年度基本状态及变化趋势进行详细分析,最后给出提升锡林郭勒盟经济综合竞争力的对策建议。

一、锡林郭勒盟经济综合竞争力发展分析

　　2008～2011 年,锡林郭勒盟经济综合竞争力总指数及各要素在全区的排名变化如表 4-67 及图 4-25 至图 4-28 所示。从中可以看出,锡林郭勒盟经济综合竞争力总指数在全区的排名中分别位列第 7 位、第 7 位、第 6 位和第 6 位,表明锡林郭勒盟经济综合竞争力在全区处于中势地位。与 2008 年相比,2011 年的 9 个二级指标中,排位上升的有 6 个,没有变化的有 1 个,排名下降的有 2 个。从二级指标所处的区位来看,在 2011 年处于优势的指标有 3 个,分别是宏观经济竞争力、基础设

施竞争力和发展水平竞争力;处于中势的二级指标有 5 个,分别是产业竞争力、企业竞争力、可持续发展竞争力、金融活动竞争力和政府管理竞争力;处于劣势的指标只有 1 个,即科技与文化竞争力。这表明锡林郭勒盟的二级指标绝大多数在全区具有竞争优势,受这些指标波动变化的影响,锡林郭勒盟经济综合竞争力在四年中处于波动上升的趋势,综合排名由 2008 年的全区第 7 名上升至 2011 年的第 6 名。

表 4-67　锡林郭勒盟经济综合竞争力总指数及 9 要素竞争力排名(2008~2011 年)

年份	综合经济竞争力总指数	宏观经济竞争力	产业竞争力	企业竞争力	可持续发展竞争力	金融活动竞争力	科技与文化竞争力	政府管理竞争力	基础设施竞争力	发展水平竞争力
2008	7	5	7	4	11	8	4	7	7	5
2009	7	6	4	6	5	9	5	5	7	5
2010	6	6	5	5	7	7	7	7	7	5
2011	6	4	6	7	8	7	9	7	4	4
趋势	上升	降升	升降	下降	升降	降升	下降	平稳	上升	上升
优势度	中势	优势	中势	中势	中势	中势	劣势	中势	优势	优势

表 4-68　锡林郭勒盟经济综合竞争力总指数及 9 要素竞争力分值(2008~2011 年)

年份	综合经济竞争力总指数	宏观经济竞争力	产业竞争力	企业竞争力	可持续发展竞争力	金融活动竞争力	科技与文化竞争力	政府管理竞争力	基础设施竞争力	发展水平竞争力
2008	31.9	53.3	44.4	66.9	12.4	24.0	26.2	36.1	35.8	66.8
2009	46.3	41.5	53.9	31.0	48.5	17.1	31.5	50.3	46.0	48.4
2010	40.0	40.3	60.6	27.6	36.8	23.5	36.9	24.2	51.2	51.3
2011	36.9	56.5	41.3	23.9	33.2	22.4	3.4	9.2	39.2	74.1

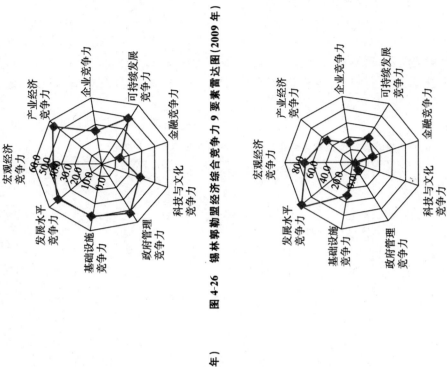

图 4-26 锡林郭勒盟经济综合竞争力 9 要素雷达图(2009 年)

图 4-28 锡林郭勒盟经济综合竞争力 9 要素雷达图(2011 年)

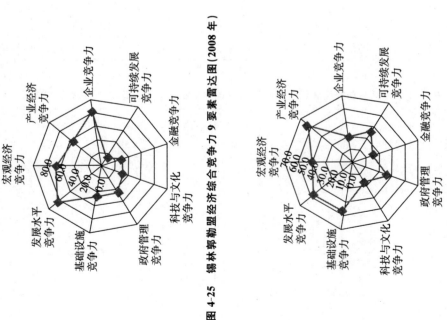

图 4-25 锡林郭勒盟经济综合竞争力 9 要素雷达图(2008 年)

图 4-27 锡林郭勒盟经济综合竞争力 9 要素雷达图(2010 年)

二、各要素竞争力发展分析

在评价期内,锡林郭勒盟区域经济综合竞争力基本上均位于全区中游水平,其中各要素竞争力也处于中游区位,差别较小。以下详细分析锡林郭勒盟各要素四年中的竞争力发展情况。

(一)宏观经济竞争力发展分析

2008~2011 年,锡林郭勒盟宏观经济竞争力在全区的排名中分别位列第 5 位、第 6 位、第 6 位和第 4 位,四年间排名略有上升,在全区处于优势区位。锡林郭勒盟的宏观经济及各要素竞争力在全区的排名变化如表 4-69 所示,从中可以看出,2011 年与 2008 年相比,锡林郭勒盟的经济实力排名大幅下滑 7 位,居全区倒数第 1 位,从中势区位滑入劣势区位;2008~2011 年,经济结构排名下降后又回升至全区第 6 位,处于中势区位;2011 年经济外向度排名上升幅度较大,居全区第 1 位,处于优势区位。可见经济外向度是锡林郭勒盟宏观经济竞争力的主要优势要素,经济结构优势一般,但是经济实力优势下滑明显,竞争优势较弱。

表 4-69 锡林郭勒盟宏观经济及各要素竞争力历年排名

要素 年份	宏观经济竞争力	经济实力	经济结构	经济外向度
2008	5	5	7	3
2009	6	6	9	2
2010	6	6	6	5
2011	4	12	6	1
趋势	降升	下降	降升	升降升
优势度	优势	劣势	中势	优势

(二)产业竞争力发展分析

2008~2011 年,锡林郭勒盟产业竞争力在全区的排名中分别位列第 7 位、第 4

位、第 5 位和第 6 位,排名总体上有所下降,2011 年位列全区第 6 位的中势区位。锡林郭勒盟的产业及各要素竞争力在全区的排名变化如表 4-70 所示,从中可以看出,2011 年与 2008 年相比,锡林郭勒盟的第一产业排名起伏较大,2010 年排名最低,为第 10 位,2011 年大幅上升至全区第 4 位,进入优势区位;2011 年第二产业排名下滑 3 位,居全区第 9 位,落入劣势区位;2011 年第三产业排名下降 2 位,居全区第 7 位,处于中势区位。可见第一产业是锡林郭勒盟产业竞争力的优势要素,第三产业的竞争优势一般,而第二产业处于竞争劣势。

表 4-70 锡林郭勒盟产业及各要素竞争力历年排名

要素 年份	产业竞争力	第一产业	第二产业	第三产业
2008	7	7	6	5
2009	4	6	6	6
2010	5	10	5	5
2011	6	4	9	7
趋势	升降	升降升	升降	下降
优势度	中势	优势	劣势	中势

(三)企业竞争力发展分析

2008～2011 年,锡林郭勒盟企业竞争力在全区的排名中分别位列第 4 位、第 6 位、第 5 位和第 7 位,从优势区位滑入中势区位,竞争优势一般。锡林郭勒盟的企业及各要素竞争力在全区的排名变化如表 4-71 所示,从中可以看出,2011 年与 2008 年相比,锡林郭勒盟的企业规模排名上升 1 位,位于全区第 7 位的中势区位;企业效益排名下滑 1 位,排名全区第 5 位,落入中势区位。锡林郭勒盟企业规模和企业效益两个要素的竞争优势一般,对企业竞争力的推动作用较小。

表 4-71 锡林郭勒盟企业及各要素竞争力历年排名

年份　　　要素	企业竞争力	企业规模	企业效益
2008	4	8	4
2009	6	7	4
2010	5	7	5
2011	7	7	5
趋势	下降	上升	下降
优势度	中势	中势	中势

(四)可持续发展竞争力发展分析

2008～2011 年,锡林郭勒盟可持续发展竞争力在全区的排名分别位列第 11 位、第 5 位、第 7 位和第 8 位,排名呈上升趋势,处于全区中势区位。锡林郭勒盟的可持续发展及各要素竞争力在全区的排名变化如表 4-72 所示,从中可以看出,2011 年与 2008 年相比,锡林郭勒盟的能源消耗排名上升 1 位,居全区第 7 位,处于中势区位;资源利用排名上升 1 位,位于全区第 9 位,仍处于劣势区位;环境保护排名下降 1 位,居全区第 3 位,处于优势区位;人民生活下降 1 位,居全区第 11 位,进入劣势区位;人力资源排名下滑 2 位,居全区第 7 位,处于中势区位。可见锡林郭勒盟可持续发展竞争力的环境保护要素竞争优势明显,能源消耗和人力资源方面竞争优势一般,而资源利用和人民生活两个要素则完全处于竞争的劣势,对可持续发展竞争力的进一步提升有较大的牵制作用。

锡林郭勒盟环境保护力度较强,2011 年地方一般预算支出中,用于节能环保的支出占总支出的 6.64%,占比在全区位列榜首。各项污染防治、节能减排工作实施力度较大,对于落后高污染产能及时关停,特别重视农业源减排,因此环境保护竞争力位列优势区位。

表 4-72　锡林郭勒盟可持续发展及各要素竞争力历年排名

要素 \ 年份	可持续发展竞争力	能源消耗	资源利用	环境保护	人民生活	人力资源
2008	11	8	10	2	10	5
2009	5	6	9	4	7	6
2010	7	7	9	3	6	6
2011	8	7	9	3	11	7
趋势	升降	上升	上升	降升	升降	下降
优势度	中势	中势	劣势	优势	劣势	中势

(五)金融活动竞争力发展分析

2008~2011 年,锡林郭勒盟金融活动竞争力在全区的排名分别位列第 8 位、第 9 位、第 7 位和第 7 位,2011 年相比 2008 年,排名上升 1 位,处于全区中势区位,优势不太明显。

表 4-73　锡林郭勒盟金融活动及各要素竞争力历年排名

要素 \ 年份	金融活动竞争力	金融发展
2008	8	8
2009	9	9
2010	7	7
2011	7	7
趋势	降升	降升
优势度	中势	中势

(六)科技与文化竞争力发展分析

2008~2011 年,锡林郭勒盟科技与文化竞争力在全区的排名中分别位于第 4 位、第 5 位、第 7 位和第 9 位,排名大幅下滑,落入全区劣势区位。锡林郭勒盟的科技与文化及各要素竞争力在全区的排名变化如表 4-74 所示,从中可以看出,2011 年与 2008 年相比,锡林郭勒盟的科技实力排名上升 1 位,居全区第 7 位,处于中势区位;文化要素排名大幅上升 6 位,位于全区第 5 位,由劣势区位进入中势区位。但是总体来说,锡林郭勒盟科技与文化竞争力的科技和文化两个要素在全区的竞争优势并不明显。

表 4-74　锡林郭勒盟科技与文化及各要素竞争力历年排名

年份 ＼ 要素	科技与文化竞争力	科技	文化
2008	4	8	11
2009	5	9	10
2010	7	6	11
2011	9	7	5
趋势	下降	降升	上升
优势度	劣势	中势	中势

(七)政府管理竞争力发展分析

2008～2011 年,锡林郭勒盟政府管理竞争力在全区的排名中分别位列第 7 位、第 5 位、第 7 位和第 7 位,排名略有波动,2011 年在全区处于中势区位。锡林郭勒盟的政府管理及各要素竞争力在全区的排名变化如表 4-75 所示,从中可以看出,2011 年与 2008 年相比,锡林郭勒盟的政府财政排名下降 2 位,位于全区第 9 位,处于劣势区位;政府管理排名大幅上升 5 位,居全区第 3 位,进入优势区位。可见政府调控竞争优势较为明显,而政府财政劣势较大,影响了锡林郭勒盟政府管理竞争力的总体提升。

(八)基础设施竞争力发展分析

2008～2011 年,锡林郭勒盟基础设施竞争力在全区的排名中分别位列第 7 位、第 7 位、第 7 位和第 4 位,2011 年相比 2008 年排名上升 3 位,进入全区优势区

表 4-75　锡林郭勒盟政府管理及各要素竞争力历年排名

年份＼要素	政府管理竞争力	政府财政	政府调控
2008	7	7	8
2009	5	5	3
2010	7	7	5
2011	7	9	3
趋势	平稳	升降	升降升
优势度	中势	劣势	优势

位。锡林郭勒盟的基础设施及各要素竞争力在全区的排名变化如表 4-76 所示,从中可以看出,2011 年与 2008 年相比,锡林郭勒盟的健康卫生要素排名上升 4 位,位于全区第 3 位,处于优势区位;交通设施排名下降 2 位,居全区第 5 位,处于中势地位;现代通信排名上升 2 位,居全区第 4 位,进入优势区位。可见健康卫生和现代通信在全区有着明显的竞争优势,对锡林郭勒盟基础设施竞争力的提升具有拉动作用,而交通设施处于中势区位,优势并不明显。

表 4-76　锡林郭勒盟基础设施及各要素竞争力历年排名

年份＼要素	基础设施竞争力	健康卫生	交通设施	现代通信
2008	7	7	3	6
2009	7	6	5	6
2010	7	5	5	5
2011	4	3	5	4
趋势	上升	上升	下降	上升
优势度	优势	优势	中势	优势

（九）发展水平竞争力发展分析

2008～2011年,锡林郭勒盟发展水平竞争力在全区的排名中分别位列第5位、第5位、第5位和第4位,排名呈小幅上升趋势,并进入全区优势区位。锡林郭勒盟的发展水平及各要素竞争力在全区的排名变化如表4-77所示,从中可以看出,2011年与2008年相比,锡林郭勒盟的工业化水平排名下降5位,居全区第10位,由中势区位落入劣势区位;城市化水平排名下降1位,居全区第6位,仍处于全区中势区位;市场化水平排名上升1位,居全区第7位,处于中势区位。可见城市化和市场化这两个要素是锡林郭勒盟发展水平竞争力的优势,但是工业化处于全区的劣势水平,对发展水平竞争力的进一步提升有一定的影响。

表4-77 锡林郭勒盟发展水平及各要素竞争力历年排名

要素 年份	发展水平竞争力	工业化	城市化	市场化
2008	5	5	5	8
2009	5	9	5	8
2010	5	7	5	7
2011	4	10	6	7
趋势	上升	下降	下降	上升
优势度	优势	劣势	中势	中势

三、锡林郭勒盟经济综合竞争力典型特征分析

锡林郭勒盟地处内蒙古自治区中部,是国家重要的畜产品基地和西部大开发的前沿,近年来经济发展稳步提升,竞争力均位于全区中等优势水平,其构成要素具有如下显著特点:

第一,外向型经济特征显著,但经济实力竞争力排名下滑明显。锡林郭勒盟与蒙古国边境线长达1098公里,有二连浩特和珠恩嘎达布其两个常年开放的国家一

类陆路口岸,在地理位置上具备发展外向型经济条件。由以上分析可知,锡林郭勒盟外向型经济竞争力发展迅速,2011 年位列全区第 1 位。但是作为宏观经济的重要组成部分,经济实力竞争力的下滑必须引起注意,2011 年在全区排最后一位,从而导致宏观经济竞争力居全区中上游水平。

第二,产业竞争力虽有小幅提升,但贡献主要来源于第一产业,第二、三产业竞争力下降趋势明显。锡林郭勒盟第一产业的优势在于畜牧业,2011 年牧业总产值91.13 亿元,占全区牧业总产值的 8.69%,份额相对较大,但是增长空间仍然很大;第二产业和第三产业在锡林郭勒盟并不具有竞争力优势。

第三,基础设施竞争力提升较快,特别是医疗设施和现代通信比较发达,但是交通设施竞争力排名下降幅度较大。

第四,企业规模虽有扩大,但是企业效益逐年降低,导致企业竞争力排名逐年下滑。

四、提升锡林郭勒盟经济综合竞争力的政策建议

锡林郭勒盟经济发展的典型特征是外向型、畜牧型和旅游型,因此在这些方面应保持并提升其优势地位,强化管理,重点突破。

第一,发挥地理位置优势,着力提升外向型经济竞争力水平。努力扩大进出口贸易,培育壮大外贸企业,加强与俄罗斯、蒙古国的经济技术合作,不断提高利用外资的规模和水平。同时要充分挖掘口岸资源潜力,发展口岸物流业和旅游业,推动边境小额贸易、加工贸易,形成优势特色口岸经济,在加强、发展第三产业的同时,使其成为带动锡林郭勒盟经济发展的新引擎。

第二,继续做大、做强农畜产品加工业。重点打造一定规模的牛肉加工、羊肉加工、玉米深加工等产业集群,解决各产业发展中存在的瓶颈问题,促进农畜产品加工业持续、稳步、快速发展。同时实施品牌带动战略,打造一批知名企业和名牌产品。锡林郭勒盟牛羊肉已经成为最上乘牛羊肉的代名词,锡林郭勒盟应该围绕大型肉羊、肉牛加工龙头企业,重点加强牛羊肉生产基地建设,建立健全肉牛、肉羊良种繁育、模式化育肥体系,提高出栏率和个体产肉性能,满足加工企业生产的需要。

第八节
乌兰察布市经济综合竞争力分析

乌兰察布市位于内蒙古自治区中部,东西长 458 千米,南北宽 442 千米。东部与河北省接壤,东北部与锡林郭勒盟相邻,南部与山西省相连,西部与呼和浩特市毗连,北部与蒙古国交界,国境线长 100 多千米,总面积 5.5 万平方公里。2003 年 12 月 1 日,经国务院批准,乌兰察布市撤盟设市,成立乌兰察布市。全市辖集宁区、丰镇市、卓资县、化德县、商都县、兴和县、凉城县、察哈尔右翼前旗、察哈尔右翼中旗、察哈尔右翼后旗、四子王旗,1 区、1 市、4 旗、5 县,共 11 个旗县市区。乌兰察布市畜牧业资源较为丰富,全市天然草场面积为 5152.8 万亩,可利用草场面积为 4643.3 万亩,草场面积占全市总面积的 63%。天然草场主要以平原荒漠草原为主体,其次是丘陵典型草原类,再次是分布于后山地区的平原典型草原类和平原草原化荒漠草原类。

2011 年底,全市常住人口 231.46 万人,全年完成地区生产总值 690.04 亿元,完成固定资产投资 459.67 亿元,全社会商品零售总额 190.70 亿元,城镇居民人均可支配收入 16314 元,农牧民人均纯收入 5092 元。

本节将对乌兰察布市的综合竞争力及各要素竞争力在各年度基本状态及变化趋势进行详细分析,最后提出提升乌兰察布市经济综合竞争力的对策建议。

一、乌兰察布市经济综合竞争力发展分析

2008~2011 年,乌兰察布市的经济综合竞争力总指数及各要素在全区的排名变化如表 4-78 及图 4-29 至图 4-32 所示。从中可以看出,乌兰察布市经济综合竞争力总指数在全区的排名中分别位列第 11 位、第 12 位、第 11 位和第 11 位,可见乌兰察布市经济综合竞争力在全区处于比较明显的劣势地位。与 2008 年相比,2011 年的 9 个二级指标中,排位上升的有 1 个,没有变化的有 4 个,排名下降的有 4 个。从二级指标所处的区位来看,2011 年乌兰察布市没有处于优势区位的指标;处于中势区位的二级指标只有政府管理竞争力 1 个,其他二级指标都处于劣势区

位。这表明乌兰察布市绝大多数的二级指标在全区处于竞争劣势地位,受这些指标波动变化的影响,乌兰察布市经济综合竞争力排名在四年中一直处于全区的后两位。

表4-78　乌兰察布市经济综合竞争力总指数及9要素竞争力排名(2008～2011年)

年份	综合经济竞争力总指数	宏观经济竞争力	产业竞争力	企业竞争力	可持续发展竞争力	金融活动竞争力	科技与文化竞争力	政府管理竞争力	基础设施竞争力	发展水平竞争力
2008	11	10	10	7	12	11	3	12	9	10
2009	12	10	11	12	12	11	8	12	12	8
2010	11	11	11	11	8	11	9	11	11	11
2011	11	11	11	11	12	11	12	6	9	10
趋势	平稳	下降	下降	下降	升降	平稳	下降	上升	降升	升降
优势度	劣势	劣势	劣势	劣势	劣势	劣势	劣势	中势	劣势	劣势

表4-79　乌兰察布市经济综合竞争力总指数及9要素竞争力分值(2008～2011年)

年份	综合经济竞争力总指数	宏观经济竞争力	产业竞争力	企业竞争力	可持续发展竞争力	金融活动竞争力	科技与文化竞争力	政府管理竞争力	基础设施竞争力	发展水平竞争力
2008	9.2	31.5	16.5	42.9	0.0	12.5	28.9	0.0	11.3	38.3
2009	0.0	6.3	11.4	0.0	0.0	9.9	16.6	0.0	0.0	32.2
2010	9.0	11.9	9.4	4.5	28.9	11.8	25.7	7.8	0.5	16.3
2011	5.3	7.8	9.5	9.2	0.0	10.5	0.0	10.1	6.4	11.3

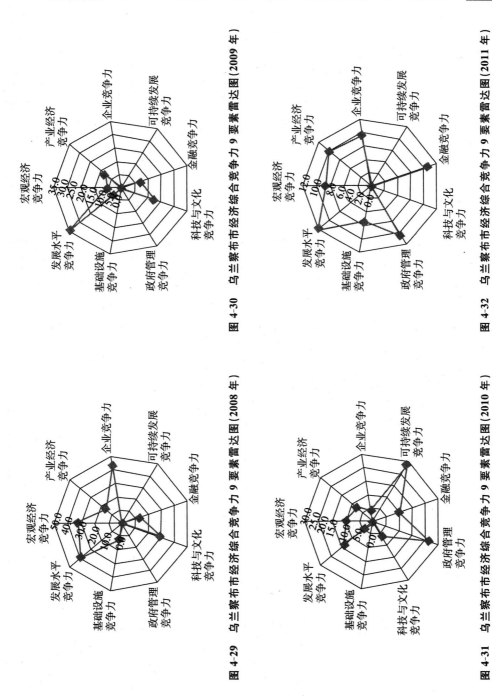

图 4-29 乌兰察布市经济综合竞争力 9 要素雷达图 (2008 年)

图 4-30 乌兰察布市经济综合竞争力 9 要素雷达图 (2009 年)

图 4-31 乌兰察布市经济综合竞争力 9 要素雷达图 (2010 年)

图 4-32 乌兰察布市经济综合竞争力 9 要素雷达图 (2011 年)

二、各要素竞争力发展分析

在评价期内,乌兰察布市区域经济综合竞争力也基本上位于全区后列,其中各要素竞争力也相对较弱,特别是宏观经济、金融活动以及产业等竞争力,四年中均位于全国后三位。以下详细分析乌兰察布市各要素四年中的竞争力发展情况。

(一)宏观经济竞争力发展分析

2008～2011年,乌兰察布市宏观经济竞争力在全区的排名中分别位列第10位、第10位、第11位和第11位,排名呈略有下降趋势,在全区处于劣势区位。乌兰察布市的宏观经济及各要素竞争力在全区的排名变化如表4-80所示,从中可以看出,2011年与2008年相比,乌兰察布市的经济实力排名上升3位,居全区第8位,进入中势区位;经济结构排名上升1位,居全区第9位,仍处于劣势地位;经济外向度排名下滑5位,居全区第9位,处于劣势区位。可见乌兰察布市宏观经济竞争力的经济实力要素具有中等竞争优势,而经济结构和经济外向度都处于竞争劣势水平。

表4-80 乌兰察布市宏观经济及各要素竞争力历年排名

要素 年份	宏观经济竞争力	经济实力	经济结构	经济外向度
2008	10	11	10	4
2009	10	12	8	11
2010	11	12	8	8
2011	11	8	9	9
趋势	下降	降升	上升	降升
优势度	劣势	中势	劣势	劣势

(二)产业竞争力发展分析

2008～2011年,乌兰察布市产业竞争力在全区的排名中分别位列第10位、第11位、第11位和第11位,排名呈略有下降趋势,处于完全劣势区位。乌兰察布市

202

的产业及各要素竞争力在全区的排名变化如表 4-81 所示,从中可以看出,2011 年与 2008 年相比,乌兰察布市的第一产业竞争力排名有较大幅度的提升,2011 年居全区第 5 位,处于中势地位;第二产业排名在 2008～2011 年有小幅波动后 2011 年又回到全区第 11 位,仍处于劣势区位;第三产业排名下滑 1 位,居全区第 9 位,处于劣势区位。可见乌兰察布市产业竞争力的主要优势是第一产业,而第二、第三产业这两个要素处于竞争劣势水平。

2011 年,乌兰察布市第一产业增加值占全区的 8.33%,份额相对较高。但是由于第二产业竞争力相对薄弱,从而导致产业竞争力整体上处于劣势水平。

表 4-81　乌兰察布市产业及各要素竞争力历年排名

年份 ＼ 要素	产业竞争力	第一产业	第二产业	第三产业
2008	10	10	11	8
2009	11	10	11	10
2010	11	4	8	8
2011	11	5	11	9
趋势	下降	上升	升降	降升
优势度	劣势	中势	劣势	劣势

(三)企业竞争力发展分析

2008～2011 年,乌兰察布市企业竞争力在全区的排名中分别位列第 7 位、第 12 位、第 11 位和第 11 位,排名呈大幅下降趋势,进入劣势区位。乌兰察布市的企业及各要素竞争力在全区的排名变化如表 4-82 所示,从中可以看出,2011 年与 2008 年相比,乌兰察布市的企业规模排名下降 1 位,位于全区第 8 位,处于中势区位;企业效益排名波动较大,2011 年排名全区第 12 位,完全处于劣势区位。可见乌兰察布市企业竞争力的企业规模要素优势一般,而在企业效益上竞争劣势较为明显。

2011 年末,乌兰察布市规模以上工业企业数为 373 家,主要以中小型企业为主;资产负债率高达 72.75%,销售利税率只有 12.09%,基本上位于全区最低水平,致使企业竞争力排名比较靠后。

表 4-82　乌兰察布市企业及各要素竞争力历年排名

年份 \ 要素	企业竞争力	企业规模	企业效益
2008	7	7	7
2009	12	8	11
2010	11	8	6
2011	11	8	12
趋势	降升	下降	降升降
优势度	劣势	中势	劣势

(四)可持续发展竞争力发展分析

　　2008~2011 年,乌兰察布市可持续发展竞争力在全区的排名分别位列第 12 位、第 12 位、第 8 位和第 12 位,中间虽有起伏,但最终排名没有变化,仍处于劣势区位。乌兰察布市的可持续发展及各要素竞争力在全区的排名变化如表 4-83 所示,从中可以看出,2011 年与 2008 年相比,乌兰察布市的能源消耗排名基本上没有变化,居全区第 10 位,处于劣势区位;资源利用排名上升 1 位,位于全区第 10 位,处于劣势区位;环境保护排名虽下降 1 位,居全区第 2 位,但处于绝对优势区位;人民生活排名上升 2 位,居全区第 10 位,处于劣势区位;人力资源排名大幅下滑 3 位,居全区第 12 位的完全劣势区位。可见,环境保护是乌兰察布市可持续发展竞争力的主要优势要素,而能源消耗、资源利用、人民生活和人力资源方面则完全处于竞争劣势水平。

　　2011 年,乌兰察布市地方一般预算支出中用于节能环保的支出达 11.91 亿元,占总支出的比例高达 6.39%,高于全区其他盟市,但由于其他方面竞争力明显处于劣势,导致可持续发展竞争力整体上落后于其他盟市。

表 4-83　乌兰察布市可持续发展及各要素竞争力历年排名

年份＼要素	可持续发展竞争力	能源消耗	资源利用	环境保护	人民生活	人力资源
2008	12	10	11	1	12	9
2009	12	11	10	1	10	10
2010	8	11	10	1	8	11
2011	12	10	10	2	10	12
趋势	升降	降升	上升	下降	升降	下降
优势度	劣势	劣势	劣势	优势	劣势	劣势

（五）金融活动竞争力发展分析

表 4-84　乌兰察布市金融活动及各要素竞争力历年排名

年份＼要素	金融活动竞争力	金融发展
2008	11	11
2009	11	11
2010	11	11
2011	11	11
趋势	平稳	平稳
优势度	劣势	劣势

2008～2011 年,乌兰察布市金融活动竞争力在全区的排名一直位列第 11 位,排名稳定,且完全处于劣势区位。

2011 年底,乌兰察布市金融机构存贷款余额为 776.43 亿元,不到首府呼和浩特市的 1/7,在全区的占比仅为 3.78％;保险金额也仅占全区的 3.98％。

（六）科技与文化竞争力发展分析

2008～2011 年,乌兰察布市科技与文化竞争力在全区的排名中分别位于第 3

位、第 8 位、第 9 位和第 12 位,排名大幅下滑,2011 年处于全区最后一位。乌兰察布市的科技与文化及各要素竞争力在全区的排名变化如表 4-85 所示,从中可以看出,2011 年与 2008 年相比,乌兰察布市的科技实力竞争力在 2009 年和 2010 年下降至第 10 位,2011 年反弹至第 8 位,处于中势区位;文化要素排名在 2008~2010 年均位于优势区位,但是 2011 年大幅下降,位于全区第 11 位,从优势区位滑入劣势区位。以上子要素竞争力的变化共同导致乌兰察布市科技与文化竞争力在 2011 年大幅下降至全区最后一位。

表 4-85　乌兰察布市科技与文化及各要素竞争力历年排名

要素 年份	科技与文化竞争力	科技	文化
2008	3	7	4
2009	8	10	1
2010	9	10	3
2011	12	8	11
趋势	下降	降升	升降
优势度	劣势	中势	劣势

(七)政府管理竞争力发展分析

2008~2011 年,乌兰察布市政府管理竞争力在全区的排名中分别位列第 12 位、第 12 位、第 11 位和第 6 位,排名有大幅提升,2011 年在全区处于中势区位。乌兰察布市的政府管理及各要素竞争力在全区的排名变化如表 4-86 所示,从中可以看出,2011 年与 2008 年相比,乌兰察布市的政府财政排名上升 1 位,位于全区第 11 位,但仍处于劣势区位;政府调控排名下降 1 位,居全区倒数第 1 位的劣势区位。可见乌兰察布市政府管理竞争力的政府财政和政府调控两要素完全处于竞争的劣势区位。

表 4-86　乌兰察布市政府管理及各要素竞争力历年排名

年份 ＼ 要素	政府管理竞争力	政府财政	政府调控
2008	12	12	11
2009	12	12	11
2010	11	11	11
2011	6	11	12
趋势	上升	上升	下降
优势度	中势	劣势	劣势

（八）基础设施竞争力发展分析

2008～2011 年,乌兰察布市基础设施竞争力在全区的排名中分别位列第 9 位、第 12 位、第 12 位和第 9 位,最终排名没有变化,处于全区劣势区位。乌兰察布市的基础设施及各要素竞争力在全区的排名变化如表 4-87 所示,从中可以看出,2011 年与 2008 年相比,乌兰察布市的健康卫生排名下降 1 位,位于全区第 11 位,处于劣势区位;交通设施排名没有变化,居全区第 10 位,同样处于劣势地位;现代通信排名下降 1 位,居全区第 9 位,离开中势区位,滑入劣势区位。可见乌兰察布市基础设施竞争力没有具有优势的要素支撑点,健康卫生、交通设施和现代通信三个要素都在全区处于竞争的劣势区位。

表 4-87　乌兰察布市基础设施及各要素竞争力历年排名

年份 ＼ 要素	基础设施竞争力	健康卫生	交通设施	现代通信
2008	9	10	10	8
2009	12	12	10	8
2010	12	11	10	8
2011	9	11	10	9
趋势	降升	降升	平稳	下降
优势度	劣势	劣势	劣势	劣势

(九)发展水平竞争力发展分析

2008～2011年,乌兰察布市发展水平竞争力在全区的排名中分别位列第10位、第8位、第11位和第10位,最终排名没有变化,仍处于劣势区位。乌兰察布市的发展水平及各要素竞争力在全区的排名变化如表4-88所示,从中可以看出,2011年与2008年相比,乌兰察布市的工业化水平排名上升2位,居全区第7位,处于中势区位;城市化水平排名小幅上升后又落至全区第12位,处于劣势地位;市场化水平排名上升1位,居全区第6位,处于中势区位。可见乌兰察布发展水平竞争力的工业化和市场化两要素具备一般的竞争优势,而城市化要素处于竞争劣势,影响了发展水平竞争力的提升。

表 4-88　乌兰察布市发展水平及各要素竞争力历年排名

年份 ＼ 要素	发展水平竞争力	工业化	城市化	市场化
2008	10	9	12	7
2009	8	8	11	6
2010	11	9	10	6
2011	10	7	12	6
趋势	升降	上升	升降	上升
优势度	劣势	中势	劣势	中势

三、乌兰察布市经济综合竞争力典型特征分析

乌兰察布市位于内蒙古自治区中部,近年经济发展较快,但是总体水平不高,经济综合竞争力一直位于全区劣势水平,各要素构成具有如下显著特点:

第一,经济结构不合理、外向型经济大幅下滑、产业竞争力发展严重滞后,导致经济增长动力不足。近几年来,乌兰察布市的经济结构始终处于失衡状态,在全区处于竞争的劣势,再加上经济基础薄弱,导致经济发展不平衡,素质较差。由于外向型经济最终依赖于自身的经济实力,而进出口贸易容易受到外部因素的影响,从而导致宏观经济竞争力始终处于全区劣势水平。此外,由于产业竞争力薄弱,特别

是第二产业和第三产业竞争优势较弱,导致经济综合竞争力提升乏力。

第二,政府财政、金融发展和科技与文化竞争力发展完全处于劣势水平。作为经济发展的重要保障和支撑,乌兰察布市在政府财政、金融发展和科技与文化方面,完全处于竞争劣势水平,无法为经济综合竞争力的提升提供可靠的保障作用。

第三,能源消耗、人民生活和人力资源压力并存,限制了可持续发展竞争力的提升。由于粗放式的经济发展模式,经济增长对能源消耗的依赖较为严重,高能耗、低资源综合利用率导致经济增长缺乏可持续性。此外,人民生活水平持续落后,城乡收入差异较大以及人力资源的匮乏等因素共同制约了乌兰察布市的经济可持续发展能力。

第四,基础设施薄弱,无法为经济发展提供基础保障作用。乌兰察布市的基础设施竞争力完全处于劣势水平,对区域经济发展提供的支撑不足,影响了经济综合竞争力的提升。

第五,城市化严重滞后,"三化"发展失衡。相对于工业化和市场化,乌兰察布市城市化进程严重滞后,导致"三化"发展极为不协调,影响了经济综合竞争力的提升。

第六,环境保护力度较强。环境保护是乌兰察布市的优势所在。近年来其竞争力排名均位于全区榜首,对经济可持续发展的总体劣势竞争态势具有有效的牵制作用。

四、提升乌兰察布市经济综合竞争力的政策建议

由于乌兰察布市经济综合竞争力整体上位于全区的劣势区位,各要素竞争力均相对较弱。因此,促进经济社会发展全面提升需要找到有力的引擎,需从以下几个方面重点突破:

第一,发展高效农业。乌兰察布市第一产业竞争力已有很大的提升,政府应继续加强引导,以市场配置为主导,提高农业生产效率。乌兰察布市因盛产马铃薯而被称为我国的"马铃薯之乡",因此,要继续秉承优势产业,在提高产量、畅通销路、提高储运能力方面下功夫,把马铃薯产业打造成为乌兰察布市乃至内蒙古自治区的特色产业,使其能够带动一方经济的全面繁荣。

第二,提高城市化水平,有序转移剩余劳动力,加快城市基础设施建设步伐。城镇化战略是经济社会发展到一定阶段的必由之路。当前我国进入城镇化加速发展时期,有效转移农村剩余劳动力,解决好农民工的身份问题,是有效扩大内需,拉动经济增长的重要引擎,乌兰察布市面临同样的问题。

第三,规范特色旅游业。乌兰察布市有距首府呼和浩特市最近的辉腾锡勒、黄花沟以及格根达拉等著名草原景点,但是缺乏规范、统一的管理,景区分散式经营,"宰客"现象、服务意识差等问题比较突出,游客往往是"尽兴而去,败兴而归"。因此政府需有效管理,提高景区经营者服务意识和服务水平,使草原旅游业成为乌兰察布市带动经济发展的重要产业。

第九节
鄂尔多斯市经济综合竞争力分析

鄂尔多斯,蒙古语意为"众多宫殿",位于内蒙古自治区西南部,西、北、东三面被黄河环绕,南临长城,与黄土高原相连,与宁夏回族自治区、陕西省和山西省毗邻,海拔高度在850～2149米,辖区面积8.7万平方公里。2001年2月26日,国务院批准撤销伊克昭盟,设立为地级鄂尔多斯市,下辖东胜区、达拉特旗、准格尔旗、伊金霍洛旗、杭锦旗、乌审旗、鄂托克前旗等七旗一区,市政府在东胜区。煤炭是鄂尔多斯的重要矿产资源,其主要特点是储量大、埋藏浅、易开采,且高发热量、高挥发分、高灰熔点、低灰、低硫、低磷。目前,已探明储量1496亿吨,预测总储量为7656亿吨,占全国总储量的1/6,大多是工业用优质煤,占全国优质动力煤保有储量的80%左右。

2011年底,全市常住人口199.93万人,全年完成地区生产总值3218.54亿元,完成固定资产投资2238.41亿元,全社会商品零售总额为446.60亿元,城镇居民人均可支配收入为29283元,农牧民人均纯收入为10047元。

本节将对鄂尔多斯市的综合竞争力及各要素竞争力在各年度基本状态及变化趋势进行详细分析,最后提出提升鄂尔多斯市经济综合竞争力的对策建议。

一、鄂尔多斯市经济综合竞争力发展分析

2008～2011年,鄂尔多斯市的经济综合竞争力总指数及各要素在全区的排名变化如表4-89及图4-33至图4-36所示。从中可以看出,鄂尔多斯市经济综合竞争力总指数在全区的排名中分别位列第3位、第1位、第1位和第1位,表明鄂尔

多斯市经济综合竞争力在全区处于明显的优势地位。与 2008 年相比,2011 年的 9 个二级指标中,排位上升的有 4 个,没有变化的有 3 个,排名下降的有 2 个。从二级指标所处的区位来看,2011 年处于优势区位的指标有 8 个,分别是宏观经济竞争力、产业竞争力、企业竞争力、可持续发展竞争力、金融活动竞争力、科技与文化竞争力、政府管理竞争力和发展水平竞争力;处于劣势的二级指标只有基础设施竞争力;没有处于中势位的指标。这表明鄂尔多斯市绝大多数的二级指标在全区处于明显的竞争优势,受这些指标的影响,鄂尔多斯市经济综合竞争力在四年中处于明显的优势区位,综合排名由 2008 年的全区第 3 名升至 2011 年的第 1 名。

表 4-89　鄂尔多斯市经济综合竞争力总指数及 9 要素竞争力排名(2008～2011 年)

年份	综合经济竞争力总指数	宏观经济竞争力	产业竞争力	企业竞争力	可持续发展竞争力	金融活动竞争力	科技与文化竞争力	政府管理竞争力	基础设施竞争力	发展水平竞争力
2008	3	2	1	3	2	2	6	1	6	2
2009	1	2	3	1	4	2	2	1	4	1
2010	1	3	1	1	2	1	3	1	5	1
2011	1	3	1	1	2	1	3	1	12	1
趋势	上升	下降	降升	上升	降升	上升	上升	平稳	下降	上升
优势度	优势	优势	优势	优势	优势	优势	优势	优势	劣势	优势

表 4-90　鄂尔多斯市经济综合竞争力总指数及 9 要素竞争力分值(2008～2011 年)

年份	综合经济竞争力总指数	宏观经济竞争力	产业竞争力	企业竞争力	可持续发展竞争力	金融活动竞争力	科技与文化竞争力	政府管理竞争力	基础设施竞争力	发展水平竞争力
2008	82.8	86.9	100.0	94.9	75.3	87.5	13.6	100.0	46.6	86.9
2009	100.0	76.0	65.2	100.0	56.9	88.4	61.2	100.0	76.6	100.0
2010	100.0	78.0	100.0	100.0	90.3	100.0	52.6	100.0	61.8	100.0
2011	100.0	70.4	100.0	100.0	98.5	100.0	13.4	100.0	0.0	100.0

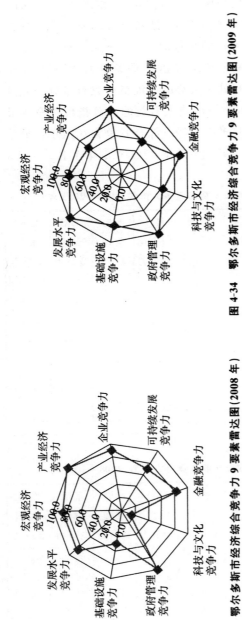

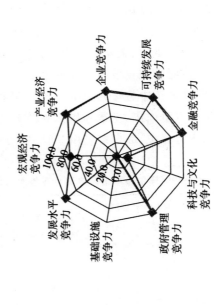

图 4-33　鄂尔多斯市经济综合竞争力 9 要素雷达图(2008 年)

图 4-34　鄂尔多斯市经济综合竞争力 9 要素雷达图(2009 年)

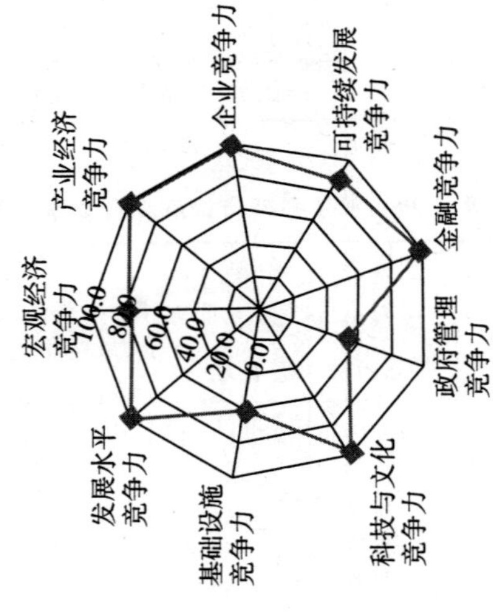

图 4-35　鄂尔多斯市经济综合竞争力 9 要素雷达图(2010 年)

图 4-36　鄂尔多斯市经济综合竞争力 9 要素雷达图(2011 年)

二、各要素竞争力发展分析

鄂尔多斯市区域经济综合竞争力在全自治区一直位于前列,领先优势来源于宏观经济竞争力、产业竞争力、企业竞争力、可持续发展竞争力、金融活动竞争力、政府管理竞争力、发展水平竞争力。以下是鄂尔多斯市四年中各要素竞争力的详细发展情况。

(一)宏观经济竞争力发展分析

2008~2011 年,鄂尔多斯市宏观经济竞争力在全区的排名中分别位列第 2 位、第 2 位、第 3 位和第 3 位,排名呈略有下降趋势,但在全区仍处于优势区位。鄂尔多斯市的宏观经济及各要素竞争力在全区的排名变化如表 4-91 所示,从中可以看出,2011 年与 2008 年相比,鄂尔多斯市的经济实力排名下降了 1 位,居全区第 2 位,处于优势地位;经济结构排名保持稳定,居全区第 4 位,处于优势区位;经济外向度排名下滑 3 位,居全区第 8 位,处于中势区位。可见经济实力和经济结构是保持鄂尔多斯市宏观经济竞争力优势的主要要素,而经济外向度的竞争优势不明显。

2011 年鄂尔多斯市实现 GDP 占到全区的 21%,人均 GDP 达 163014 元,远远高于全区其他盟市,可见在经济实力方面,鄂尔多斯有着显著的竞争优势。

表 4-91　鄂尔多斯市宏观经济及各要素竞争力历年排名

年份＼要素	宏观经济竞争力	经济实力	经济结构	经济外向度
2008	2	1	4	5
2009	2	1	4	8
2010	3	1	4	9
2011	3	2	4	8
趋势	下降	下降	平稳	下降
优势度	优势	优势	优势	中势

(二)产业竞争力发展分析

2008～2011年,鄂尔多斯市产业竞争力在全区的排名中分别位列第1位、第3位、第1位和第1位,处于全区优势区位。鄂尔多斯市的产业及各要素竞争力在全区的排名变化如表4-92所示,从中可以看出,2011年与2008年相比,鄂尔多斯市的第一产业排名下降3位,居全区第8位,处于中势地位;第二产业排名起伏不大,居全区第1位,竞争优势明显;第三产业排名下降3位,居全区第4位,仍处于优势区位。可见第二产业和第三产业是鄂尔多斯市产业竞争力的主要优势,相比而言第一产业不具有竞争优势,且下降幅度较大。

2011年,鄂尔多斯市第二产业增加值为1933.68亿元,高于排在全区第二的包头市近300亿元,占全区比重达22.63%,其中工业和建筑业占全区比重分别为22.78%和21.41%。鄂尔多斯市第三产业较为发达,但是2011年由于受到本地金融危机的影响,房地产业大幅收缩,导致第三产业竞争力骤降。

表4-92　鄂尔多斯市产业及各要素竞争力历年排名

年份 ＼ 要素	产业竞争力	第一产业	第二产业	第三产业
2008	1	5	1	1
2009	3	5	2	2
2010	1	7	1	1
2011	1	8	1	4
趋势	降升	下降	降升	降升降
优势度	优势	中势	优势	优势

(三)企业竞争力发展分析

2008～2011年,鄂尔多斯市企业竞争力在全区的排名中分别位列第3位、第1位、第1位和第1位,排名由第3位升至榜首,具有明显竞争优势。鄂尔多斯市的企业及各要素竞争力在全区的排名变化如表4-93所示,从中可以看出,2008～2011年,鄂尔多斯市的企业规模和企业效益排名稳定,基本上位于全区榜首,竞争优势明显。

表 4-93　鄂尔多斯市企业及各要素竞争力历年排名

年份 ＼ 要素	企业竞争力	企业规模	企业效益
2008	3	1	1
2009	1	1	1
2010	1	1	4
2011	1	1	1
趋势	上升	平稳	降升
优势度	优势	优势	优势

2011 年,鄂尔多斯市规模以上工业企业数达 385 个,且以大中型企业为主,实现总产值 3743.73 亿元。主营业务收入超亿元的工业企业主要分布于燃气、化工、电力、建材、石油炼焦、黑色金属、纺织以及装备制造等行业。资产负债率只有 48%,在各盟市中最小;销售利税率 31%,居全区首位。

(四)可持续发展竞争力发展分析

2008～2011 年,鄂尔多斯市可持续发展竞争力在全区的排名分别位列第 2 位、第 4 位、第 2 位和第 2 位,均处于全区优势区位。鄂尔多斯市的可持续发展及各要素竞争力在全区的排名变化如表 4-94 所示,从中可以看出,2011 年与 2008 年相比,鄂尔多斯市的能源消耗排名下降 3 位,居全区第 5 位,处于中势区位;资源利用排名保持稳定,位于全区第 2 位,处于优势区位;环境保护排名下降 3 位,居全区第 8 位,处于中势区位;人民生活排名居全区第 1 位,竞争优势明显;人力资源排名起伏较大,2011 年居全区第 2 位,竞争优势明显。可见鄂尔多斯市可持续发展竞争力的主要优势是资源利用、人民生活和人力资源,此外在能源消耗和环境保护方面具有中等竞争优势。

表 4-94　鄂尔多斯市可持续发展及各要素竞争力历年排名

年份＼要素	可持续发展竞争力	能源消耗	资源利用	环境保护	人民生活	人力资源
2008	2	2	2	5	1	3
2009	4	5	3	6	3	9
2010	2	6	2	4	4	2
2011	2	5	2	8	1	2
趋势	降升	下降	降升	降升降	降升	降升
优势度	优势	中势	优势	中势	优势	优势

(五)金融活动竞争力发展分析

2008～2011 年,鄂尔多斯市金融活动竞争力在全区的排名分别位列第 2 位、第 2 位、第 1 位和第 1 位,排名上升 1 位,处于优势区位,竞争优势明显。

2011 年底,鄂尔多斯市金融机构存贷款余额 3973.90 亿元,仅次于首府呼和浩特市,占全区总额的 19.33％。活跃的民间金融活动是鄂尔多斯市的一大特色,而民间借贷在一定程度上对鄂尔多斯市的经济繁荣起到一定的拉动作用,但是由于缺乏法律保护而风险极高,鄂尔多斯市的"全民放贷"最终引发 2011 年下半年的金融危机。随后一些警觉较高的债权人纷纷"撤资",银行储蓄则成为其规避风险的重要"避风港",这为银行的存贷款余额做出了很大的贡献。

表 4-95　鄂尔多斯市金融活动及各要素竞争力历年排名

年份＼要素	金融活动竞争力	金融发展
2008	2	2
2009	2	2
2010	1	1
2011	1	1
趋势	上升	上升
优势度	优势	优势

(六)科技与文化竞争力发展分析

2008～2011年,鄂尔多斯市科技与文化竞争力在全区的排名中分别位于第6位、第2位、第3位和第3位,排名大幅上升,由中势区位进入全区优势区位。鄂尔多斯市的科技与文化及各要素竞争在全区的排名变化如表4-96所示,从中可以看出,2011年与2008年相比,鄂尔多斯市的科技实力排名上升3位,居全区第3位,处于优势区位;文化要素排名大幅下滑7位,位于全区第8位,由优势区位进入中势区位。可见科技要素是鄂尔多斯市科技与文化竞争力的主要优势,而由于受金融危机的影响,2011年,鄂尔多斯市城乡居民文化娱乐支出在消费性支出的比例中大幅下降,从而导致文化竞争排名大幅下降。

表 4-96　鄂尔多斯市科技与文化竞争力及各要素竞争力历年排名

要素 年份	科技与文化竞争力	科技	文化
2008	6	6	1
2009	2	2	3
2010	3	3	4
2011	3	3	8
趋势	上升	上升	下降
优势度	优势	优势	中势

(七)政府管理竞争力发展分析

2008～2011年,鄂尔多斯市政府管理竞争力在全区的排名中一直位列第1位,趋势稳定,一直处于优势地位。鄂尔多斯市的政府管理及各要素竞争力在全区的排名变化如表4-97所示,从中可以看出,2011年与2008年相比,鄂尔多斯市的政府财政排名一直位于全区第1位,竞争优势明显;政府调控排名大幅上升4位,居全区第1位,由中势区位进入优势区位。可见政府财政和政府调控均是鄂尔多斯市政府管理竞争力的优势要素支撑点。

表 4-97　鄂尔多斯市政府管理及各要素竞争力历年排名

要素 年份	政府管理竞争力	政府财政	政府调控
2008	1	1	5
2009	1	1	2
2010	1	1	1
2011	1	1	1
趋势	平稳	平稳	上升
优势度	优势	优势	优势

2011 年,鄂尔多斯市地方财政收入 346.17 亿元,地方财政支出 446.62 元,财政自给率 77％,居全区各盟市榜首。城镇登记失业率 2.21％,全区最低。以上因素共同决定了鄂尔多斯市政府管理竞争力的绝对优势。

(八)基础设施竞争力发展分析

2008～2011 年,鄂尔多斯市基础设施竞争力在全区的排名中分别位列第 6 位、第 4 位、第 5 位和第 12 位,下降幅度较大,2011 年处于全区劣势区位。鄂尔多斯市的基础设施及各要素竞争力在全区的排名变化如表 4-98 所示,从中可以看出,2011 年与 2008 年相比,鄂尔多斯市的健康卫生排名下降 4 位,处于全区第 12 位,处于劣势区位;交通设施排名上升 1 位,居全区第 1 位,竞争力优势明显;现代通信排名上升 1 位,居全区第 8 位,处于中势区位。可见交通设施是鄂尔多斯市基础设施竞争力的优势因素,现代通信竞争力优势一般,而健康卫生则处于竞争力的劣势区位。

表 4-98　鄂尔多斯市基础设施及各要素竞争力历年排名

要素 年份	基础设施竞争力	健康卫生	交通设施	现代通信
2008	6	8	2	9
2009	4	8	1	9
2010	5	8	1	11
2011	12	12	1	8

续表

要素 年份	基础设施竞争力	健康卫生	交通设施	现代通信
趋势	升降	下降	上升	降升
优势度	劣势	劣势	优势	中势

（九）发展水平竞争力发展分析

2008～2011年,鄂尔多斯市发展水平竞争力在全区的排名中分别位列第2位、第1位、第1位和第1位,排名呈小幅上升趋势,位于全区榜首。鄂尔多斯市的发展水平及各要素竞争力在全区的排名变化如表4-99所示,从中可以看出,2011年与2008年相比,鄂尔多斯市的工业化水平排名下降4位,居全区第5位,处于中势区位;城市化水平排名上升2位,居全区第1位,处于优势地位;市场化水平排名下降1位,居全区第10位,处于劣势区位。可见城市化和工业化是鄂尔多斯市发展水平竞争力的优势要素,而市场化处于竞争的劣势水平。

2008～2010年,鄂尔多斯市工业化竞争力优势明显,但是2011年的金融危机对一些工业企业的波及程度导致工业化竞争力降低;城市化水平由2008年的全区第3位升至2010年和2011年的全区第1位。本书选取的反映城市化水平的基础指标有城镇化率和城市人均居住面积,而鄂尔多斯市这两项指标明显偏高与该市近年来过度"造城"、过度发展房地产业有着很大的关系。以上两个因素共同导致鄂尔多斯市发展水平竞争力排名的领先水平。

表 4-99　鄂尔多斯市发展水平及各要素竞争力历年排名

要素 年份	发展水平竞争力	工业化	城市化	市场化
2008	2	1	3	9
2009	1	1	3	10
2010	1	1	1	9
2011	1	5	1	10
趋势	上升	下降	上升	下降
优势度	优势	中势	优势	劣势

三、鄂尔多斯市经济综合竞争力典型特征分析

鄂尔多斯市是内蒙古自治区新兴的一座能源型城市,依托能源优势,近几年经济发展总体上保持较高水平,经济综合竞争力一直位于全区优势水平,其各要素构成具有如下显著特点:

第一,宏观经济竞争力、产业竞争力和企业竞争力优势明显,但和经济外向度竞争力反差较大。基于强大的能源优势,近几年鄂尔多斯市在宏观经济竞争力、产业竞争力和企业竞争力方面始终保持明显的竞争优势,创造了内蒙古自治区乃至全国的一个发展奇迹。但是鄂尔多斯市的经济发展对能源的依赖较为严重,经济增长模式粗放,能源消耗严重。与经济综合竞争力形成巨大反差的是鄂尔多斯市经济外向度较弱的竞争力。因此,鄂尔多斯市应该坚持不懈地扩大改革开放,积极引进外资以及国外先进的技术和管理经验,不断开拓国外市场,以提升经济外向度竞争力水平。

第二,政府财政、金融和科技竞争力是经济综合竞争力处于优势水平的重要保证。鄂尔多斯市的政府财政、金融发展以及科技要素竞争力近几年始终处于全区优势水平,这些要素为经济综合竞争力保持稳定和提升提供了必要的支撑。但是文化竞争力排名下降幅度较大,居民用于文化娱乐方面的消费大幅降低。

第三,基础设施仍有进一步提升的空间,环境压力仍将长期存在。相对于经济发展水平,鄂尔多斯市的基础设施建设仍有进一步改善的空间,特别是健康卫生设施和现代通信设施,改善空间较大。随着基础设施条件的改善,必将进一步提升鄂尔多斯市的经济综合竞争力。

第四,市场化发展滞后,需进一步协调"三化"的共同发展。近几年,鄂尔多斯市的市场化发展水平始终处于竞争的劣势水平,"三化"发展极不平衡,影响了发展水平竞争力和经济综合竞争力的进一步提升。

由于本书中所有数据截至 2011 年年末,因此鄂尔多斯市金融危机所带来的影响并没有完全体现出来,鄂尔多斯市经济综合竞争力整体上仍然保持很强的优势。

四、提升鄂尔多斯市经济综合竞争力的政策建议

本书的时间节点正好是鄂尔多斯市发生金融危机的时间,因此本书有关鄂尔多斯市经济综合竞争力的研究具有特殊性。金融危机必将对鄂尔多斯市的经济社

会发展带来一系列影响,由此引发的反思也是多方面的。因此。对于如何提升该市经济综合竞争力必须充分考虑金融危机这一历史特殊事件的社会根源及其深刻教训,并进行专门研究,本书暂不做过多评价。

第十节
巴彦淖尔市经济综合竞争力分析

巴彦淖尔,蒙古语意为"富饶的湖泊"。巴彦淖尔市位于内蒙古自治区西部,东连包头市,西邻阿拉善盟,北与蒙古国接壤,南临黄河与伊克昭盟相望。全市东西长约 378 公里,南北宽约 238 公里,总面积 6.6 万平方公里,占全区总面积的5.5%。2004 年经国务院批准,撤销巴彦淖尔市,成立地级巴彦淖尔市,辖原巴彦淖尔盟的乌拉特前旗、乌拉特中旗、乌拉特后旗、杭锦后旗、五原县、磴口县和新设立的临河区,共 4 旗 2 县 1 区。

巴彦淖尔市地形独特,阴山山脉从腹部穿过,北为乌拉特草原,南为河套平原,得天独厚的地理优势,蕴藏着丰富的资源,具有极大的开发潜力。河套平原得黄河天然自流灌溉,是亚洲最大的黄河水灌区。河套平原有可耕地 960 多万亩,现有耕地 500 多万亩。这里盛产的小麦、玉米、甜菜、大豆、高粱,密瓜、西瓜、苹果梨、酒花、葵花等经济作物驰名全国,为国家重要的商品粮、油、糖生产基地,有"塞上粮仓"之美称。

2011 年底,全市常住人口 166.33 万人,全年完成地区生产总值 718.45 亿元,完成固定资产投资 633.58 亿元,全社会商品零售总额为 151.60 亿元,城镇居民人均可支配收入为 16368 元,农牧民人均纯收入为 9483 元。

本节将对巴彦淖尔市的综合竞争力及各要素竞争力在各年度基本状态及变化趋势进行详细分析,最后提出提升巴彦淖尔市经济综合竞争力的对策建议。

一、巴彦淖尔市经济综合竞争力发展分析

2008～2011 年,巴彦淖尔市的经济综合竞争力总指数及各要素在全区的排名变化如表 4-100 及图 4-37 至图 4-40 所示。从中可以看出,巴彦淖尔市经济综合竞

争力总指数在全区的排名中分别位列第 9 位、第 9 位、第 9 位和第 10 位,表明巴彦淖尔市经济综合竞争力在全区处于中等劣势位。与 2008 年相比,2011 年 9 个二级指标中,排位上升的有 3 个,没有变化的有 4 个,排名下降的有 2 个。从二级指标所处的区位来看,2011 年巴彦淖尔市处于优势的指标有 1 个,是科技与文化竞争力;处于中势的二级指标有 4 个,分别是宏观经济竞争力、企业竞争力、基础设施竞争力和发展水平竞争力;处于劣势的指标有 4 个,分别是产业竞争力、可持续发展竞争力、金融活动竞争力、政府管理竞争力。这表明巴彦淖尔市绝大多数的二级指标在全区具有中等竞争优势,受这些指标波动的影响,巴彦淖尔市经济综合竞争力在四年中处于波动下降的趋势,综合排名由 2008 年的全区第 9 名降至 2011 年的第 10 名。

表 4-100 巴彦淖尔市经济综合竞争力总指数及 9 要素竞争力排名(2008～2011 年)

年份	综合经济竞争力总指数	宏观经济竞争力	产业竞争力	企业竞争力	可持续发展竞争力	金融活动竞争力	科技与文化竞争力	政府管理竞争力	基础设施竞争力	发展水平竞争力
2008	9	11	9	8	4	9	11	11	8	6
2009	9	8	9	9	11	8	9	2	9	10
2010	9	8	9	6	10	9	4	10	9	10
2011	10	8	9	8	9	9	4	11	7	8
趋势	下降	上升	平稳	降升	降升	平稳	上升	升降	降升	降升
优势度	劣势	中势	劣势	中势	劣势	劣势	优势	劣势	中势	中势

表 4-101 巴彦淖尔市经济综合竞争力总指数及 9 要素竞争力分值(2008～2011 年)

年份	综合经济竞争力总指数	宏观经济竞争力	产业竞争力	企业竞争力	可持续发展竞争力	金融活动竞争力	科技与文化竞争力	政府管理竞争力	基础设施竞争力	发展水平竞争力
2008	27.6	29.0	40.0	26.9	43.3	23.2	6.1	17.6	30.6	50.7
2009	28.6	21.1	28.2	27.4	13.5	18.6	13.4	76.6	34.0	30.7
2010	24.3	23.7	22.4	26.6	24.0	21.9	46.3	15.9	36.2	28.9
2011	18.8	30.2	20.3	17.4	25.7	20.6	10.2	0.8	28.0	27.3

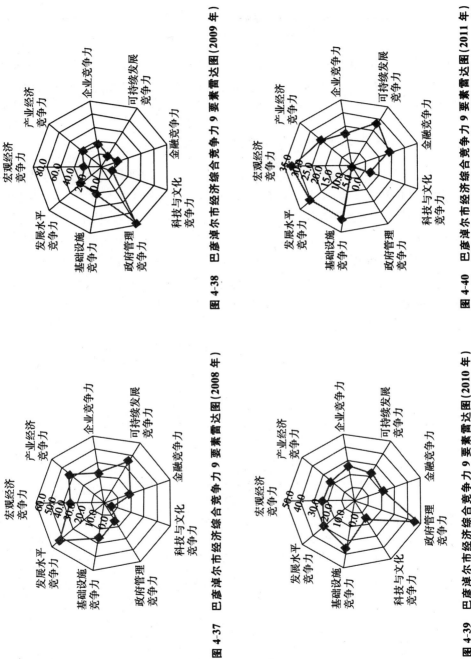

图 4-37　巴彦淖尔市经济综合竞争力 9 要素雷达图 (2008 年)

图 4-38　巴彦淖尔市经济综合竞争力 9 要素雷达图 (2009 年)

图 4-39　巴彦淖尔市经济综合竞争力 9 要素雷达图 (2010 年)

图 4-40　巴彦淖尔市经济综合竞争力 9 要素雷达图 (2011 年)

二、各要素竞争力发展分析

在评价期内,巴彦淖尔市区域经济综合竞争力基本上均位于全区中下游水平,其中各要素竞争力也相对较弱,以下详细分析巴彦淖尔市各要素四年中的竞争力发展情况。

(一)宏观经济竞争力发展分析

2008~2011年,巴彦淖尔市宏观经济竞争力在全区的排名中分别位列第11位、第8位、第8位和第8位,排名呈略有上升趋势,在全区处于中游水平。巴彦淖尔市的宏观经济及各要素竞争力在全区的排名变化如表4-102所示,从中可以看出,2011年与2008年相比,巴彦淖尔市的经济实力排名下降2位,居全区第11位,处于劣势地位;经济结构排名上升1位,居全区第10位,处于劣势地位;经济外向度排名上升4位,居全区第5位,处于中势区位。可见巴彦淖尔市宏观经济方面的经济实力和经济结构要素都处于竞争的劣势水平,而经济外向度具有一般的竞争优势。

表4-102　巴彦淖尔市宏观经济及各要素竞争力历年排名

年份 ＼ 要素	宏观经济竞争力	经济实力	经济结构	经济外向度
2008	11	9	11	9
2009	8	7	10	5
2010	8	10	10	6
2011	8	11	10	5
趋势	上升	升降	上升	上升
优势度	中势	劣势	劣势	中势

(二)产业竞争力发展分析

2008~2011年,巴彦淖尔市产业竞争力在全区的排名一直位列第9位,趋势稳定,处于全区劣势区位。巴彦淖尔市的产业及各要素竞争力在全区的排名变化如表 4-103 所示,从中可以看出,2011 年与 2008 年相比,巴彦淖尔市的第一产业排名大幅下降 6 位,位于全区第 10 位,处于劣势地位;第二产业排名下滑 3 位,居全区第 12 位,处于劣势区位;第三产业排名在 2009 年大幅下滑后 2011 年上升至第 8 位,处于中势区位。可见巴彦淖尔市第一产业具备一定的竞争优势,第二、第三产业是劣势要素,但是 2011 年第一产业竞争力排名的大幅下滑,需引起有关部门的注意。

表 4-103　巴彦淖尔市产业及各要素竞争力历年排名

年份 \\ 要素	产业竞争力	第一产业	第二产业	第三产业
2008	9	4	9	9
2009	9	3	8	12
2010	9	5	10	9
2011	9	10	12	8
趋势	平稳	升降	升降	降升
优势度	劣势	劣势	劣势	中势

(三)企业竞争力发展分析

2008~2011 年,巴彦淖尔市企业竞争力在全区的排名中分别位列第 8 位、第 9 位、第 6 位和第 8 位,四年间排名略有起伏,处于中势区位。巴彦淖尔市的企业及各要素竞争力在全区的排名变化如表 4-104 所示,从中可以看出,2011 年与 2008 年相比,巴彦淖尔市的企业规模排名下降 1 位,位于全区第 10 位,处于劣势区位;企业效益排名起伏较大,2011 年排名全区第 8 位,位于中势区位边缘。可见巴彦淖尔市在企业竞争力方面没有非常明显的具有竞争优势的要素支撑点,特别是企业规模要素处于竞争的劣势水平。

表 4-104　巴彦淖尔市企业及各要素竞争力历年排名

年份＼要素	企业竞争力	企业规模	企业效益
2008	8	9	6
2009	9	9	10
2010	6	9	3
2011	8	10	8
趋势	降升降	下降	降升降
优势度	中势	劣势	中势

（四）可持续发展竞争力发展分析

2008～2011 年,巴彦淖尔市可持续发展竞争力在全区的排名分别位列第 4 位、第 11 位、第 10 位和第 9 位,四年间排名大幅下跌,滑入全区劣势区位。巴彦淖尔市的可持续发展及各要素竞争力在全区的排名变化如表 4-105 所示,从中可以看出,2011 年与 2008 年相比,巴彦淖尔市的能源消耗排名下降 5 位,居全区第 11 位,处于劣势区位;资源利用排名下降 5 位,位于全区第 11 位的劣势区位;环境保护排名上升 1 位,居于全区第 6 位,处于中势区位;人民生活排名下降 1 位,居全区第 4,仍处于优势区位;人力资源排名大幅下滑 3 位,居全区第 11 位,处于劣势区位。可见巴彦淖尔市可持续发展竞争力的主要优势是人民生活方面,此外,在环境保护方面具有中等竞争优势,但在能源消耗、资源利用和人力资源方面处于竞争劣势。

表 4-105　巴彦淖尔市可持续发展及各要素竞争力历年排名

年份＼要素	可持续发展竞争力	能源消耗	资源利用	环境保护	人民生活	人力资源
2008	4	6	6	7	3	8
2009	11	9	11	5	6	8
2010	10	9	11	6	7	8
2011	9	11	11	6	4	11

续表

要素 年份	可持续发展竞争力	能源消耗	资源利用	环境保护	人民生活	人力资源
趋势	降升	下降	下降	升降	降升	下降
优势度	劣势	劣势	劣势	中势	优势	劣势

(五)金融活动竞争力发展分析

2008～2011 年,巴彦淖尔市金融活动竞争力在全区的排名分别位列第 9 位、第 8 位、第 9 位和第 9 位,排名变化不大,均处于劣势区位。

表 4-106　巴彦淖尔市金融活动及各要素竞争力历年排名

要素 年份	金融活动竞争力	金融发展
2008	9	9
2009	8	8
2010	9	9
2011	9	9
趋势	平稳	平稳
优势度	劣势	劣势

(六)科技与文化竞争力发展分析

2008～2011 年,巴彦淖尔市科技与文化竞争力在全区的排名中分别位于第 11 位、第 9 位、第 4 位和第 4 位,排名大幅上升,由劣势区位进入全区优势区位。巴彦淖尔市的科技与文化及各要素竞争力在全区的排名变化如表 4-107 所示,从中可以看出,2011 年与 2008 年相比,巴彦淖尔市的科技竞争力实力排名下滑 1 位,居全区第 5 位,处于中势区位;文化要素排名上升 5 位,位于全区第 4 位,从全区劣势区位进入优势区位。可见文化要素支撑点是巴彦淖尔市科技与文化竞争力的主要优势,科技要素的竞争优势不明显。

表 4-107　巴彦淖尔市科技与文化及各要素竞争力历年排名

要素 年份	科技与文化竞争力	科技	文化
2008	11	4	9
2009	9	8	8
2010	4	4	5
2011	4	5	4
趋势	上升	降升降	上升
优势度	优势	中势	优势

(七)政府管理竞争力发展分析

2008～2011 年,巴彦淖尔市政府管理竞争力在全区的排名中分别位列第 11 位、第 2 位、第 10 位和第 11 位,虽然有波动,但最终排名没有变化,2011 年在全区处于劣势区位。巴彦淖尔市的政府管理及各要素竞争力在全区的排名变化如表 4-108 所示,从中可以看出,2011 年与 2008 年相比,巴彦淖尔市的政府财政排名下降 1 位,位于全区第 10 位,处于劣势区位;政府调控排名下降 1 位,居全区第 2 位,仍处于优势区位。巴彦淖尔市政府管理竞争力的优势主要是政府调控这一要素,政府财政竞争力较弱。

表 4-108　巴彦淖尔市政府管理及各要素竞争力历年排名

要素 年份	政府管理竞争力	政府财政	政府调控
2008	11	9	1
2009	2	10	1
2010	10	9	2
2011	11	10	2
趋势	升降	下降	下降
优势度	劣势	劣势	优势

(八) 基础设施竞争力发展分析

2008~2011 年,巴彦淖尔市基础设施竞争力在全区的排名中分别位列第 8 位、第 9 位、第 9 位和第 7 位,2011 年相比 2008 年,上升 1 位,处于全区中势区位。巴彦淖尔市的基础设施及各要素竞争力在全区的排名变化如表 4-109 所示,从中可以看出,2011 年与 2008 年相比,巴彦淖尔市的健康卫生排名下降 2 位,居全区第 8 位,处于中势区位;交通设施排名下降 1 位,居全区第 8 位,处于中势地位;现代通信排名保持稳定,居全区第 7 位,趋势稳定,处于中势区位。可见巴彦淖尔市基础设施竞争力没有非常明显的优势要素,也没有竞争劣势要素。

表 4-109　巴彦淖尔市基础设施及各要素竞争力历年排名

年份＼要素	基础设施竞争力	健康卫生	交通设施	现代通信
2008	8	6	7	7
2009	9	7	7	7
2010	9	7	8	7
2011	7	8	8	7
趋势	降升	下降	下降	平稳
优势度	中势	中势	中势	中势

(九) 发展水平竞争力发展分析

2008~2011 年,巴彦淖尔市发展水平竞争力在全区的排名中分别位列第 6 位、第 10 位、第 10 位和第 8 位,四年间排名呈小幅下降趋势,处于全区中势区位。巴彦淖尔市的发展水平及各要素竞争力在全区的排名变化如表 4-110 所示,从中可以看出,2011 年与 2008 年相比,巴彦淖尔市的工业化水平排名下降 1 位,居全区第 8 位,处于中势位置;城市化水平排名没有变化,居全区第 8 位,仍处于中势地位;市场化水平排名上升 2 位,居全区第 8 位,处于中势区位。可见巴彦淖尔市发展水平竞争力的三个要素,即工业化、城市化和市场化都具有中等竞争优势。

表 4-110　巴彦淖尔市发展水平及各要素竞争力历年排名

年份＼要素	发展水平竞争力	工业化	城市化	市场化
2008	6	7	8	10
2009	10	11	8	9
2010	10	10	8	10
2011	8	8	8	8
趋势	降升	降升	平稳	升降升
优势度	中势	中势	中势	中势

三、巴彦淖尔市经济综合竞争力典型特征分析

巴彦淖尔市是内蒙古自治区西部的新兴城市,位于举世闻名的河套平原,依托黄河流域,农业发展水平较高。近年虽然经济发展的整体态势良好,但经济综合竞争力一直位于全区劣势水平,其构成要素具有如下显著特点:

第一,经济基础薄弱,经济结构不合理,产业经济发展滞后导致经济综合竞争能力不强。巴彦淖尔市是一个以农业经济为主的地区,经济基础薄弱,经济结构不够合理,第一产业、第二产业、第三产业之间严重失衡,导致经济发展的动力不足。

第二,政府财政和金融活动竞争力无力为经济综合竞争力的提升提供必要保障。巴彦淖尔市的政府财政和金融发展竞争力始终处于竞争的劣势水平,发展滞后,对经济综合竞争力的支撑不足。

第三,能源消耗和人力资源匮乏的压力共同导致了可持续发展竞争力的不足。产业结构单一和粗放的经济增长模式导致了经济发展对能源消耗的依赖性较强,再加上地域因素导致的人力资源匮乏等因素,共同影响了巴彦淖尔市可持续发展竞争力的提升。

第四,"三化"水平发展滞后,进一步提升的空间巨大。巴彦淖尔市的工业化、城市化和市场化竞争力发展水平一直滞后于全区平均水平,"三化"发展严重滞后,影响经济综合竞争力的提升。

四、提升巴彦淖尔市经济综合竞争力的政策建议

如前所述,巴彦淖尔市对于发展农业,尤其是种植业有着得天独厚的地理优势,且承担着国家重要的粮、油、糖等生产基地的任务,但是近年来该市第一产业竞争力下滑明显,与地理优势极不相称。因此,政府对于优势产业必须重点扶持,提高种植业的规模化和现代化程度,在财政支农支出方面应适当倾斜,同时要在提高农民文化素质方面下功夫,加大科学种植的普及和宣传力度,提高农业生产效率。

此外,要充分发挥当地土地肥沃、运输成本低等重要优势,做大做强农畜产品深加工、精加工产业,创造更多的品牌农畜产品,提高本地知名度和经济综合竞争力。

第十一节
乌海市经济综合竞争力分析

乌海市是内蒙古自治区新兴的资源性工业城市,位于内蒙古自治区西部,东邻鄂尔多斯高原,西接阿拉善草原,南连银川平原,北近河套沃野。南北长 69 公里,东西宽 42 公里。全市总面积约 2350 平方公里,辖海勃湾、乌达、海南三个区。

乌海地区大地构造属祁连山、吕梁山、贺兰山山字形脊柱构造的北端以及伊陕盾地西北的边缘地带。境内多山地、丘陵,还有河谷、平原、沙漠,在总面积中,山地占 34.7%,丘陵占 21.7%,河谷平原占 32.8%。

2011 年底,全市常住人口 54.14 万人,全年完成地区生产总值 483.24 亿元,完成固定资产投资 286.90 亿元,全社会商品零售总额 86.90 亿元,城镇居民人均可支配收入为 22349 元,农牧民人均纯收入 10786 元。

本节将对乌海市的综合竞争力及各要素竞争力在各年度基本状态及变化趋势进行详细分析,最后提出提升乌海市经济综合竞争力的对策建议。

一、乌海市经济综合竞争力发展分析

2008～2011 年,乌海市的经济综合竞争力总指数及各要素在全区的排名变化

如表 4-111 及图 4-41 至图 4-44 所示。从中可以看出,乌海市经济综合竞争力总指数在全区的排名中分别位列第 5 位、第 6 位、第 7 位和第 7 位,表明乌海市经济综合竞争力在全区处于中势地位。与 2008 年相比,2011 年 9 个二级指标中,排位上升的有 5 个,没有变化的有 1 个,排名下降的有 3 个。从二级指标所处的区位来看,在 2011 年处于优势的指标有 2 个,分别是金融活动竞争力和基础设施竞争力;处于中势的二级指标有 4 个,分别是宏观经济竞争力、科技与文化竞争力、政府管理竞争力和发展水平竞争力;处于劣势的二级指标有 3 个,分别是产业竞争力、企业竞争力和可持续发展竞争力。这表明乌海市绝大多数的二级指标在全区不具有明显的竞争优势,受这些指标波动的影响,乌海市经济综合竞争力在四年中处于波动下降的趋势,综合排名由 2008 年的全区第 5 名降至 2011 年的第 7 名。

表 4-111 乌海市经济综合竞争力总指数及 9 要素竞争力排名(2008～2011 年)

年份	综合经济竞争力总指数	宏观经济竞争力	产业竞争力	企业竞争力	可持续发展竞争力	金融活动竞争力	科技与文化竞争力	政府管理竞争力	基础设施竞争力	发展水平竞争力
2008	5	9	12	11	6	4	7	6	3	3
2009	6	5	7	5	8	4	4	11	5	3
2010	7	7	7	7	12	4	10	2	6	2
2011	7	7	10	10	11	4	8	5	2	5
趋势	下降	升降	升降	升降	下降	平稳	升降升	降升降	降升	升降
优势度	中势	中势	劣势	劣势	劣势	优势	中势	中势	优势	中势

表 4-112 乌海市经济综合竞争力总指数及 9 要素竞争力分值(2008～2011 年)

年份	综合经济竞争力总指数	宏观经济竞争力	产业竞争力	企业竞争力	可持续发展竞争力	金融活动竞争力	科技与文化竞争力	政府管理竞争力	基础设施竞争力	发展水平竞争力
2008	41.4	31.7	0.0	7.5	34.8	47.0	10.0	42.9	58.1	80.0
2009	50.8	60.5	37.6	33.9	25.1	41.5	34.0	18.2	66.4	73.5
2010	38.5	36.1	24.1	26.2	0.0	45.2	23.3	38.2	55.7	70.7
2011	29.6	38.2	12.2	13.9	13.0	45.8	4.2	10.3	70.3	73.9

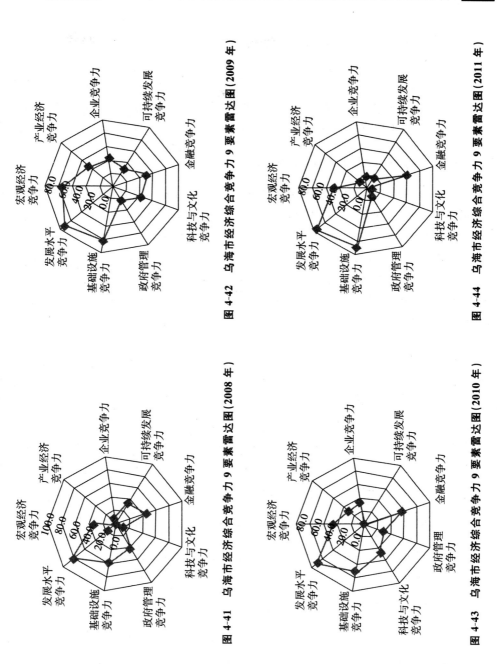

图 4-42 乌海市经济综合竞争力 9 要素雷达图 (2009 年)

图 4-44 乌海市经济综合竞争力 9 要素雷达图 (2011 年)

图 4-41 乌海市经济综合竞争力 9 要素雷达图 (2008 年)

图 4-43 乌海市经济综合竞争力 9 要素雷达图 (2010 年)

二、各要素竞争力发展分析

在评价期内,乌海市区域经济综合竞争力基本上位于全区中游水平,其中各要素竞争力也有较大的差别,如金融活动、基础设施和发展水平等要素竞争力较强,但是产业、企业和可持续发展方面竞争力较弱,以下详细分析。

(一)宏观经济竞争力发展分析

2008~2011年,乌海市宏观经济竞争力在全区的排名中分别位列第9位、第5位、第7位和第7位,在全区位于中游水平。乌海市的宏观经济及各要素竞争力在全区的排名变化如表4-113所示。从中可以看出,2011年与2008年相比,乌海市的经济实力排名起伏较大,2011年居全区第9位,处于劣势地位;经济结构排名上升2位,居全区第1,处于优势地位;经济外向度排名下滑1位,居全区第11位,处于劣势区位。可见经济结构是乌海市宏观经济竞争力的优势要素点,经济实力和经济外向度处于竞争的劣势区位。

表 4-113　乌海市宏观经济及各要素竞争力历年排名

年份＼要素	宏观经济竞争力	经济实力	经济结构	经济外向度
2008	9	10	3	10
2009	5	5	1	12
2010	7	5	1	12
2011	7	9	1	11
趋势	升降	升降	上升	下降
优势度	中势	劣势	优势	劣势

(二)产业竞争力发展分析

2008~2011年,乌海市产业竞争力在全区的排名中分别位列第12位、第7位、第7位和第10位,四年间虽然略有上升,但仍处于全区劣势区位。乌海市的产业及各要素竞争力在全区的排名变化如表4-114所示,从中可以看出,2011年与

2008 年相比,乌海市的第一产业排名下降 1 位,居全区倒数第 1 位,处于劣势地位;第二产业排名上升 1 位,居全区第 7 位,处于中势区位;第三产业排名变化不大,2011 年居全区第 11 位,劣势明显。可见第一、第三产业是乌海市产业竞争力的劣势要素,影响了乌海市产业竞争力的整体提升,第二产业竞争力一般。

表 4-114 乌海市产业及各要素竞争力历年排名

年份 \ 要素	产业竞争力	第一产业	第二产业	第三产业
2008	12	11	8	11
2009	7	12	9	9
2010	7	12	9	10
2011	10	12	7	11
趋势	升降	下降	降升	升降
优势度	劣势	劣势	中势	劣势

(三)企业竞争力发展分析

2008~2011 年,乌海市企业竞争力在全区的排名中分别位列第 11 位、第 5 位、第 7 位和第 10 位,四年间排名虽有上升,但仍处于劣势区位。乌海市的企业及各要素竞争力在全区的排名变化如表 4-115 所示,从中可以看出,2011 年与 2008 年相比,乌海市的企业规模排名上升 2 位,位于全区第 9 位,处于劣势区位;企业效益排名波动后,于 2011 年位于全区第 11 位,处于劣势区位。可见乌海市企业竞争力指标中的企业规模和企业效益两个要素都处于竞争的劣势水平。

表 4-115 乌海市企业及各要素竞争力历年排名

年份 \ 要素	企业竞争力	企业规模	企业效益
2008	11	11	11
2009	5	10	7
2010	7	10	12

年份＼要素	企业竞争力	企业规模	企业效益
2011	10	9	11
趋势	升降	上升	升降
优势度	劣势	劣势	劣势

（四）可持续发展竞争力发展分析

2008~2011 年,乌海市可持续发展竞争力在全区的排名分别位列第 6 位、第 8 位、第 12 位和第 11 位,四年间排名有大幅下降,滑入全区劣势区位。乌海市的可持续发展及各要素竞争力在全区的排名变化如表 4-116 所示,从中可以看出,2011 年与 2008 年相比,乌海市的能源消耗排名上升 3 位,居全区第 9,处于劣势区位;资源利用排名下降 1 位,位于全区第 4 位的优势区位;环境保护排名上升 2 位,居全区第 10 位,但处于劣势区位;人民生活排名下降 2 位,居全区第 6 位,由优势区位滑入中势区位;人力资源排名下滑 1 位,居全区第 5 位,处于中势区位。可见乌海市可持续发展指标的优势要素主要是资源利用。此外,在人民生活和人力资源方面具有中等竞争优势,但在能源利用和环境保护方面处于竞争劣势。

表 4-116 乌海市可持续发展及各要素竞争力历年排名

年份＼要素	可持续发展竞争力	能源消耗	资源利用	环境保护	人民生活	人力资源
2008	6	12	3	12	4	4
2009	8	12	5	12	4	4
2010	12	12	3	12	3	4
2011	11	9	4	10	6	5
趋势	降升	上升	降升降	上升	升降	下降
优势度	劣势	劣势	优势	劣势	中势	中势

（五）金融活动竞争力发展分析

2008～2011 年,乌海市金融活动竞争力在全区的排名一直位列第 4 位,排名稳定,处于优势区位,竞争优势较为明显。

表 4-117　乌海市金融活动及各要素竞争力历年排名

年份 ＼ 要素	金融活动竞争力	金融发展
2008	4	4
2009	4	4
2010	4	4
2011	4	4
趋势	平稳	平稳
优势度	优势	优势

（六）科技与文化竞争力发展分析

2008～2011 年,乌海市科技与文化竞争力在全区的排名中分别位于第 7 位、第 4 位、第 10 位和第 8 位,排名波动下滑,2011 年处于全区中势地位。乌海市的科技与文化及各要素竞争力在全区的排名变化如表 4-118 所示,从中可以看出,2011 年与 2008 年相比,乌海市的科技实力排名总体上下滑 1 位,居全区第 10 位,处于劣势区位;文化要素排名在 2009 年和 2010 年有较大幅度提高后又趋于下降,2011 年位于全区第 6 位,处于中势区位。可见乌海市科技与文化竞争力指标中的文化要素支撑点具备一定的竞争优势,而科技要素则处于竞争劣势水平。

表 4-118   乌海市科技与文化及各要素竞争力历年排名

要素 年份	科技与文化竞争力	科技	文化
2008	7	9	6
2009	4	5	4
2010	10	9	2
2011	8	10	6
趋势	升降升	升降	升降
优势度	中势	劣势	中势

(七)政府管理竞争力发展分析

2008～2011 年,乌海市政府管理竞争力在全区的排名中分别位列第 6 位、第 11 位、第 2 位和第 5 位,排名波动上升,2011 年在全区处于中势区位。乌海市的政府管理及各要素竞争力在全区的排名变化如表 4-119 所示,从中可以看出,2011 年与 2008 年相比,乌海市的政府财政排名先升后降,2011 年位于全区第 5 位,处于中势区位;政府调控排名大幅上升 5 位,居全区第 4 位,由劣势区位上升进入优势区位。乌海市政府管理指标的主要优势是政府调控这一要素支撑点,政府财政竞争力也具备一定的竞争优势,但不明显。

表 4-119   乌海市政府管理及各要素竞争力历年排名

要素 年份	政府管理竞争力	政府财政	政府调控
2008	6	5	9
2009	11	4	4
2010	2	2	3
2011	5	5	4
趋势	降升降	升降	升降
优势度	中势	中势	优势

（八）基础设施竞争力发展分析

2008～2011 年，乌海市基础设施竞争力在全区的排名中分别位列第 3 位、第 5 位、第 6 位和第 2 位，四年间上升 1 位，2011 年处于全区优势区位。乌海市的基础设施及各要素竞争力在全区的排名变化如表 4-120 所示，从中可以看出，2011 年与 2008 年相比，乌海市的健康卫生排名大幅下降 8 位，居全区第 10 位，处于劣势区位；交通设施排名一直位列全区倒数第 1 位，处于劣势地位；现代通信排名下降 1 位，居全区第 2 位，处于优势区位。可见现代通信和健康卫生是乌海市基础设施竞争力的主要优势要素，而交通设施则完全处于竞争的劣势水平。

表 4-120　乌海市基础设施及各要素竞争力历年排名

要素 年份	基础设施竞争力	健康卫生	交通设施	现代通信
2008	3	2	12	1
2009	5	2	12	2
2010	6	3	12	1
2011	2	10	12	2
趋势	降升	下降	平稳	下降
优势度	优势	劣势	劣势	优势

（九）发展水平竞争力发展分析

2008～2011 年，乌海市发展水平竞争力在全区的排名中分别位列第 3 位、第 3 位、第 2 位和第 5 位，排名小幅下降，处于全区中势区位。乌海市的发展水平及各要素竞争力在全区的排名变化如表 4-121 所示，从中可以看出，2011 年与 2008 年相比，乌海市的工业化水平排名上升 4 位，居全区第 4 位，处于优势位置；城市化水平排名下降 2 位，居全区第 4 位，仍处于优势地位；市场化水平排名大幅下降 5 位，居全区第 9 位，处于劣势区位。可见乌海市发展水平指标在工业化和城市化方面具有明显竞争优势，而市场化则处于竞争的劣势水平。

表 4-121　乌海市发展水平及各要素竞争力历年排名

年份 ＼ 要素	发展水平竞争力	工业化	城市化	市场化
2008	3	8	2	4
2009	3	3	3	7
2010	2	3	3	8
2011	5	4	4	9
趋势	升降	升降	下降	下降
优势度	中势	优势	优势	劣势

三、乌海市经济综合竞争力典型特征分析

乌海市是内蒙古自治区一座新兴的工业城市,经济发展的总体水平较高,经济综合竞争力一直位于全区中等优势水平,其构成要素具有如下显著特点:

第一,经济结构优势突出,外向型经济发展滞后。在宏观经济竞争力各要素中,乌海市经济结构与经济外向度竞争力形成强烈的反差,前者有着突出的竞争力优势,而后者则完全处于劣势水平。

第二,产业竞争力发展滞后,企业竞争力不足。乌海市的产业和企业竞争力近年来基本处于全区中下游水平。作为工业城市,规模以上工业企业数量及产值均排在全区各盟市后列,经济增长缺乏动力。

第三,政府财政、金融发展竞争力优势较强。在政府财政和金融发展要素竞争力方面,乌海市始终保持一定的优势,为该市经济综合竞争力的提升提供了必要的保障和支撑。

第四,交通基础设施薄弱,能源消耗和环境保护形势严峻。乌海市的基础设施,特别是交通设施建设严重滞后,历年竞争力全区排在最后。能源消耗和环境保护形势非常严峻,严重影响乌海市的经济可持续发展能力。

第五,工业化和城市化水平较高,但市场化发展相对滞后。乌海市的市场化水平严重滞后于工业化和城市化水平,"三化"发展不平衡进一步限制了经济综合竞争力的提升。

四、提升乌海市经济综合竞争力的政策建议

对于乌海市,要提升其经济综合竞争力,首先要逐步改善产业、企业、交通基础设施、环境保护和能源消耗等要素的劣势地位;其次要充分挖掘本地区优势,加快第三产业发展,使城市第三产业,特别是非公有制经济,成为吸纳就业、推动经济发展的重要力量。

第十二节
阿拉善盟经济综合竞争力分析

阿拉善盟位于内蒙古自治区的最西部,东与乌海市、鄂尔多斯市、巴彦淖尔市相连,南与宁夏回族自治区毗邻,西与甘肃省接壤,北与蒙古国交界,国境线 735 公里,总面积 27.2 万平方公里。辖阿拉善左旗、阿拉善右旗和额济纳旗三旗,居住着蒙古族、汉族、满族等 17 个民族,是一个典型的边疆少数民族地区。阿拉善盟地处内蒙古自治区高原阿拉善台地,属北温带内陆干旱、半干旱地区,地势东高西低,平均海拔 1000~1400 米,地貌以沙漠、戈壁、荒漠草原为主,各占 1/3,横贯全盟的巴丹吉林、腾格里、乌兰布和三大沙漠统称阿拉善沙漠,总面积 8.4 万平方公里,位居全国第 2 位、世界第 4 位。

改革开放以来,全盟改革开放和社会主义现代化建设事业取得了显著成就,2011 年,全市常住人口 23.53 万人,全年完成地区生产总值 392.63 亿元,完成固定资产投资 195.20 亿元,全社会商品零售总额为 44.70 亿元,城镇居民人均可支配收入为 21622 元,农牧民人均纯收入为 9058 元。

本节将对阿拉善盟的综合竞争力及各要素竞争力在各年度基本状态及变化趋势进行详细分析,最后提出提升阿拉善盟经济综合竞争力的对策建议。

一、阿拉善盟经济综合竞争力发展分析

2008~2011 年,阿拉善盟的经济综合竞争力总指数及各要素在全区的排名变

化如表 4-122 及图 4-45 至图 4-48 所示,从中可以看出,阿拉善盟经济综合竞争力总指数在全区的排名一直位列第 4 位,趋势稳定,表明阿拉善盟经济综合竞争力在全区处于明显的优势地位。与 2008 年相比,2011 年 9 个二级指标中,排位上升的有 6 个,没有变化的有 2 个,排名下降的有 1 个。从二级指标所处的区位来看,在 2011 年处于优势区位的指标有 4 个,分别是科技与文化竞争力、政府管理竞争力、基础设施竞争力和发展水平竞争力;处于中势区位的二级指标有 4 个,分别是宏观经济竞争力、产业竞争力、可持续发展竞争力和金融活动竞争力;处于劣势的二级指标是企业竞争力。这表明阿拉善盟的绝大多数二级指标在全区具有一定的竞争优势,在这些指标的推动下,阿拉善盟经济综合竞争力在四年中一直处于优势区位。

表 4-122　阿拉善盟经济综合竞争力总指数及 9 要素竞争力排名(2008～2011 年)

年份	综合经济竞争力总指数	宏观经济竞争力	产业竞争力	企业竞争力	可持续发展竞争力	金融活动竞争力	科技与文化竞争力	政府管理竞争力	基础设施竞争力	发展水平竞争力
2008	4	6	8	12	9	5	2	10	2	1
2009	4	7	6	8	6	5	1	10	3	2
2010	4	4	6	10	11	5	2	5	4	3
2011	4	5	7	9	6	5	2	4	1	2
趋势	平稳	降升降	上升	升降	升降升	平稳	平稳	上升	降升	下降
优势度	优势	中势	中势	劣势	中势	中势	优势	优势	优势	优势

表 4-123　阿拉善盟经济综合竞争力总指数及 9 要素竞争力分值(2008～2011 年)

年份	综合经济竞争力总指数	宏观经济竞争力	产业竞争力	企业竞争力	可持续发展竞争力	金融活动竞争力	科技与文化竞争力	政府管理竞争力	基础设施竞争力	发展水平竞争力
2008	55.6	50.0	41.7	0.0	18.6	46.6	51.6	17.8	78.0	100.0
2009	57.9	30.5	41.1	28.4	44.8	37.8	100.0	19.1	81.4	94.0
2010	45.1	62.9	43.1	11.4	16.7	41.7	97.3	32.6	72.7	65.9
2011	46.6	54.9	38.2	16.6	40.3	41.2	46.7	17.5	100.0	92.4

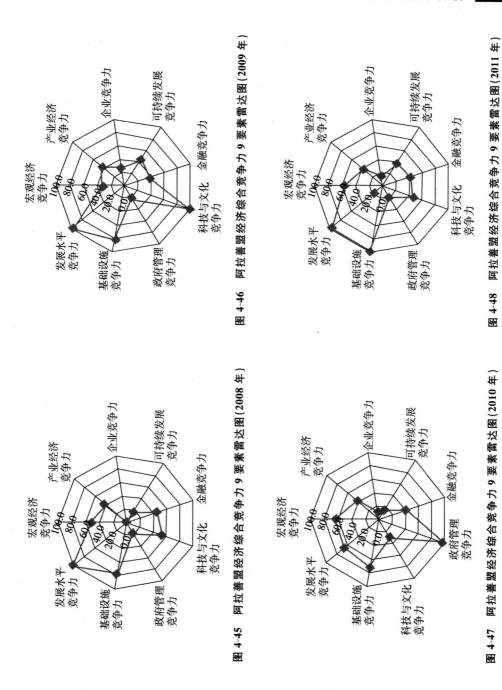

图 4-45　阿拉善盟经济综合竞争力 9 要素雷达图（2008 年）

图 4-46　阿拉善盟经济综合竞争力 9 要素雷达图（2009 年）

图 4-47　阿拉善盟经济综合竞争力 9 要素雷达图（2010 年）

图 4-48　阿拉善盟经济综合竞争力 9 要素雷达图（2011 年）

二、各要素竞争力发展分析

在评价期内,阿拉善盟区域经济综合竞争力位于全区中上游水平,其中各要素竞争力表现出较大的差异,如科技与文化、基础设施和发展水平竞争力走在全区前列,但是企业和可持续发展竞争力较弱。以下详细分析阿拉善盟各要素四年中的竞争力发展情况。

(一)宏观经济竞争力发展分析

2008～2011 年,阿拉善盟宏观经济竞争力在全区的排名中分别位列第 6 位、第 7 位、第 4 位和第 5 位,排名呈略有上升趋势,在全区处于中游水平。阿拉善盟的宏观经济及各要素竞争力在全区的排名变化如表 4-124 所示,从中可以看出,2011 年与 2008 年相比,阿拉善盟的经济实力排名下降 2 位,居全区第 6 位,处于中势区位;经济结构排名没有变化,居全区第 5 位,处于中势区位;经济外向度排名大幅上升 4 位,居全区第 3 位,处于优势区位。可见经济外向度是阿拉善盟宏观经济竞争力的主要优势要素,而经济实力和经济结构的竞争优势一般。

表 4-124　阿拉善盟宏观经济及各要素竞争力历年排名

年份 \ 要素	宏观经济竞争力	经济实力	经济结构	经济外向度
2008	6	4	5	7
2009	7	4	5	3
2010	4	4	5	1
2011	5	6	5	3
趋势	降升	下降	平稳	升降
优势度	中势	中势	中势	优势

(二)产业竞争力发展分析

2008～2011 年,阿拉善盟产业竞争力在全区的排名中分别位列第 8 位、第 6 位、第 6 位和第 7 位,虽然略有上升,但仍处于全区中势区位。阿拉善盟的产业及各要素竞争力在全区的排名变化如表 4-125 所示,从中可以看出,2011 年与 2008 年相比,阿拉善盟的第一产业排名上升 1 位,居全区第 11 位,处于劣势区位;第二产业排名上升 1 位,居全区第 2 位,处于优势区位;第三产业排名基本没有变化,居全区第 10 位,处于劣势区位。可见第二产业是阿拉善盟产业竞争力的主要优势要素,而第一、第三产业这两个要素支撑点则处于竞争的劣势水平。

表 4-125　阿拉善盟产业及各要素竞争力历年排名

要素 年份	产业竞争力	第一产业	第二产业	第三产业
2008	8	12	3	10
2009	6	11	5	11
2010	6	11	3	11
2011	7	11	2	10
趋势	升降	上升	降升	降升
优势度	中势	劣势	优势	劣势

(三)企业竞争力发展分析

2008～2011 年,阿拉善盟企业竞争力在全区的排名中分别位列第 12 位、第 8 位、第 10 位和第 9 位,排名上升 3 位,但仍处于劣势区位。阿拉善盟的企业及各要素竞争力在全区的排名变化如表 4-126 所示,从中可以看出,2011 年与 2008 年相比,阿拉善盟的企业规模排名下降 1 位,位居全区第 11,处于劣势区位;企业效益排名上升 2 位,排名全区第 6 位,位于中势区位。可见阿拉善盟企业指标的企业规模和企业效益两个要素都不具备非常明显的竞争优势,企业规模竞争劣势明显。

表 4-126　阿拉善盟企业及各要素竞争力历年排名

要素 年份	企业竞争力	企业规模	企业效益
2008	12	10	8
2009	8	11	9
2010	10	11	8

续表

要素 / 年份	企业竞争力	企业规模	企业效益
2011	9	11	6
趋势	升降	下降	降升
优势度	劣势	劣势	中势

(四)可持续发展竞争力发展分析

2008～2011年,阿拉善盟可持续发展竞争力在全区的排名分别位列第9位、第6位、第11位和第6位,排名上升3位,但仍处于中势区位。阿拉善盟的可持续发展及各要素竞争力在全区的排名变化如表4-127所示,从中可以看出,2011年与2008年相比,阿拉善盟的能源消耗排名下降1位,居全区倒数第1位,处于劣势区位;资源利用排名没有变化,位于全区第12位的完全劣势区位;环境保护排名上升2位,居全区第9位,处于劣势区位;人民生活排名先升后降,2011年居全区第7位,处于中势区位;人力资源排名上升2位,居全区第4位,处于优势区位。可见阿拉善盟可持续发展指标的主要优势是人力资源要素,此外,在人民生活方面具有中等竞争优势,但在能源消耗、资源利用和环境保护方面处于竞争劣势水平。

表 4-127　阿拉善盟可持续发展及各要素竞争力历年排名

要素 / 年份	可持续发展竞争力	能源消耗	资源利用	环境保护	人民生活	人力资源
2008	9	11	12	11	7	6
2009	6	10	12	9	5	5
2010	11	10	12	11	5	5
2011	6	12	12	9	7	4
趋势	升降升	升降	平稳	上升	升降	上升
优势度	中势	劣势	劣势	劣势	中势	优势

(五)金融活动竞争力发展分析

2008～2011年,阿拉善盟金融活动竞争力在全区的排名中一直位列第5位,处于中势区位,竞争优势不太明显。

表 4-128　　阿拉善盟金融活动及各要素竞争力历年排名

要素 年份	金融活动竞争力	金融发展
2008	5	5
2009	5	5
2010	5	5
2011	5	5
趋势	平稳	平稳
优势度	中势	中势

(六)科技与文化竞争力发展分析

2008～2011年,阿拉善盟科技与文化竞争力在全区的排名中分别位于第2位、第1位、第2位和第2位,排名稳定,均位于全区优势区位。阿拉善盟的科技与文化及各要素竞争力在全区的排名变化如表4-129所示,从中可以看出,2011年与2008年相比,阿拉善盟的科技实力排名上升1位,位于全区第2位,处于优势区位;文化要素排名上升1位,居全区第1位,处于优势区位。科技要素和文化要素都是阿拉善盟科技与文化竞争力的优势要素。

表 4-129　　阿拉善盟科技与文化及各要素竞争力历年排名

要素 年份	科技与文化竞争力	科技	文化
2008	2	3	2
2009	1	3	2
2010	2	2	1
2011	2	2	1
趋势	平稳	上升	上升
优势度	优势	优势	优势

(七)政府管理竞争力发展分析

2008～2011 年,阿拉善盟政府管理竞争力在全区的排名中分别位列第 10 位、第 10 位、第 5 位和第 4 位,排名大幅上升,2011 年在全区处于优势区位。阿拉善盟的政府管理及各要素竞争力在全区的排名变化如表 4-130 所示,从中可以看出,2011 年与 2008 年相比,阿拉善盟的政府财政排名大幅上升 7 位,位于全区第 4 位,处于优势区位;政府调控排名小幅下降 1 位,居全区第 7 位,处于中势区位。政府财政是政府管理竞争力的主要优势要素,对于阿拉善盟政府管理竞争力的大幅提升有着明显的推动作用,而政府调控的竞争优势一般。

表 4-130　阿拉善盟政府管理及各要素竞争力历年排名

要素 年份	政府管理竞争力	政府财政	政府调控
2008	10	11	6
2009	10	7	7
2010	5	4	7
2011	4	4	7
趋势	上升	上升	下降
优势度	优势	优势	中势

(八)基础设施竞争力发展分析

2008～2011 年,阿拉善盟基础设施竞争力在全区的排名中分别位列第 2 位、第 3 位、第 4 位和第 1 位,排名上升 1 位,2011 年处于全区绝对优势区位。阿拉善盟的基础设施及各要素竞争力在全区的排名变化如表 4-131 所示,从中可以看出,2011 年与 2008 年相比,阿拉善盟的健康卫生要素排名保持全区第 1 位,没有变化,竞争优势明显;交通设施排名下降 1 位,居全区第 6 位,处于中势地位;现代通信排名上升 1 位,居全区首位,处于优势区位。可见健康卫生和现代通信是阿拉善盟基础设施中具有明显竞争优势的要素,交通设施的竞争优势一般。

表 4-131 阿拉善盟基础设施及各要素竞争力历年排名

年份 \ 要素	基础设施竞争力	健康卫生	交通设施	现代通信
2008	2	1	5	2
2009	3	1	6	1
2010	4	1	6	2
2011	1	1	6	1
趋势	降升	平稳	下降	上升
优势度	优势	优势	中势	优势

(九)发展水平竞争力发展分析

2008~2011 年,阿拉善盟发展水平竞争力在全区的排名中分别位列第 1 位、第 2 位、第 3 位和第 2 位,排名有小幅下降,但仍处于全区优势区位。阿拉善盟的发展水平及各要素竞争力在全区的排名变化如表 4-132 所示,从表中可以看出,2011 年与 2008 年相比,阿拉善盟的工业化水平排名上升 1 位,居全区第 1 位,处于优势位置;城市化水平排名下降 1 位,居全区第 2 位,仍处于优势地位;市场化水平排名没有变动,居全区第 11 位,处于劣势区位。可见阿拉善盟工业化和城市化是具有较强竞争优势的要素,市场化则处于竞争的劣势水平。

表 4-132 阿拉善盟发展水平及各要素竞争力历年排名

年份 \ 要素	发展水平竞争力	工业化	城市化	市场化
2008	1	2	1	11
2009	2	2	1	12
2010	3	2	2	11
2011	2	1	2	11
趋势	下降	上升	下降	平稳
优势度	优势	优势	优势	劣势

三、阿拉善盟经济综合竞争力典型特征分析

阿拉善盟地处内蒙古自治区最西端,近年来经济发展的总体水平较高,经济综合竞争力排名一直位于全区前列,但是各要素竞争力强弱程度差别较大,科技与文化、基础设施以及发展水平竞争力排名位列全区前列,而企业、可持续发展要素竞争力排名则位于全区后几位,表明阿拉善盟经济发展协调性较差。其各要素构成具有如下显著特点:

第一,经济实力和经济结构竞争力一般,经济外向特征明显。阿拉善盟有策克、乌力吉两个对蒙口岸,近年来随着口岸工业园区和物流园区建设力度的加大,口岸加工业、进出口贸易和现代物流业等蓬勃发展,为阿拉善盟的宏观经济竞争力做出了很大贡献。

第二,第二产业相对发达,第一、三产业发展滞后严重。阿拉善盟的产业竞争力在全区一直保持中游水平,具有一定的竞争优势,特别是第二产业要素在全区保持较为明显的竞争优势,对于阿拉善盟经济综合竞争力的保持和提升起到了重要作用。另外,第一、三产业发展严重滞后,产业结构不平衡,影响产业竞争力的进一步提升。

第三,金融、财政和科技与文化是经济综合竞争力保持优势地位的重要保障。阿拉善盟政府财政、金融发展以及科技文化竞争力三个要素作为经济发展的必不可少的保障,在全区都保持了较为明显的竞争优势。

第四,资源利用、能源消耗和环境保护压力并存。作为内蒙古地区乃至全国沙漠化严重的地区,资源和环境问题一直是阿拉善盟较为突出的问题之一,必须予以高度重视。

第五,市场化发展严重滞后,"三化"发展极不协调。相对于工业化和城市化的发展水平,阿拉善盟的市场化进程发展严重滞后,导致"三化"发展水平不协调,影响了发展水平竞争力和经济综合竞争力的进一步提升。

四、提升阿拉善盟经济综合竞争力的政策建议

对阿拉善盟的经济综合竞争力的分析表明,该地区经济发展不平衡,应继续保持发展的强势要素,努力提升弱势要素的竞争力。

第一,扩大和深化对蒙古国交流合作,加强与蒙古国交界地区矿产资源的联合

勘探,加强与蒙古国贸易、文化和旅游等人文领域的合作。按照现代化、国际化大口岸的要求大力发展口岸经济,加快发展教育培训、电子商务、服务外包等服务贸易出口,培育新的出口增长点。

第二,围绕转变发展方式,适度发展现代农牧业,做大做强工业经济,加快发展服务业,实现以依靠工业带动为主向依靠三次产业协同带动转变,增强产业发展的协调性和可持续性。

第三,加大生态保护和建设力度,强化环境污染防治,提高资源综合利用水平,大力发展循环经济,努力建设环境友好型和资源节约型社会。坚持开发与节约并举,以技术进步、科学管理为手段,节约、保护和合理使用能源资源,提高资源综合利用效率,实现经济可持续发展。

第 五 章

提升内蒙古自治区区域经济综合竞争力的对策建议

    本章包括两节内容,第一节在前述内容的基础上,对内蒙古自治区区域经济综合竞争力特点进行系统总结;第二节就提升内蒙古自治区区域经济综合竞争力提出对策建议。

第一节

内蒙古自治区区域经济综合竞争力特点分析

内蒙古自治区东西跨度大,各盟市经济发展差异明显,由前述几章的内容可以看出,内蒙古自治区区域经济综合竞争力具有如下显著特点:

一、内蒙古自治区区域经济综合竞争力存在明显的梯度性差异

近年来,内蒙古自治区各地区经济发展成绩显著,但同时各盟市经济发展差距不断拉大也是不争的事实。

内蒙古自治区辖十二个盟市,经对内蒙古统计局发布数据进行统计整理,2011年全区生产总值为 12886.23 亿元,呼和浩特、包头和鄂尔多斯 3 市构成的"金三角"地区生产总值高达 6969.74 亿元,占全区生产总值的 54.09%。内蒙古自治区东部 5 个盟市,即兴安盟、锡林郭勒盟、呼伦贝尔市、赤峰市和通辽市,占全区生产总值的 31.42%,其余的乌兰察布市、巴彦淖尔市、乌海市以及阿拉善盟 4 个盟市的生产总值仅占全区的 14.49%。"呼包鄂"三市全社会固定资产投资总额 5430.98 亿元,占全区比重高达 50.75%,而东部五盟市和西部四盟市占比分别为 34.53% 和 14.72%;三地带的社会消费品零售总额在全区的占比分别为 55%、33.13% 和 11.87%。由此可见,内蒙古自治区各区域经济发展差距较大。

二、区域经济综合竞争力来源于大量的优势指标

从前面的综合竞争力分析中可以看出,优势指标是一个盟市经济综合竞争力在较长时间内处于优势区位的重要基础。呼和浩特市、包头市和鄂尔多斯市等盟市之所以在评价时段内始终处于优势区位,一个共同的特点,就是这几个盟市都有一批始终处于优势区位的指标,而且数量偏多。因此,其经济综合竞争力的优势地位比较稳固,阿拉善盟虽然经济综合竞争力较强,但内部发展不协调,处于优势区位的指标较少,因此,其优势地位不稳定。

三、区域经济综合竞争力是总量、速度和人均水平的统一,是显性优势和潜在优势的综合

阿拉善盟经济综合竞争力排名进入优势区位,呼伦贝尔市、锡林郭勒盟以及乌海市的排名都比较靠前,这些都足以证明经济综合竞争力不只是经济总量的竞争,而是经济总量、增长速度、人均水平的综合竞争,是显性优势与潜在优势的综合竞争。在这种综合竞争中,经济规模大的盟市有规模大的优势和不足,经济规模小的盟市也有规模小的不足和优势,经济欠发达的盟市要在宏观经济竞争力上追赶经济发达盟市,可以加快发展速度和可持续发展能力,充分发挥总量基数小、增长快和人口少、人均水平容易提高的有利条件。

四、产业竞争力是区域经济综合竞争力的主要支撑要素

产业经济是国民经济的重要支撑,同时也是经济增长的主力,一个地区产业缺乏竞争力,区域经济整体竞争力就不足,由此决定了产业竞争力是区域经济综合竞争力的一个十分重要的组成部分。

前面的分析表明,2008～2011年全区各盟市产业竞争力与经济综合竞争力排名变化基本上同步(通辽市的产业竞争力处于优势区位,但经济综合竞争力处于劣势,主要原因是金融活动竞争力处于劣势水平),二者之间有着密切的关系,表明产业竞争力是经济综合竞争力中的主要方面。"呼包鄂"三市的经济综合竞争力也充分表明产业竞争力大幅度提升,是推动经济综合竞争力上升的中坚力量。因此,大力提升各盟市经济综合竞争力,必须紧紧抓住产业竞争力这一关键环节。

五、可持续发展竞争力和金融活动竞争力是区域经济综合竞争力的重要保障

经济不仅要快速发展,同时还要健康发展,可持续地发展。因此,环境和金融的健康发展对经济综合竞争力的提升有着至关重要的影响,发展经济需要有健康的环境,强大的财力、人力和智力支持。对内蒙古自治区各盟市经济综合竞争力的分析表明,可持续发展竞争力和金融活动竞争力是区域经济综合竞争力的重要保障,哪一方面不强或出现问题,区域经济综合竞争力都发展不好或发展不起来。

在本书中,经济综合竞争力处于上游区位的4个盟市,其可持续发展竞争力和

金融活动竞争力大多数处于优势区位(只有阿拉善盟的金融活动竞争力处于第 5 位),而经济综合竞争力处于劣势区位的盟市,可持续发展竞争力和金融活动竞争力都处于劣势区位,难以推动经济综合竞争力持续上升,特别是大幅度上升,有的甚至因支撑力不足而导致经济综合竞争力的波动。

可持续发展竞争力和金融活动竞争力不仅是区域经济综合竞争力的强力支撑,同时也是提升产业竞争力、宏观经济竞争力、企业竞争力和发展水平竞争力的重要保障,只要在可持续发展竞争力和金融活动竞争力方面拥有强大的竞争优势,经济综合竞争力就可以得到持续、快速的提升。

六、区域经济综合竞争力需要工业化、城市化、市场化协调发展

工业化、城市化和市场化水平三者是经济现代化的重要标志,"三化"之间相互依存、相互影响、相互促进。首先,城市化能够为工业化提供所需的产业集聚和消费市场,市场化又可以为工业化不断扩大市场输入动力;其次,工业化又可以为城市化提供产业支撑和财力、物力支撑,市场化为城市化发展不断增添活力;此外,工业化、城市化为市场化提供了扩展空间。三者之间的关系决定了各盟市经济综合竞争力的提升,需要工业化、城市化和市场化互促共进,形成强大合力。区域经济发展的实践也表明,工业化进程、城市化进程和市场化进程能否形成一种互促共进的发展态势,对地区经济综合竞争力的提升影响极大。

但是,从前面对全区各盟市发展水平竞争力的评价比较中可以看出,评价期内多数盟市工业化、城市化和市场化发展不够平衡和协调,三者之间位差很大,例如呼和浩特市,工业化水平、城市化水平和市场化水平分别处于劣势、中势和优势区位,其他盟市情况也类似;有的盟市"三化"之间竞争力差距更大,分别处于上游区位和下游区位。这种不平衡和不协调对当地经济综合竞争力的提升产生了极为不利的影响。

七、提升区域经济综合竞争力需要加强对外开放

呼伦贝尔市、锡林郭勒盟和阿拉善盟的经济综合竞争力情况表明,外向型经济的发展和经济外向度竞争力的提升对地区宏观经济竞争力和经济综合竞争力的发展有着重要的影响。

现代市场经济不仅是竞争型经济,更是开放型经济。提升区域经济综合竞争力需要扩大开放,不断提升经济外向度竞争力,以更好地利用国外和境外的资本、市场、先进技术及管理方式,为本地经济社会发展服务。在提升经济外向度竞争力的同时,更好地对内搞强,不断提高自身的素质和水平,并有效抵御外部因素的影响和干扰,进一步增强吸引外资和开拓国际市场的能力。所以,扩大对外开放是提升区域经济综合竞争力的重要方面。

第一节
提升内蒙古自治区区域经济综合竞争力的对策建议

党的十八大描绘了全面建设小康社会,加快推进社会主义现代化的宏伟蓝图,内蒙古自治区社会和经济也面临新的发展机遇和挑战。自治区"8337"发展战略的提出不仅体现了形势和任务的新变化,也是内蒙古自治区人民群众的新期待。根据以上对内蒙古自治区区域经济综合竞争力的研究,并结合自治区"8337"发展思路,我们认为,着力提升内蒙古自治区区域经济综合竞争力,需要从以下几点入手:

一、系统规划,协调发展

随着市场经济体制的逐步完善以及改革开放向纵深发展,内蒙古自治区社会经济发展水平和人民生活水平在各区域间的差距也进一步拉大。产生这种差距的原因除了国家的区域发展战略、市场经济体制不断完善下的市场选择、各盟市社会经济发展的具体战略选择等社会因素外,也存在自然条件差异、资源禀赋不同等客观原因,而这些因素不仅在当前起作用,其影响在未来相当长的时间内也必将存在。为此,实现内蒙古自治区各地区协调发展,需从以下几点做起:

首先,各地区要继续扩大自身优势,增强中心城市辐射功能。"呼包鄂""金三角"在宏观经济、金融、环境保护及科技等方面都走在其他盟市前列,应发挥各自先进优势,带动周边区域,促进各地区平衡发展。东部盟市具有良好的地理位置和生态条件,水资源和森林资源富足,环境承载能力强,应充分利用其生态、人文、旅游等资源,逐步提升区域经济综合竞争力。其他盟市由于中心城市规模经济较低,综合发展水平有待提高,在区域经济发展过程中,要积极培育中心城市和城市群,同时培育资源环境承载力强的次中心城市,以增强中心城市的辐射功能。

其次,优化产业结构,加强区域联动性。产业结构从一个侧面反映了经济发展水平的具体状况,在不同的经济发展阶段,产业结构会呈现不同的特征。内蒙古自治区三大区域应按照产业比较优势原则选择产业,培育高新技术推动的特色产业增长极。在原有传统产业的基础上,增加高技术产业的比重,促进资源主导型产业向技术、资金和劳动密集型产业协调发展转变。例如,东部地区要充分发挥特色旅游、肉食加工等产业,带动地区经济发展。"呼包鄂""金三角"地区要抓住矿产资源富集的有利条件,下大力气规范发展,加大科技投入力度,对资源进行合理开发。在发展过程中,各区域间要注意加强区域合作,以他人之长补己之短,使资源在全区各盟市之间充分实现共享,促进区域联动性。

最后,整合空间资源,推动基础设施共建共享。"呼包鄂""金三角"地区要加快交通、通信等基础设施建设,形成中部地区大交通、大流通的格局,使中部各种要素流无障碍流动。"呼包鄂"地区是全区交通最为发达和便捷的区域,要充分利用其地理优势,通过增强其基础设施建设来辐射和带动东部地区和其他盟市的经济发展。作为为经济和社会发展提供基础保障作用的公共基础设施,东部地区和其他盟市崛起需要现代综合运输体系,因此,全区各盟市要统一协调,改进交通运输结构,共建交通设施,共享交通资源,以形成真正的综合交通运输枢纽。

二、调整优化产业结构,转变经济增长方式

产业是国民经济的基础。在现代市场经济体制下,如产业不具有竞争优势,其他方面的竞争优势必然难以持续和提升。

在评价期间,经济综合竞争力不具优势的盟市,无一不是产业竞争力不具优势或处于下降趋势的地区。从这些地区产业竞争力存在的问题看,主要体现在产业间的比例结构、增长速度、规模经营等方面,特别是工业在这方面表现出来的问题更为突出。这就说明要提升产业竞争力,必须从调整优化产业结构、转变经济增长方式两个方面入手,着力提高产业规模和效益。要立足各地区的具体实际,以构筑具备持续性竞争优势的产业体系为目标,根据不同类型产业的发育程度,继续调整优化产业结构,发展壮大发展趋势好、后劲足、带动面大的现代制造业,改造、提高占 GDP 比重较大但技术水平不够高的传统产业;壮大旅游、金融保险、现代物流业

等具有一定基础、又有较好发展前景的产业;培育新技术、高科技等现在比较弱小但代表着经济未来发展方向的新兴产业。着力发展特色产业,不断增强产业经济的独特竞争优势,努力形成一个内部关系协调、聚合力强、整体水平高、竞争优势持久的产业体系。

要大力发展高新技术产业,积极运用高新技术改造传统产业,加快促进产业整体素质的提升;大力推进产业集聚,不断延伸和壮大产业链群;整合提高各类经济园区,增强产业集约化竞争力。

三、提高经济、环境和社会发展的可持续性,优化经济发展环境

坚持可持续发展战略是一项全世界关注的重大课题,也是推动和保障经济和社会全面、快速、健康、持久发展的一项重大战略。在评价期内,内蒙古自治区一些盟市在能源消耗、资源利用、环境保护、人民生活和人力资源等方面竞争力处于劣势地位或下降趋势,并成为制约地区经济综合竞争力提升的瓶颈因素。为此,各地区必须要坚持以地区经济、环境和社会的可持续发展为目标,以建设资源节约型社会和环境友好型社会为载体,以优化人口结构和提高人民生活水平和人才素质为保证,推动各盟市可持续发展竞争力持续上升。要把节能减排作为一项基本国策,坚持开发节约并重、节约优先战略,大力发展循环经济,提高资源利用率,逐步形成与区情相适应的资源节约型消费模式,以尽可能少的能源、资源消耗,获得尽可能大的经济效益和社会效益。

资源缺乏是一些盟市无法改变的事实,这些地区要将发展重点放在提高资源综合利用率上,少走弯路,以提高资源、能源的综合利用率来弥补资源匮乏的劣势。要充分认识环境保护的重要性、艰巨性和长期性,坚持保护环境的基本国策,加大生态环境保护的投入和力度,努力解决影响社会、经济发展的突出问题,促进经济发展与生态环境的协调发展。要在政策方面采取有力措施,努力推广先进工艺技术,淘汰落后生产工艺,支持和鼓励地方发展低能耗、高效益的产业、企业,抑制和关闭高污染、低效益的企业,积极建设环境友好型社会。

要改进、创新人口与计划生育工作的思路和方式、方法,推进优化人口结构,不断提高人口综合素质。要大幅提高人民生活水平,让人民共享地区经济发展所带来的成果,实现社会、经济的协调和可持续发展。加强人力资源开发,建立健全人才培养、引进、使用和激励机制,建立和完善人才市场体系与人才服务机制,大力培养、积极引进、合理使用各类人才,培养和造就高素质的各类经营管理者、专业技术

人员、技术工人和公务员队伍,为持续提升盟市经济综合竞争力提供人力资源保障。

四、坚持新型工业化道路,推进城市化建设,提高市场化水平

针对评价期内一些盟市工业化进程、城市化进程和市场化进程发展不协调的问题,要坚持以工业化为主导,以市场化为基础,以城市化为动力,全面、协调、有效地促进各地区工业化、城市化和市场化水平,大力提升发展水平竞争力。

要坚持走新型工业化道路,将调整、优化经济结构与转变经济增长方式与坚持走新型工业化道路和扩大内需紧密结合起来,全面增强工业素质和提高工业化发展水平,提高工业化竞争力。

要坚持发展壮大中心城市,强化中心城市功能作用,增强城市集聚效益和辐射功能,来带动城市群的发展,加强城镇建设和经营管理,积极稳妥推进城镇化,逐步形成中心城市辐射带动作用较强,大中小城市和小城镇共同发展、分工有序、功能互补、布局合理、结构协调的城市化体系,不断提升区域城市化竞争力。

坚持以市场机制为引导,健全完善市场体系,形成竞争有序的市场环境,培育能够促进市场和产业互动发展的区域大市场,健全农村生产和消费市场体系,大力发展地方资本市场,促进各类所有制经济加快发展,形成多元投资、公平竞争、规范经营的市场化发展格局,提升市场化竞争力。

五、进一步巩固、扩大对外开放成果,增强经济外向度

2011 年,内蒙古自治区地区生产总值已经达到约 14246 亿元,但是外贸进出口总额只有 119.4 亿美元,"三驾马车"中的外贸份额相对较低。为提升内蒙古自治区各地区经济的外向度,补齐对外开放程度不高的"短板",各地区要从以下几个方面做起:

首先,各区域要加强境外合作,引导企业有序到境外投资,深化与俄罗斯、蒙古国的能源资源互利合作,扩大境外资源进口,同时,鼓励企业在境外设立加工基地,建设满足当地市场需求、有利于改善当地民生的项目。

其次,以打造向北开放的重要桥头堡为目标,完善公路、铁路、航空口岸体系,加强口岸基础设施建设,加快国家重点开发开放试验区、进出口资源综合加工示范区、综合保税区、边境经济合作区、边民互市贸易区建设,提高口岸服务能力和电子

化水平,进一步完善口岸查验条件,提高口岸服务效率。

最后,加快发展口岸经济,依托口岸促进贸工一体化发展,提高口岸综合效能。同时,进一步扩大口岸开放,并依托重点工业园区和边境经济合作区,加快发展进口资源落地加工产业,实现资源过埠转化。此外,内蒙古自治区还将扶持边贸企业做大做强,扩大本地产品出口,提升边贸出口商品质量和附加值。

六、立足资源优势、区位优势,打造品牌企业,提升企业竞争力

近年来,内蒙古自治区大力推进新型工业化和城镇化战略,大力推进品牌战略,充分发挥内蒙古自治区在区域、资源和产业方面的特色和优势,积极培育、扶持和发展知名品牌和企业,促进了地方经济的发展。另外,内蒙古自治区还未构筑以知名品牌支撑经济发展的格局,品牌企业数量较少,价值不高,结构也比较单一。结合内蒙古地区实际,借鉴先进经验,应从以下几个方面大力打造品牌企业。

第一,以农牧业产品加工业为核心,打造农牧业精品产业链,充分发挥农产品加工企业在延伸农业产业链、增加农产品附加值、开拓市场等方面的带动作用,有利于塑造具有区域特色的农业品牌。从各个环节对农牧业生产进行精品打造,在培育农牧业龙头企业的同时,要针对农牧业的弱质性和农牧产品市场竞争日益激烈的形势,完善农业社会化服务,加强对农牧业支持保护体系建设。

第二,放手发展民营经济,让民营经济在区域经济的舞台上唱主角。从区域经济发展的走势看,民营经济产权清晰、主体明确,机制灵活,越来越显示出旺盛的生命力、很强的吸引力和极大的竞争力。因此,要想加快发展县域经济,就必须走出一条挖掘民智,吸引民资,依靠民力,做活民营经济的发展之路。

第三,加快传统产业优化升级,形成产业品牌。内蒙古自治区不少产业的产品都还属于初级产品,获利水平不高,也未形成企业品牌或是产业品牌,发展比较滞后。在推进产业结构优化升级方面,应重点推动资源型产业延伸升级,适度控制煤炭开发规模,加快推进煤炭产业向下延伸,推进钢铁、有色产业延伸升级。加大资金投入,推动一批高技术含量、高附加值的产业升级项目建设,提高产业技术水平。同时,大力发展非资源型产业,规划建设战略性新兴产业示范基地,推动新能源、新材料、新医药、高端装备制造等战略性新兴产业加快发展。推动服务业集中、集聚、集约发展,提高服务业发展质量和水平,推动工业企业分离发展服务业,促进生产服务的专业化、社会化。

第四,整合资源,促进产业集群化。产业集群可以降低交易成本,产生外部经

济,推动技术创新,最终促进企业品牌建设。内蒙古自治区各盟市大都以中小企业为主。大量的小规模企业使本来就十分紧张的要素资源高度分散,不利于增强产业竞争力。为使有限的资源得到最好的利用,各地需要探索出了一条以品牌为核心集聚要素资源的路子,即利用品牌效应来实现土地、资金、技术和人才的集约利用。产业集群不仅可以整合集群内中小企业的力量,集体打造企业品牌。还可以营造创新氛围,提供创新资源,保持企业品牌持久的竞争力,从而使整个价值链创造更大的价值。

第五,加强创新,提高企业产品质量和科技含量。质量是企业得以生存、发展的基本元素,也是企业在市场竞争中取胜的重要保证。顾客之所以青睐名牌,主要是因为名牌所体现的质量优势。可以说,没有高品质,就没有品牌企业。对那些雄心勃勃想创名牌的企业来说,质量作为品牌的本质是一道必须攻克的难关。而提高质量,主要靠自主知识产权,靠科技含量的提升。因此,内蒙古自治区各地区企业应该建立严格的、科学的质量保证体系,采用国际先进的质量管理方法,从市场预测、产品设计、生产制造、售后服务等全过程实行全面质量管理,提高自己的品牌形象。同时,要通过境内外商标注册等途径,使用自有品牌、培育知名企业品牌,通过引进技术和自主创新相结合等方式,提高产品技术含量,拥有更多的自有知识产权。

参考文献

[1]Anton Meyer. Service competitiveness: An International Benchmarking Comparison of Service practice and Performance in Germany, UK and USA. International Journal of Service Industry Management, 1999.

[2]Balassa, B. Trade Liberalization and 'Revealed' Comparative Advantage, Manchester School,1965,Vol. 33, pp. 99-123.

[3]Christophere James. RAROC Based Capital Budgeting and Performance Evaluation: a Case of Bank Capital Allocation. University of Pennsylvania, 1996.

[4]Claude Auroi. Latin American and East European Economies in Transition. Grank Cass Publishers, 1998.

[5]Erkki Koskela. Ronnie hob, Hans-Werner Sinn, Green Tax Reform and Competitiveness. http: papers. nber. org/Ppers/w6922, 2000.

[6]Fidelis Ezeaala-Harrison. Theory and Policy of International Competitiveness. PRAEGER, London, 1999.

[7]Frederique Sachwald. Competitiveness and Competition: Which Theory of the Firm? European Integration and Competitiveness, 1994.

[8]Frederique Sachwald. Conclusion: integration and globalization, European Integration and Competitiveness,1994.

[9]IMD. The World Competitiveness Yearbook. Lausanne, Switzerland, 1995-2000.

[10]WEF. The Global Competitiveness Report. Geneva, Switzerland, 1995-1998.

[11]WORLD BANK. World Development Indicators. Washington, US, 2002.

[12]Zhao yanyun, Li Jingping. Social and Economic Impact of the Asian Financial Crisis China. Social Impact of the Asian Financial Crisis (ed, Tran Van Hoa), Macmillan Press Ltd. , UK, 2000.

[13]中国人民大学竞争力与评价研究中心研究组.中国国际竞争力发展报告(1996)[M].北京:中国人民大学出版社,1997.

[14]中国人民大学竞争力与评价研究中心研究组.中国国际竞争力发展报告(1997)[M].北京:中国人民大学出版社,1998.

[15]中国人民大学竞争力与评价研究中心研究组.中国国际竞争力发展报告(1999)[M].北京:中国人民大学出版社,2000.

[16]中国人民大学竞争力与评价研究中心研究组.中国国际竞争力发展报告2001——21世纪发展主题研究[M].北京:中国人民大学出版社,2001.

[17]中国人民大学竞争力与评价研究中心研究组.中国国际竞争力发展报告2003——区域竞争力发展主题研究[M].北京:中国人民大学出版社,2003.

[18]肖红叶.中国区域竞争力发展报告(1985—2004)[M].北京:中国统计出版社,2004.

[19]肖红叶.中国区域竞争力发展报告(2005)[M].北京:中国统计出版社,2006.

[20]〔美〕保罗·A.萨缪尔森,威廉·D.诺得豪斯.经济学[M].北京:中国发展出版社,1992.

[21]〔美〕保罗·克鲁格曼,茅瑞斯·奥伯斯法尔德.国际经济学(第1、2篇)[M].北京:中国人民大学出版社,2000.

[22]〔美〕戴维·S.兰德斯.国富国穷[M].北京:新华出版社,2001.

[23]〔美〕马尔科姆·吉利斯,德怀德·H.帕金斯,迈克尔·罗默,唐纳德·R.诺德格拉斯.发展经济学[M].北京:经济科学出版社,1992.

[24]〔美〕迈克尔·波特.竞争优势[M].北京:华夏出版社,1997.

[25]〔美〕迈克尔·波特.国家竞争优势[M].北京:华夏出版社,2002.

[26]〔美〕迈克尔·波特.竞争战略:分析产业和竞争者的技术[M].北京:三联出版社,1988.

[27]〔美〕曼库尔·奥字森.国家兴衰探源[M].北京:商务印书馆,2001.

[28]〔瑞典〕贝蒂尔·奥林.地区间贸易和国际贸易[M].北京:首都经济贸易大学出版社,2001.

[29]〔英〕M.G.韦布等.能源经济学[M].成都:西南财经大学出版社,1987.

[30]陈宗胜等.中国经济体制市场化进程研究[M].上海:上海人民出版社,1999.

[31]樊纲.发展的道理[M].上海:三联书店,2002.

[32]单玉丽,张旭华等.福州与厦门、东莞、苏州区域竞争力比较分析及对策研究[J].福建论坛(人文社会科学版),2005(3).

[33]谢立新.论地区竞争力的本质[J].福建师范大学学报,2003(5).

[34]张为付,吴进红.对长三角、珠三角、京津地区综合竞争力的比较研究[J].浙江社会科学,2002(6).

[35]王连月,韩立红.AHP法在区域竞争力综合评价中的应用[J].企业经济,2004(6).

[36]郭秀云.灰色关联法在区域竞争力评价中的应用[J].统计与决策,2004(11).

[37]徐宏,李明.试论区域竞争力评价指标体系的构建[J].特区经济,2005(5).

[38]丁力,杨茹.经济增长加速度与地区竞争力[J].广东社会科学,2003(3).

[39]阳国新.区域贸易与区域竞争[J].经济学家,1995(2).

[40]王秉安,陈振华等.区域竞争力理论与实证[M].北京:航空工业出版社,2000.

[41]蒋满元,唐玉斌.基于区域经济学基本假定的区域竞争力形成机制解释[J].财贸研究,2005(2).

[42]赵修卫.关于发展区域核心竞争力的探讨[J].中国软科学,2001(10).

[43]张培刚.发展经济学教程[M].北京:经济科学出版社,2001.

[44]高洪深.区域经济学[M].北京:中国人民大学出版社,2002.

[45]李坤望.经济增长理论与经济增长的差异性[M].太原:山西经济出版社,1998.

[46]卢中原.西部地区产业结构变动趋势、环境变化和调整思路[J].经济研究,2002(3).

[47]舒元等.现代经济增长模型[M].上海:复旦大学出版社,1998.

[48]陶文达等.发展经济学[M].成都:四川人民出版社,1992.

[49]王与君.中国经济国际竞争力[M].南昌:江西人民出版社,2000.

[50]徐滇庆.世界格局与中国经济发展策略[M].北京:经济科学出版社,1998.

[51]赵彦云.1997年中国国际竞争力评价[J].经济研究资料,1997(2).

[52]赵彦云.2002年世界竞争力主流竞争力要素与中国发展要点[J].宏观经济研究,2002(10).

[53]赵彦云.21世纪:全面提升中国国际竞争力[J].中国统计,2001(1).

[54]赵彦云.国际竞争力发展的主要问题[J].经济理论与经济管理,1997(2).

[55]赵彦云,宋东霞.从国际竞争力看我国经济增长方式转变[J].中国人民大学学报,1996(6).

[56]赵彦云、赵磊.中国社会经济转型竞争力的国际比较研究[J].现代财经,2002(12).

[57]庄丽娟.广东国际竞争力研究[M].广州:广东人民出版社,2006.

[58]景体华.2004—2005年:中国区域经济发展报告[M].北京:社会科学文献出版社,2005.

[59]上海财经大学区域经济研究中心.2005中国区域经济发展报告——长江三角洲区域规划及统筹发展[M].上海:上海财经大学出版社,2005.

[60]万斌.2005年中国长三角区域发展报告[M].北京:社会科学文献出版社,2003.

[61]裴长洪、王镭.试论国际竞争力的理论概念与分析方法[J].中国工业经济,2002(4).

[62]王青云.区域国际竞争力及其指标体系初探[J].宏观经济研究,2003(12).

[63]肖红叶,郑华章.IMD国际竞争力评价技术及其应用——以中国区域国际竞争力评价为例[J].统计与信息论坛,2006(5).

[64]肖红叶,郑华章.IMD-WEF国际竞争力评价比较研究——以中国为例[J].统计与信息论坛,2008(1).

[65]WEF. The global competitiveness report 2013－2013. http://reports. weforum. org/global－competitiveness－report－2012－2013/.

[66]内蒙古统计局.内蒙古统计年鉴2009[M].北京:中国统计出版社,2009.

[67]内蒙古统计局.内蒙古统计年鉴2010[M].北京:中国统计出版社,2010.

[68]内蒙古统计局.内蒙古统计年鉴2011[M].北京:中国统计出版社,2011.

[69]内蒙古统计局.内蒙古统计年鉴2012[M].北京:中国统计出版社,2012.

[70]内蒙古统计局.内蒙古经济社会调查年鉴2009[M].北京:中国统计出版社,2009.

[71]内蒙古统计局.内蒙古经济社会调查年鉴2010[M].北京:中国统计出版社,2010.

[72]内蒙古统计局.内蒙古经济社会调查年鉴2011[M].北京:中国统计出版社,2011.

[73]内蒙古统计局.内蒙古经济社会调查年鉴2012[M].北京:中国统计出版社,2012.

图书在版编目（CIP）数据

内蒙古自治区区域经济综合竞争力发展报告（2008～2011）．/杜金柱，冯利英主编．
—北京：经济管理出版社，2013．12
ISBN 978－7－5096－2905－5

Ⅰ．①内…　Ⅱ．①杜…②冯…　Ⅲ．①区域经济发展－研究报告－内蒙古（2008～2011）
Ⅳ．①F127．26

中国版本图书馆 CIP 数据核字（2013）第 311132 号

组稿编辑：王光艳
责任编辑：许　兵　吴　蕾
责任印制：黄章平
责任校对：超　凡

出版发行：经济管理出版社
　　　　　（北京市海淀区北蜂窝 8 号中雅大厦 A 座 11 层　　100038）
网　　　址：www．E－mp．com．cn
电　　　话：（010）51915602
印　　　刷：三河市延风印装厂
经　　　销：新华书店
开　　　本：720mm×1000mm/16
印　　　张：17.75
字　　　数：337 千字
版　　　次：2013 年 12 月第 1 版　　2013 年 12 月第 1 次印刷
书　　　号：ISBN 978－7－5096－2905－5
定　　　价：98.00 元